岩 波 文 庫

33-499-1

ユ グ ル タ 戦 争
カティリーナの陰謀

サルスティウス著
栗 田 伸 子 訳

岩 波 書 店

C. Sallustius Crispus

BELLVM IVGVRTHINVM

CATILINAE CONIVRATIO

凡　例

1　本書はサルスティウスの『ユグルタ戦争』『カティリーナの陰謀』の翻訳である。本書の段落の分け方は主としてトイプナー文庫(Bibliotheca Teubneriana)所収のA. Kurfessによる校訂本 *C. Sallusti Crispi Catilina, Iugurtha, Fragmenta Ampliora*, Leipzig, 1957(第三版)に従ったが、Loeb版も参考にした。

2　本文中の〔　〕は、文意を明らかにするための訳者による補いないし言い換え。〈　〉は、校訂者によって原文に補って読まれるべく挿入された補足。〈……〉は、原文の欠落部分。［　］は、後世の挿入として校訂者が削除すべきとする部分である。

3　訳註は章ごとに(1)(2)……の番号で示す。

4　人名・地名等の長音の表記は必ずしもラテン語原音によらず、省略した場合も多い。民族名の多くは、「ヌミダエ(人)」「マウリー(人)」のようにラテン語複数主格形で統一したが、「イタリア人」「ローマ人」のようにそうしなかった場合もある。

5　本文中に頻出するローマの度量衡については、以下のとおり。
一パッスス＝五ペース＝一・四八メートル、
一〇〇〇パッスス＝一四八〇メートル（一ローマ・マイル）
一ポンド（重量）＝一リブラ＝三二七・四五グラム
一セステルティウス（貨幣単位）＝四アス＝四分の一デナリウス

目　次

ユグルタ戦争

第一章

人間は自らの本性について、弱く、寿命が短く、徳よりも偶然によって支配されると言って嘆くが、誤りである。なぜなら、反対によく考えれば、これほど偉大で素晴らしいものは他に一つもないのであり、また人の本性に欠けているのは強さや時間というより勤勉さであることに気がつくであろうから。そもそも死すべき人間の生の指導者・命令者は精神《アニムス》である。それが栄光《グローリア》に達するべく徳《ウィルトゥース》(1)の道を進む時には、力と可能性に満ち、光り輝き、運《フォルトゥーナ》を必要とすることもない。運は廉直、勤勉その他の美質を、与えることも奪い去ることもできないのであるから。ところが、もし歪んだ欲望の虜《とりこ》となって怠惰と肉体の快楽に沈み、破滅的な放縦にしばしふけった結果、力も時間も天賦の才能《インゲニウム》(2)も愚行の中に潰《つい》え去ってしまったとなると、「本性の弱さ」が責めを負わされる。こうして誰もが己れの過ちを、自分がその責任者であるにもかかわらず状況のせいにしてしまう。しかしながら、もし人々が善行に向ける注意の度合いが、関係もなく無益なものを求める時の——いや、それどころかしばしば危険で破滅的でさえあるものを求める時の——あの熱中ぶりに匹敵するほどであったなら、彼らは偶然に支配されるのではなく、むしろこれを支配する者となり、その栄光のゆえに、死すべき存在ではなく不滅の存在に変わるほどの偉大さの極みへと達し得たはずなのである。

第二章

というのも、ちょうど人間が肉体と霊魂から成り立っているのと同様に、すべてのことと我々のあらゆる営為は、あるものは肉体の、他のものは精神の本性に従っている。かくして、輝くばかりの容姿や、莫大な富や、肉体の強さや、その他すべてこの種のものは瞬時に崩壊するのに対し、才能の卓越した達成は霊魂と同じように不滅である。結局、肉体的、偶然的美質には始めがあるのと同様、終わりがあり、どれもが上昇しては下降し、増大しては減少する。しかし、精神は不朽であり、永遠であり、人間の導き手であり、すべてを動かし制御しながら、自らはなにものにも制御されない。それだけに、次のような人々の屈折ぶりは一層驚きに値する。彼らは肉体的快楽に負けて放縦と自堕落のうちに歳を重ね、天賦の才能を——人間の本性の中で才能以上に善い、高いものは他にないにもかかわらず——怠慢と無精によって鈍るにまかせるのである。とりわけ精神の技芸はかくも多種多様であり、それらには最高の栄誉が準備されているというのに。

第三章

しかし、それらの中でも政務官職《マギストラートゥス》や諸命令権《インペリウム》(1)、つまり、およそ公共《レース・プブリカ》に関わる務めは、今の時節(2)においては私には少しも望むべきものとは思われない。なぜなら、栄誉が徳に対して与えられるわけでもないし、かといって欺瞞によってそれを得た者が安泰なわけでも、その分、誉れが増すわけでもないからである。実際、力によって祖国と同胞を治めることは、たとえ、それが可能であり、悪弊を正し得るとしても、やはり不当な行為である。特にあらゆる変革が殺戮、追放、その他の敵対状態の呼び水となるような時には。空しい努力の末に自らは疲れ果て、しかも憎悪の他には何一つ得ないというのでは、愚の骨頂という他ないであろう。少数者の権力に自己の尊厳も自由も捧げ尽くし

たいという恥ずべき破滅的な欲望に取り憑かれているとでもいうなら話は別であるが。(3)

第四章

さて、才能によって達成されるべき事業のうちでも、まず第一に有益なのは、なされた事の叙述である。だが、このことの効用については、既に多くの人が語っているところでもあるし、また私が高慢のゆえに、自分の努力の対象を称賛し美化していると思われることのないよう、省くことにする。また思うに、私が公務から離れて暮らすことを決意しているがゆえに、私の膨大でかくも有益な作業に怠慢の名を付そうとする人々もいるに違いない。そういう人たちには、きっと、民衆の御機嫌をうかがったり宴会を開いて好意を求めたりすることが(1)最高の勤勉さだと思えるのであろう。しかし彼らにしても、もし私が政務官職を得た時期に(2)、どれほどの傑物がそれを得られなかったのか、その後どのような種類の人間が元老院に入って来たのか、をよく考えたなら必ずや、私が方針を変えたのは怠け心によるのではなく理非によるのであり、また、私の閑暇から、他の人々の活動によって生じる以上の利益が公共にもたらされるであろうと認めてくれることであろう。

私は、クィントゥス＝マクシムスや、プブリウス＝スキピオ(3)、つまり我が市民団《キウィタス》の最も輝かしい人々が常に次のようなことを口にしたと、しばしば耳にしている。父祖の彫像に目を注ぐたびに、自分の精神は徳に向かって火のごとく激しく燃えさかる、と。これはもちろん、その蠟《ろう》(4)や形それ自体の中にそのような力があるというのではなく、なされた事績の記憶によって、これら卓越した人々の胸に炎が生じ、それは〔彼ら自身の〕徳が父祖の名声や栄光と同等にならぬ限り、鎮まることがないということなのである。これに対して、現今の風潮においては、廉直と勤勉ならぬ、富と浪費でもって自分の父祖と張り合っているのでないような者が一人でもいるであろうか。かつては徳によって門閥貴族層《ノービリタス》を凌ぐのが常であった「新人」(5)たちでさえ、正しい手段によるよりむしろ盗みや強奪行為によって命令権や公職を獲得しようと血道を上げているのである。まるでプラエトル職(6)や執政官《コンスル》職や、その他すべてこの種のものが、それ自体で輝かしく偉大なものなのであり、それらを保持している者の徳の程度によって量られるのではないかのように。だが、私は我が国の習俗を嘆き、憤っているうちに、やや脇道にそれて少し先まで来てしまったようである。いまや本題に戻ることにしよう。

第五章

私が書こうとしているのは、ローマ人民がヌミダエ〔ヌミディア〕(1)人たちの王ユグルタ(2)との間に起こした戦争である。その理由は、第一に、それが大規模な激戦で勝利の帰趨定め難かったからであり、第二に、この時初めて、門閥貴族層の傲慢に対する抵抗が行なわれたからである。この闘争は神々と人間界の万物を混乱させ、狂乱の極みに至ったので、ついにはこの市民間の争いは戦争とイタリアの荒廃という結果に終わったのであった。しかし、こんな風に叙述を始める前に、少し過去に遡って振り返ってみよう。それによって全体が、より鮮明に、より明白になり、理解しやすくなるはずである。

第二次ポエニ戦争の時代(3)――この時、カルタゴ人たちの指導者ハンニバルが、ローマの名が大をなして以降、最大の損害をイタリアに与えたのだったが――、ヌミダエ人たちの王マシニッサ(4)は、後にその武勲のゆえにアフリカヌスの添え名《コグノーメン》を得たプブリウス＝スキピオ(5)によって友好関係《アミーキティア》の中に受け容れられ、数多くの華々しい軍功を立てた。それゆえ、カルタゴ人たちが打ち負かされ、シュパックス――この人物はアフリカに巨大で広範な支配を展開していたのだが――が捕われると、(6) ローマ人民は手に入れた限りの都市と土地とを、この王に贈物として与えた。かくしてマシニッサの友情は、我々にとって良好な誠実なものであり続けた。しかし彼の支配と生命とは同時に終わりを迎えた。ついで彼の息子ミキプサが、兄弟であるマスタナバルとグルッサの病死によって単独で王権を掌握した。(7) 彼自身はアドヘルバルとヒエムプサルの二子をもうけ、弟マスタナバルの遺児ユグルタをも、我が子と同じ扱いで王宮に住まわせていた。この子をマシニッサは、妾腹の出だというので臣下として捨てておいていたのだが。

第六章

彼〔ユグルタ〕は成長するやいなや、力に溢れ、眉目秀麗な、そしてとりわけ才能《インゲニウム》において欠けるところのない青年となり、自らを奢侈や怠惰によって損じることなく、彼の種族の習いに従って騎乗や槍投げ(1)に打ち込むようになった。同年輩の者と競争すると、栄光において全員を凌駕するのだったが、にもかかわらず全員から愛されていた。これに加えて、多くの時を狩りをして過ごしたが、ライオン(2)その他の野獣を仕留めるのは、いつも一番先か、あるいは最初に仕留める何人かのうちに入っていた。彼は最大のことをなし遂げながら、自身については最小限しか語らなかった。

これらのことは最初のうちミキプサを喜ばせた。ユグルタの武勇《ウィルトゥース》が自分の王権に栄光をもたらすと思ったのであった。しかし、自分の生涯は終わりに近く、子供たちは幼いというのに、この男は若く、どんどん力を増してゆくのだということに気がつくと、彼はこの事態に激しく動揺し、心を傾けて多くのことを考えめぐらした。彼を怯えさせたのは、支配権を渇望し、心の欲求を充たすのに性急な、人間の本性であった。しかも自分と子供たちの年齢は、凡庸な者をさえ獲物への望みによって邪道に導きかねない好機を提供していた。これに加えて、ヌミダエ人たちのユグルタに対する熱中は著しくなっていたので、そこから、もしこのような男を奸計によって殺しでもしたなら、反乱か戦争でも起こるのではないかと彼は恐れるのであった。

第七章

こうした困難に当惑し、人民にかくも受け容れられている人物を打倒することは武力によっても計略によっても不可能であると見て取った彼〔ミキプサ〕は、ユグルタが常に逸《はや》り立っており、軍事的栄光に渇《かつ》えているところから、この男を危険の矢面に立たせ、そうすることで運を試してみようと決心した。すなわち、ヌマンティア戦争(1)の時、ミキプサはローマ人民のために騎兵と歩兵を補助軍(2)として派遣したのであったが、その際、武勇の誇示か敵の残忍さが容易にユグルタを死に至らせるのではないかと念じて、彼をヒスパニアに派遣するヌミダエ人たちの指揮に当たらせたのであった。

しかし、このことは彼の予想とははるかにかけ離れた結果となった。なぜなら活発で鋭い才能に恵まれたユグルタは、当時ローマ軍の司令官であったプブリウス＝スキピオ(3)の気性と敵のやり口とをいち早くのみこむと、大いに働き、大いに心を配り、とりわけきわめて謙虚に服従し、しばしば進んで危地に赴くことによって、わずかの間に、大変な名声を得、我が軍からは熱烈に愛され、ヌマンティア人からは最も恐れられる存在となったからである。実際彼は、戦闘において血気盛んであると同時に策を練るにも優れていたが、これらは最も両立し難い事柄である。これら二つのうち、一方は用心深さから臆病へ、他方は大胆さから猪突へと導くのが多くの場合の例であるから。かくして司令官はほとんどすべての難事をユグルタに任せ、彼を友人の列に加え、日一日とますます彼をいつくしむようになった。なぜなら彼は計画においても実行においても何一つとして失敗することがなかったからである。加えて彼にはまた、寛大な精神と潑溂《はつらつ》たる才能が備わっており、それらによって、ローマ人の中の多くの者を親密な友情の絆で自らに結びつけたのである。

第八章

この当時、我が軍には、善や誠実さより富が大事であるような「新人」や門閥貴族が少なからずいた。これは国内では党派的であり、同盟者《ソキイ》たちの間に勢力をふるい、尊敬されているというよりはただ有名であるような人々だったが、彼らは次のように請け合うことでユグルタの凡庸ならざる精神を燃え上がらせていた。いわく、もし王ミキプサが死ねば、彼は単独でヌミディアの支配権を手中にするであろう。彼には最高の武徳《ウィルトゥース》があるし、ローマではすべてが金《かね》で買えるのだから、云々。しかし、ヌマンティア陥落後(1)、プブリウス＝スキピオは補助軍を解散して自らも帰国しようと決め、集まった兵士らの前でユグルタに贈物を与え、大いに称賛した後、自分の幕屋へと連れて行った。そしてそこで密かに、こう忠告した。ローマ人民の友情[2]は個人的にではなく公的に追求するように。また誰にであれ贈賄する習慣を身につけることのないように。多数者に属するものを少数者から買うのは危険なことだから。もし君が君の〔今までの〕やり方を守るつもりなら、栄光も王権も求めずして君のものとなろう。だがもし、性急に猛進するなら、君は君自身の金によって真っ逆さまに墜落するだろう、と。

第九章

こう話し終えると、彼はミキプサ宛の書簡を託して相手を立ち去らせた。[1]その文意は次のとおりであった。

「あなたのユグルタのヌマンティアにおける武勇はきわめて傑出したものでした。このことをあなたも定めしお悦びのことと存じます。彼は我々にとって、その功労のゆえに愛しい者であります。元老院とローマ人民にとっても同様となるように、我々は全力を尽くすでしょう。我々の友情にかけて、本当にお慶び申し上げます。まことにあなたは、御自分にも、また彼の祖父マシニッサにも似つかわしい勇士をお持ちになったものです。」

かくして王は、風の便りに聞いていたのがこのように事実であることを司令官の手紙によって知らされ、かの男〔ユグルタ〕の武勇、いやそれ以上にその勢力に動かされて心を翻《ひるがえ》し、ユグルタを恩恵によってまるめこもうと企てた。そこで、ただちに彼を養子とし(2)、遺言状によって息子たちと同等の相続人に指定したのであった。

だが、数年の後(3)、病と老齢のために衰え果て、自らの生涯の終わりを悟った時、彼は、友人たちや一族の者や、息子であるアドヘルバル、ヒエムプサルの見ている前で、ユグルタに次のような言葉で話しかけたと言われている。

第一〇章

「ユグルタよ、父を失い、希望もなく財産もなかった幼いお前を、私は我が王家に迎え入れてやったが、それは、この恩恵のゆえにお前が実の息子ら同様、あたかも私がもうけた子のごとく私を愛してくれるだろうと考えてのことだった。そしてそれは間違いではなかった。なぜなら、お前のその他の偉業や功名は措くとしても、最近のヌマンティアからの帰還にあたって、お前は私と我が王権に栄光をもたらし、お前の武勇によってローマの人々を我々にとってこれまで以上の最も親しい友としてくれたからだ。ヒスパニアにおいて我が一家の名は再興された。最後に、お前は栄光によって嫉妬を打ち負かしたが、これは命に定めある人間の間では最も難しいことなのだ。

　さて、いまや自然が私の生涯を終わらせようとしているので、私はこの右手をもって[1]、王権への信義に訴えて、お前に忠告し懇願する。どうかこの者たちを――お前にとっては出自において近親者であり、私の恩恵のゆえに兄弟でもある者たちを――いつくしんでくれるように。そして、血によって結ばれた者たちを親しく保つことよりも異邦人たちと結びつくことを好んだりすることのないように。王権の守りとなるのは軍隊でも財宝でもなく友なのであり、これは武力で強奪することも黄金で購《あがな》うこともできはしない。それは奉仕と信義によってのみ得られるのだ。ところで兄にとって弟以上に親しい友があるだろうか。また、もしお前が身内に対して敵であったら、どうして他人の間に忠実な者を見つけることができるだろうか。まことに、私がお前たちに渡すこの王権は、お前たちが善良であれば強固であるが、邪悪であれば脆弱となるのだ。というのも、和合は小さきものをも成長させ、不和は最大のものをも粉砕するのだから。

しかし、我が望みと違ったことが起こらぬように気を配るのは、この子たち以上に、ユグルタよ、年齢と知恵において勝るお前の役目なのだ。なぜなら、どんな争いの場合でも、力の勝る方は、たとえ不正を蒙った側であったとしても、より力があるゆえに、不正を加えた側のように見えるものだから。そして、お前たち、アドヘルバルとヒエムプサルよ、お前たちはこの立派な人物を愛し、尊敬し、彼の徳を見習い、努力するがよい。私がもうけた子たちよりも養子にした子たちの方が優れているなどと見られることのないように。」

第一二章

これに対してユグルタは、王が作り事を話していることはわかっていたし、自らは心の中で全く別な風に考えていたにもかかわらず、その場にふさわしく丁重な受け答えをした。

ミキプサは数日後死んだ。(1) 彼のために王者らしく盛大に葬礼を挙行した後、(2) 若い王たちはお互いの間で政務全般について話し合うべく一箇所に集まった。その際、彼らのうちで最年少だったヒエムプサルは、生来激しやすく、またかねてからユグルタの卑賤さを――母方の生まれが釣り合わないということで――見下していたから、アドヘルバルの右手に坐ってしまった。こうすることでヌミダエ人の間で名誉とされている三人並んだ中での中央の席をユグルタに与えまいとしたのである。しかしその後、年長者に譲れとの兄の懇請にほだされて、ようやく別の側へと移動させられたのであった。この席で、支配権の行使に関して多くのことを議論していた時、ユグルタは他の件に交えて、最近五年間のすべての決定・布告を無効とすべきであると提案した。なぜならこの時期、ミキプサは老齢に打ち負かされて精神が十全でなかったから、というのである。すると、ヒエムプサルがその件なら自分も大賛成だ、彼〔ユグルタ〕自身、最近の三年間に養子とされて王権に到達したのだから、(3)と答えた。この言葉は人が推し量る以上に深くユグルタの胸に突き刺さった。かくして彼はこの時以来、怒りと恐れにおののきつつ、計画し、準備を整え、ヒエムプサルを罠にかける段取りのことだけを心に抱くようになった。それらはなかなか進捗せず、猛り立った精神はなだめられることがなかったので、彼はいかなる手段を用いてでも、この企てをやり遂げようと決心した。

第一二章

第一回の会談では——それが若い王たちによって開かれた次第は既に述べたとおりだが——意見の不一致のゆえに、財宝を分割し各々に対して支配領域を画定することに決まった(1)。そこで、両事項のための時期が定められたが、財宝の分割の方が先とされた。若い王たちはその間、宝物庫に近い場所にそれぞれ移動していた。さて、ヒエムプサルはティルミダの町(2)でたまたまある人物の邸《やしき》を使っていたが、その人物というのはユグルタに最も近い随員《リクトル》(3)で、常に彼に愛され信頼されている男であった。偶然が与えたこの手先に彼〔ユグルタ〕は山ほどの約束をし、自宅を見に来たふりをしてこの邸を訪ねて出入口の合い鍵を——というのも本物の鍵はヒエムプサルに手渡すようになっていたからだが——あつらえるように、と促した。あとは彼自身が必要な時機に大人数を率いて駆けつけるから、というのである。このヌミダエ人はすみやかに命令を実行し、言われたとおりに夜、ユグルタの兵士らを呼び入れた。彼らは建物の中に突入すると、幾手にも分かれて王を探し、ある者は眠っているところを、ある者は手向かってきたところを殺し、隠れ場を隈《くま》なくあさり、閉ざされた場所に押し入り、すべてを喧騒と混乱に投げ込んだが、そうこうするうちにヒエムプサルが、女の召使いの小屋に隠れているところを発見された。そこに彼は怯えてとっさに、勝手もわからず逃げ込んでいたのだった。ヌミダエ人たちは命令どおり彼の首をユグルタのもとに届けた(4)。

第一三章

いまや、これほどの悪行の噂はまたたく間にアフリカ中に知れ渡った。恐怖がアドヘルバルと、かつてミキプサの支配下にあったすべての人々を襲った。ヌミダエ人たちは二つの派に分かれた。より多くがアドヘルバルに従ったが、戦いにおいてより優れた人々は他方に従った。かくしてユグルタは、可能な限りの大軍を武装させ、数々の都市を、一部は力ずくで、他のものはそれ自身の意思に基づいて自分の支配下に加え、全ヌミディア支配へと準備を整えた。アドヘルバルは弟の殺害と自らの境遇を元老院に知らせるべくローマに使者たちを送る一方、兵士の数の多さを頼んで、武力による対決を準備した。しかし、いざ事が決戦に至ると、〔一度の〕戦闘で打ち負かされて属州〔属州アフリカ〕[1]に逃れ、ついでローマへと急いだ。他方ユグルタは、計画を達成し全ヌミディアを我が物とした後に、自分の所業について思いめぐらす余裕を得ると、ローマ人民が恐ろしくなり、彼らの怒りに対抗する希望を、門閥貴族の貪欲さと自らの財宝の中にしか見出さなかった。そこで数日の後、莫大な金銀を携えた使者たちをローマに派遣し、彼らに次のような指示を与えた。まず最初に旧い友人たちを贈物で堪能させ、ついで新たな友を手に入れ、要するに、金のばら撒きによってできることは何であれためらわずにやるように、と。さて、この使者たちがローマに到達し、王の指示どおり、賓客関係[2]にある友人たちやその他、当時元老院の中でその権威が絶大であった人々に巨額の贈物をすると、急激な変化が起こり、最大の反感の的であったユグルタは、たちまちにして門閥貴族層の寵愛と好意を受けるようになってしまった。彼らのうち、ある者は期待によって、他の者は報酬によって動かされ、元老院の各人を個別に回って、この人物に対してあまり厳重な決定がなされぬように盛んに運動した。こうして使者たちが充分に自信を得ると、日が定められ、〔アドヘルバル側、ユグルタ側〕双方のために元老院接見が設定された。この時、アドヘルバルは次のように語ったと我々は聞いている。

第一四章

「元老院議員諸兄《パトレス・コンスクリプティー》よ、我が父ミキプサは臨終の床で私に次のように忠告しました。ヌミディア王国の管理権《プロクラーティオー》だけが私のものなのであり、その権利《ユース》と支配権《インペリウム》はあなた方のものだと考えるように(1)。そして同時に戦時においても平時においてもできる限りローマ人民のお役に立つよう努力し、あなた方を私の親類とも縁者ともみなすように。そうすれば私はあなた方との友好関係の中に王国の軍隊も富も防壁も見出すであろう、と。私はこの親の指示に従っていましたのに、ユグルタが――あの大地が支えているうちでも最も凶悪な男が――あなた方の支配権を軽んじて、マシニッサの孫であるこの私、既に代々ローマ人民の同盟者にして友人であるこの私から、王権とすべての財産を奪ってしまったのです。

そして私はといえば、議員諸兄よ、これほど惨めな状況を運命づけられた以上、私の父祖の奉仕のゆえではなく私自身の奉仕のゆえにあなた方の助けを求めたいところだったのです。ローマ人民から恩顧(2)を受ける資格が私にあって、しかも私はそれを必要としないというのが一番良かったのですが、それが無理で恩顧を必要とするにしても、せめて資格ある者としてそれに与《あずか》りたいところだったのです。しかし潔白さはそれ自体の力によって守られるものではなく、またユグルタの人となりは私の力でどうなるものでもないので、私は——元老院議員諸兄よ——あなた方の所に難を逃れ、私にとっては一番辛いことですが、あなた方のお役に立つ前に迷惑をおかけすることを余儀なくされているのです。他の王たちは皆、戦争に敗北してあなた方によって友好関係の中に受け容れられたか、あるいは彼らの危難の時にあなた方との同盟関係を求めたかのどちらかです。私の一族はカルタゴとの戦争の時にローマ人民と友好関係を打ちたてたのであり、その時にはローマ人民の幸運というより信義こそが〔私たちを〕惹きつけたのです。元老院議員諸兄よ、どうか彼らの子孫であるこの私、マシニッサの孫であるこの私が、あなた方の援助を空しく求めることのないようにして下さい。

もし私が自分の惨めな運命《フォルトゥーナ》——なぜならつい先頃までは王であり、生まれと名声と富によって大いに盛んであったのにいまや苦難に打ちのめされて見る影もなく、無力で他人の力にすがっているのですから——以外にはこのようなお願いをする理由を持たなかったとしても、不正を妨げ誰であれ犯罪によって王権を強大化することを許さないのはローマ人民の威信にふさわしいことのはずです。しかし実のところ私が追い出されたのはローマ人民が私の祖先に与えた土地であり、そこから私の父と祖父があなた方と一緒に、シュパックスやカルタゴ人を放逐した土地なのです(3)。議員諸兄よ、私から奪われたのはあなた方の恩恵の賜物なのであり、私への不正においてあなた方が嘲笑されているのです。おお、惨めな私！　我が父ミキプサよ、あなたの恩情は結局、あなたが自分の子と等しく扱い王権の共有者とさえしてやった当のその者があなたの一族を抹殺する者となるという結果に終わるのですか。

それでは私の一族は決して平安を得ることはできないのでしょうか。常に流血と剣と追放の裡《うち》にいなければならないのでしょうか。カルタゴが無傷だった間は当然、私たちはあらゆる苛酷さを耐え忍んでいました。敵はすぐ傍らにあり、あなた方友人は遠方にあり、すべての希望は武器と共にしかなかったのです。この疫病がアフリカから一掃された後、私たちは喜びに満ちて平和を享受しました。なぜなら私たちには、あなた方が時折命じる戦い(4)以外もはやいかなる敵もなかったからです。しかしそこへ、――何ということか――ユグルタが突然耐え難い厚顔と犯罪と傲慢をもって姿を現し、私の弟であり彼にとっても血縁にあたる者を殺し、まずその王国を自分の犯罪の戦利品にしてしまったのです。その後、彼は私を同じ罠にかけることはできなかったので、あなた方の支配の裡にあっていかなる暴力も戦争も予期していなかった私を、御覧のとおり祖国からも我が家からも追い出し、無力で惨めさに覆われた存在とし、私はどこにいようが自分の王国にいるよりは安全だという有様になってしまいました。

元老院議員諸兄よ、私は父が次のように教えさとすのを聞いて自分でもそのように考えてきました。つまりあなた方との友好を勤勉に培おうとする者は多くの務めを引き受けることになるが、しかし他の誰よりも安全なのだと。私の一族のもとにある限りのものは、すべての戦争においてあなた方のお役に立ててきました。平和の間、私たちを安全に保って下さることはあなた方の手の中にあることなのです、議員諸兄よ。父は私ども二人の兄弟を残し、三人目のユグルタを自分の恩顧によって私どもと結びつけ得ると考えました。そのうち一人は殺されてしまい、私自身はかろうじてもう一人の者の瀆神《とくしん》の手から逃れたのです。私はどうしたらよいのか。不運な者となって一体どこに行けばよいのでしょうか。我が一族の守りはすべて潰え去ってしまいました。父は、やむを得ないことですが、自然の寿命に従いました。弟の命は、決してあってはならないことに、近親者が犯行によって奪いました。私の縁者や友人その他近しい人々を災禍が一撃また一撃と撃ち倒しました。ユグルタに捕えられた者のうち、ある者は磔刑にされ、他の者は野獣に投げ与えられ、命だけは助けられたわずかな者も暗い所に閉じこめられて悲しみと嘆きのうちに死よりも辛い日々を送っているのです。

失われてしまった、あるいは近親の絆から敵対物へと変わってしまったすべてのものが元のままであったとしても、もし思いがけず何か悪いことがふりかかってきたなら私は、議員諸兄よ、あなた方にお願いしたことでしょう。あなた方はその支配の大いさのゆえに正義と不正のすべてに配慮することがふさわしいのですから。しかしいまや故国からも家からも追放され、たった一人で地位にふさわしいあらゆるものを欠いて、私はどこに逃れ誰に訴えたらよいのでしょうか。諸民族や王たちの所ですか。彼らは皆、〔私どもの〕あなた方との友情のゆえに私の一族を敵視しているのです(5)。どこか、私が行けるような所、我が祖先の敵対行為の無数の記念物が待ち構えているのではないような所が一箇所でもありましょうか。あるいはかつてあなた方の敵だった者で私たちに同情し得る者が一人でもありましょうか。最後に——元老院議員諸兄よ、——マシニッサ自身が私たちに次のように命じたのです。ローマ人民以外は何者も大事にしてはならぬ、いかなる新たな同盟も条約も受け付けるな。我らにとっての大いなる守りはあなた方の友情の裡に充分見出される。もしこの支配権の運命が変わるようなことがあれば、我らも共に滅びるべきなのだ、と。武勇と神々の好意により、あなた方は偉大で富強であり、すべてが順調で意に沿っているのですから、より容易に同盟者の受けた不正に心を向けることができるはずです。

ただ私が恐れるのは、相手の正体も知らずに結んだユグルタとの個人的友情が何人かの人々を誤まらせることです。彼らが最大限の努力をし、彼がいない所で事情も聞かずに処断することがないようにと、あなた方一人一人を説得し工作していることを私は聞きました。彼らは私が嘘をついていると言い、私が本当は王国に留まることもできたのに逃亡の必要があったかのごとく装っているだけだと主張しています。これに対しては願わくばいつかあの男が――その彼の、神をも恐れぬ行為によって私はこれほど惨めな境遇に陥っているのですが――同様の「狂言」を演じるのを見たいものです。そしていつか必ずあなた方かあるいは不死の神々の間に、人間界の事柄への配慮が生じることを望むばかりです。その結果、今は自分の犯罪において猛々しく栄えているあの男が、ありとあらゆる不幸に苦しめられ、私たちの親への不敬、私の弟の殺害、そして私の諸々の悲惨に対し充分に罰を受けるとよいのに！　ああ、我が心の最愛の弟よ、お前は時ならぬ時に、あってはならぬ者の手によって命を奪われたが、しかしいまやお前のことは悲しむより喜ぶべきだと私には思える。なぜならお前が命と一緒に失ったものは王権ではなく、逃亡、追放、欠乏その他いま私にのしかかっている苦しみすべてなのだから。それに対して不幸なこの私は、父祖の王座からかくも悲惨な境遇へと投げ落とされ、人の世の有為転変の見世物を提供している。自分が援助にこと欠いているのにお前の受けた不正への復讐を果たそうとすべきなのか、自分の生死さえ他人の力にかかっているのに王権のことを考えるべきなのか、どうしていいのかわからない有様だ。願わくば、死が私の運命からの名誉ある脱出であったなら。あるいは不幸に打ちひしがれて不正に屈しても、軽蔑さるべき生き方よと見られないのであったなら。しかし現に、生きることは望ましくなく、不名誉抜きで死ぬこともできないのだ。

元老院議員諸兄よ、あなた方御自身にかけて、あなた方のお子さんや御両親にかけて、ローマ人民の威信にかけて、どうか惨めな私を助けて下さい。不正に対抗し、あなた方のものであるヌミディア王国が、犯罪と私ども一族の流血によって崩壊するのを座視しないで下さい。」

第一五章

王が話し終えると、ユグルタの使者たちが主張の正当性よりは賄賂の方を頼みとして、ごく手短に答えた。いわく、ヒエムプサルは己れの残忍さのゆえにヌミダエ人たちに殺されたのであり、アドヘルバルは自分の方から戦争をしかけておきながら負けた後になって不正行為の失敗を嘆いているにすぎない。ユグルタが元老院にお願いするのは、彼をヌマンティアで知られたとおりの者と別人だとは考えないでほしいということ、彼の行為よりも敵の言葉の方を重視しないでほしいということである、と。ついで双方は元老院議場から退いた。元老院はただちに審議に入った。使者たちの後援者たち[1]と、さらに〔彼らの〕影響力によって歪められた元老院の大部分は、アドヘルバルの言葉を軽視し、ユグルタの武勇を褒めそやし、影響力、弁舌、ひいてはあらゆる手段を用いてよそ者の犯罪と醜行の弁護のために、あたかも自らの栄光のためであるかのように尽力した。これに対して善と公正さを富よりも大事に思った少数の議員は、アドヘルバルを救援しヒエムプサルの死に対して厳重に報いるべきだと主張したが、とりわけ〔目立ったのは〕アエミリウス＝スカウルス[2]であった。これは活発で党派的な門閥貴族で、権力にも名誉にも富にも貪欲だったが、自分の欠点を巧妙に隠していた。この男は王〔ユグルタ〕の賄賂が有名で臆面もないのを見ると、こういう場合よくあるように、この不潔な放縦が敵意を燃え上がらせるのではないかと危惧して、心をいつもの欲望から引き戻したのであった。

第一六章

しかしながら元老院において勝利を収めたのは、あの、真実よりも代価と影響力を優先する一派の方であった。十人の使節団がミキプサの保持していた王国をユグルタとアドヘルバルの間で分割すべきである、との決議がなされた[1]。この使節団の団長となったのはルーキウス＝オピーミウス[2]であったが、この男は著名人で、当時元老院の有力者であった。というのも、彼は執政官だった時、ガイウス＝グラックスとマルクス＝フルウイウス＝フラックスを殺し、きわめて苛烈に門閥貴族層の勝利を民衆の上に行使した[3]からである。この男をユグルタはローマにおいても友人のうちに数えていた[4]が、細心の注意をもって歓待し、多くのものを与え、また約束したので、ついに彼は自身の名声よりも信義よりも、要するに我が身のなにものにもましてこの王の利益を優先するようになってしまった。〔ユグルタは〕残りの使節たちにも同じ方法で接近し、その大部分を手中にした。金銭よりも信義を愛する者はごく少数でしかなかったのであった。分割において(5)は、ヌミディアのマウレタニアと接している部分、土地も人口もより豊かな部分がユグルタに引き渡され、もう片方の、実質より見かけに優れ、港湾により恵まれ、建造物はより多く備わった部分(6)がアドヘルバルのものとなった。

第一七章

ここでアフリカの地理を簡単に説明し、我々が交戦したりあるいは友好関係を結んだりしたこの地の諸族についても触れる必要があるように思われる。しかしこれらの土地や民族は、暑熱や峻険さに加えて砂漠まであるせいで訪れる人も稀であるので、それらについて正確な事実を述べるのは容易なことではない。その他については、できるだけ簡潔に述べることにしよう。

地表面を区分する際、ほとんどの人々はアフリカを第三の部分とするが、少数の人々はアジアとヨーロッパだけがあるのであり、アフリカはヨーロッパの一部であるとする。(1)アフリカの境界をなすのは、西方では我らの海〔地中海〕と大洋《オケアヌス》の海峡(2)であり、東方では傾斜した幅広い土地であり、この傾斜地を住民はカタバトゥモス(3)〔奈落〕と呼んでいる。海は荒々しく港湾に乏しく、土地は作物に富み家畜にも適しているが樹木は育ちにくい。天にも地にも水が不足しているのである。住民の系統はといえば、身体が頑健で敏捷で労苦によく耐える。そして多くの者が武器や野獣によって死にでもしないかぎり老年によって死ぬ。というのも病気が人を打ち負かすことはめったにない上、大部分の動物が害をなす種類だからである。さて、最初にアフリカの主《あるじ》であったのはどんな人々か、後に入って来たのはどんな人々か、またそれらがお互いにどう混じり合ったかという点に関しては——以下は一般に認められているのとは異なった話なのだが——、王ヒエムプサルのものといわれるポエニ〔語〕の書物(4)から我々のために訳されたものや、当地の住民がそうであると信じているところに従って、できるだけ手短に述べよう。ただし事の真偽は話者たちにまかせるとして。

第一八章

原初、アフリカに住んでいたのはガエトゥリー人とリビュエース〔リビュア〕人[1]であった。彼らは猛々しく未開で、野獣の肉か、あるいは家畜同様に大地に生える草を食物とした。彼らは慣習によっても法によっても何ぴとの支配権によっても治められていなかった。さまよい放浪し、夜が命じるところを宿りとしていたのである。さてヘルクレスがヒスパニア[2]で死んだ[3]――アフリカ人はこう考えているのだが――のち、様々な種族から構成されていた彼の軍隊は、指揮者を失い、またあちらこちらで多くの者がてんでに支配権を求めたのでじきに解体してしまった。その成員の中から、メディー〔メディア〕人、ペルサエ〔ペルシア〕人、アルメニー〔アルメニア〕[4]人が船でアフリカに渡り、地中海に一番近い地方を占拠したが、ただしペルサエ人はむしろ大洋の側[5]まで近づいた。彼らは船体をひっくり返して小屋の代わりにしたが、これはこの土地には材木がなく、またヒスパニアから買うなり交換するなりする機会もなかったからである。広い海と未知の言葉が通商の妨げとなっていたのだ。彼らは徐々に通婚によってガエトゥリー人を自らと混血させ、土地を試しては次から次へと別の場所をめざしたので自ら「ヌミダエ」[6]と称した。ところで現在でも田園のヌミダエ人の家屋――彼らはこれをマパーリアと呼んでいるが――は楕円形で側部が曲った屋根を持ち、まるで船の竜骨のようである。

他方メディー人とアルメニー人に加わったのはリビュエース人だった――というのもガエトゥリー人は太陽の下、炎熱の地からそう遠くない所にいたのに対し、彼ら〔リビュエース〕はアフリカ海[7]により近い所に住んでいたからである――、彼らはまもなく町々を形成した。なぜならヒスパニアから海峡によって隔てられているだけなので、相互に品物の交換を始めたからである。彼らの名前をリビュエース人は蛮族の言葉で「メディー」の代わりに「マウリー」[8]と呼ぶことによって、次第に崩してしまった。さて、ペルサエ人の国は急速に成長し、その後ヌミダエの名の下に、人口過剰のゆえに両親のもとを去った人々がカルタゴのすぐ隣の地方を占拠した[9]――この地方がヌミディアと呼ばれているのである。ついで両者[10]はお互いを頼みとして近隣の住民を武力や脅しによって自らの支配権の下に集め、自らに威名と栄光とを加えていった。とりわけ地中海の方に進出した人々がそうであった。というのも、リビュエース人はガエトゥリー人ほど好戦的ではなかったから。こうしてついには、アフリカの海に近い方は大部分ヌミダエ人のものとなり、打ち負かされた者はすべて、支配者の種族と名前の中へ溶け去った。

第一九章

その後、フェニキア人たちが、ある者は母国の人口過剰を軽減すべく、また一部は支配欲から、平民その他、「革命」[1]を渇望する者たちを扇動して、ヒッポ、ハドゥルメトゥム、レプティスその他の都市[2]を海岸地方に建設した。これらはまもなく大いに富強となり、あるものはそれぞれの母市の守り手となり、他のものはその飾りとなった。ところで、カルタゴについては、わずかのみ語るより、むしろ沈黙している方が良いであろう。なにしろ時が次の話題に急げと忠告しているから。

かくして、カタバトゥモスのあたり——ここがエジプトをアフリカから分かつのだが——では、海に沿ってまず最初にテラの植民市キュレネ[3]があり、次に二つのシュルティス〔湾〕[4]が来る。それらの間に、レプティス[5]があり次にピラエニーの祭壇[6]がある——ここをカルタゴ人たちはエジプト方面における彼らの支配の境とみなしていた——。その後に他のポエニ[7]の諸都市が来る。残りの場所はマウレタニアに至るまでヌミダエ人が押さえており、ヒスパニアに一番近い所にはマウリー人がいる。我々が聞いたところによると、ヌミディアのかなたにはガエトゥリー人が、ある者は小屋に、ある者はより未開に放浪しつつ暮らしているという。彼らの後ろにはアエティオペース〔エティオピア〕[8]人がおり、その先は太陽の炎熱で乾燥しきった土地となる。さて、ユグルタ戦争の頃には、ポエニの町々の大多数とカルタゴ人たちがその末期に持っていた領土は、ローマ人民が政務官を通じて統治していた[9]。ガエトゥリー人の大部分とムルッカ川[10]に至るまでのヌミダエ人はユグルタの下にあった。マウリー人はすべて王ボックス[11]が治めていたが、この王はローマ人民については名前以外知らず、同様に我々の方でもこれ以前には和戦両面で接触がなかった。アフリカとその住民については主題にとって必要なことは充分説明し終えた。

第二〇章

王国分割が終わって使節団がアフリカから立ち去ると、ユグルタは心中の恐れとは逆に犯罪の報酬が我が物となったのを見て、ヌマンティアで友人たちから聞いた、あの、

「ローマでは金で買えないものはない」というのは確かな話だと思い、また同時に、最近彼が贈物攻めにした例の人々の約束にも刺激されて、アドヘルバルの王国へと心を向けた。彼が俊敏で好戦的なのに対し、狙う相手は不活発で非好戦的で穏和な生まれつきであり、不正に対して無防備で、人に恐れられるというよりは自分が恐れる方であった。かくして彼〔ユグルタ〕は突如、大勢を率いて相手の領土へ侵入し(1)、家畜その他の略奪品とともに多くの人間を捕え、建物に放火し、ほとんどすべての場所を騎兵をもって襲撃し、しかる後に全軍と共に自分の王国にとって返し、これでアドヘルバルが悲憤に駆られて、蒙った不正に対し武力で報復するであろう、そうすればそのことが戦争の口実になる、と考えた。ところがこちら〔アドヘルバル〕の方は、武器をとっては自分は相手にかなわないと思っていたし、ヌミダエの人々よりはローマ人民の友情に信を置いていたので、不正に抗議する使者たちをユグルタのもとに派遣した。彼らは罵倒的な返事を持ち帰ってきたが、彼は戦争に訴えるよりは何であれ甘受しようと決心した。なぜなら戦争は前に試してみて(2)、不首尾に終わっていたからである。しかし、だからといってユグルタの願望がその分減ったわけではなかった。彼は心の中では相手の王国全体を既に侵略し終えていたのであるから。そこで彼はこれまでのように略奪部隊をもってではなく、用意した大軍をもって戦争を仕掛け、公然と全ヌミディアの支配権を求め始めた。さらに彼は、進軍する先々で、都市と土地とを荒廃させ、略奪し、味方には士気を、敵方には恐怖を増大させた。

第二一章

アドヘルバルは、もはや事ここに至っては、王国を諦めるか武力で保つか、どちらかしかないと悟り、やむを得ず軍勢を整えてユグルタに立ち向かった。やがて両軍は海からそう遠くないキルタ市[1]の近郊に陣取ったが、一日も終わりかけていたので戦闘は始まらなかった。ところがその夜の大半が過ぎた時、なおまだ薄暗い光の中で、ユグルタの兵士たちが合図を機に敵陣に侵入し、敵の、ある者は半ば眠っているのを、他の者は武器を手に取ろうとしているのを敗走させ追い散らした。アドヘルバルはごく少数の騎兵と共にキルタに逃げこんだが、もしここにヌミダエ人たちの追撃を防壁で食い止めた大勢の「トガを着た人々[2]」がいなかったら、両王の間の戦争は始まったその日のうちに終わってしまうところであった。かくしてユグルタはこの町を包囲し、遮蔽用亭[3]や攻城塔[4]

や、あらゆる種類の装置[5]を使って攻略しようとし、戦闘の前にアドヘルバルによってローマに派遣されたと聞いている使者たちの到着に先んじようと急ぎに急いだ。

しかし、元老院が彼らの戦争について聞き知ると、三人の「若手」が使節としてアフリカに送られた。この使節は両方の王に会って、元老院とローマ人民の言葉をもって、彼らが武器を置き〈戦争によってではなく法によって彼らの争いに決着をつける〉[6]よう望みかつ命じると伝え、それがローマにとっても彼らにとってもふさわしいとの旨を伝えることになっていた。

第二二章

使節たちは大急ぎでアフリカへとやって来た。というのもまだローマで出発の準備をしている間に、戦闘の勃発とキルタが攻撃されたことを耳にしたからであった。この噂は控え目なものだったのだが。ユグルタは彼らの言葉を受け取ると、次のように答えた。自分にとって元老院の権威以上に重要で、また大切なものは一つもない。若い頃から自分は最良の人々すべてから評価されるように努力してきた。プブリウス＝スキピオ[1]という最高の人士に気に入られたのも悪によってではなく徳によってである。また、ミキプサによって王室へと養取されたのも、その同じ品行のゆえであって、〔彼の〕子供の不足のゆえではない。しかしながら、これほど善く精励してきただけに、なおさら、自分の心は不正に耐えることができない。アドヘルバルは計略をもって自分の命を狙った。自分はそのことを知ったので彼の犯罪に対抗したのだ。もし自分に対して諸種族の権利〔万民法〕[2]を拒むなら、ローマ人民は公正にも誠実にも振舞わなかったことになるであろう。結局のところ、これらすべてのことについて、すぐに使いをローマに派遣する予定である、と。こうして双方は別れた。アドヘルバルと話す機会はなかった。

第二三章

ユグルタは彼ら〔三人の使節〕がアフリカを出立したと見ると、天然の要害であるキルタ[1]を武力で攻め落とすことはできないので、市の防壁の回りに塁壁《るいへき》と塹壕《ざんごう》をめぐらし、数々の攻城塔を立て、それらを守備隊で固めた。そしてさらに、昼となく夜となくあるいは力ずくであるいは奸計をもって攻め立てた。防壁の守備兵たちに報酬を見せびらかしたり威嚇したり、味方が武勇を発揮するように励まして元気づけたり、がむしゃらに熱中して、すべてを準備したのである。アドヘルバルは自分の運命全体が瀬戸際にあり、敵は無慈悲で何らの援軍の望みもなく、必要物資の欠乏のゆえに戦いを長引かせることも不可能だと悟ったので、一緒にキルタに逃げて来た者の中から最も機敏な二人を選び出し、数多くの約束をし、自分の不運を嘆くことによって、彼らに敵の包囲線を突破して、夜、最寄りの海岸へ(2)、ついでローマへと赴くよう説き伏せた。

第二四章

ヌミダエ人たちは数日のうちに命令を実行した。アドヘルバルの手紙が元老院で読み上げられたが、その大意は次のとおりであった。

「元老院議員諸兄よ、たびたび諸兄のもとに嘆願の使いを差し上げるのは私の罪ではなく、ユグルタの暴力がそうさせるのです。彼は私を亡きものとしたいという欲望に取り憑かれたあまり、もはやあなた方も不死なる神々も念頭になく、何にもまして私の血を望むようになってしまっているのです。かくして、ローマ人民の同盟者にして友人であるこの私は、武力によって包囲されたまま、はや五カ月目になります。私にとっては我が父ミキプサの恩顧もあなた方の決議も何ら助けになってはおりません。剣と飢えとのどちらの方がより重くのしかかってきているのか、定め難いほどです。

ユグルタについては多くを書くことは、私の境遇のゆえに思いとどまらねばなりますまい。逆境の者にはわずかな信しか置かれないことは既に経験したところです。ただ私が次の点を理解したことだけは別です。彼は私がそうであるところの者より上を狙っており、また、あなた方の友情と私の王国の両方を同時に望んでいるのではない、ということです。彼が二つのうちどちらをより重視しているのかは、誰の目にも明らかです。なぜなら彼はまず手始めに私の弟ヒエムプサルを殺し、ついで私を父祖の王国から追い出したのですから。それは確かに私どもの受けた不正であり、あなた方にとっては何でもありますまい。しかしいまや彼はあなた方の王国を武力で押さえ、あなた方がヌミダエ人たちの命令者《インペラートル》として置いた私を封じ込め、包囲しているのです。彼が使節たちの言葉をどの程度にしか受けとめなかったのかは、私の危急が明らかに示しています。彼を動かし得るものとしては、もはやあなた方の力以外、何が残っているでしょうか。もちろん私としては、私の不幸によって私の言葉の真実性が証明されるよりは、むしろ今書いていることや、かつて元老院で訴えたことが虚偽と判明する方が良かったのです。しかし、私はユグルタの犯罪の証拠となるべく生まれてきた以上、もはや死や苦難を避けることはいたしますまい。ただ、敵の支配と肉体的責め苦だけを逃れさせていただきたいのです。ヌミディアの王国については、あなた方のものなのですから[1]、お望みのとおりに処置して下さい。どうか、支配権の威信にかけて、友情の信義にかけて、私を不敬の者の手から救って下さい。もし、あなた方の間に我が祖父マシニッサの思い出が少しでも残っているのでしたら。」

第二五章

この手紙が朗読されると、何人かは、アフリカに軍隊を送って、できるだけ早くアドヘルバルを救援すべきだ、ユグルタについては、使節団に従わなかったのであるから、その間に討議すべきだ、と主張した。しかし例の、王の後援者たちによってそのような決議がなされないよう最大の努力が払われた。かくして、ほとんどの事柄において常にそうであるように、公共の福利は私的な影響力によって完敗させられたのである。それでもアフリカへは、より年長で門閥貴族の生まれの、華々しい顕職に就いている人々が使節として派遣された。その中には既に述べたマルクス＝スカウルス——執政官経験者で当時、筆頭元老院議員であった人物[1]——も含まれていた。彼らは、事件が憤激に包まれていたため、またヌミダエ人たちに懇願されたためもあって、三日以内に乗船した。そしてまもなくウティカ[2]に上陸すると、ユグルタに対して、大至急、属州〔属州アフリカ〕に出頭するように、自分たちは元老院から彼のもとに派遣されたのだ、との手紙を送った。彼〔ユグルタ〕は、ローマで巨大な権威を持っていると聞いていたこれらの著名人たちが自分の企てに反対しにやって来たと知って、初めは動転し、恐怖と欲望の間を行ったり来たりした。使節団に従わなかった場合の元老院の怒りを恐れたかと思うと次には、欲に目が眩んだ心が着手した犯罪へと急き立てられるのだった。結局、貪欲な資質において勝利を収めたのは歪んだたくらみの方だった。かくして彼は軍勢で包囲し、全力でキルタ攻略を試みた。敵勢を分散させることによって、力ずくにせよ、奸計によるにせよ、勝利の機会が舞い込んでくるのではないかと大いに望みをかけたのであった。しかし事が不首尾に終わり、使節団との会見までにアドヘルバルを押さえてしまおうという目論見も実現できなかったので、彼は、これ以上の遅延によって自分が最も恐れているスカウルスの怒りを招くことがないようにと、わずかな騎兵と共に属州にやって来た。そして、彼が包囲を中止しないことに対して、元老院の言葉として重大な威嚇が告げられたが、にもかかわらず、使節団は多くの弁舌を費やしながら空しく立ち去ったのであった。

第二六章

これらのことがキルタに伝わると、かのイタリア人たち[1]——彼らの武勇によって市の防壁は守られていたのだが——は、仮に降伏したとしてもローマ人民の偉大さ[2]のゆえに自分たちに危害が及ぶことはないと確信して、アドヘルバルに対し、彼自身と町とを、生命の安全だけを相手に約束させてユグルタに引き渡すように、その他の問題は元老院の判断に委ねればよいと勧めた。彼〔アドヘルバル〕の方は、ユグルタの信義ほどあてにならないものはないと考えたものの、たとえ反対しても強制するだけの力が彼らにあったので、イタリア人たちの意見に従って降伏した。ユグルタは最初にアドヘルバルを責め苦にかけて殺し、次にすべてのヌミダエ人の成人と〔イタリア人〕事業家たち[3]を区別なしに、出会った時に武器を帯びていた者は誰であれ殺害した。

第二七章

そのことがローマで知られ、事件が元老院で論じられ始めると、例の王の下僕どもは議事を中断したり、しばしば影響力によって、また時には論争によって時間を引き延ばしたりして、できごとのむごたらしさを軽く見せようとした。もしここで、鋭敏で、門閥の権力の手強い敵であった次期護民官ガイウス＝メンミウスが(1)、これこそはごく少数の党派的な者の間でユグルタの犯罪を赦免してしまうための手管《てくだ》なのだとローマ人民に教えなかったなら、おそらくすべての憤りは審議の遅延によって雲散霧消してしまったに違いない。王の影響力と財貨の力はかくも巨大だったのである。しかし元老院が罪の意識から人民を恐れた時、センプローニウス法に従って(2)、次期執政官たちの職務管轄としてヌミディアとイタリアが指定された(3)。執政官として選出されたのはプブリウス＝スキピオ＝ナーシカ(4)とルーキウス＝ベスティア＝カルプルニウスであった(5)。カルプルニウスにヌミディアが、スキピオにイタリアが割り当てられた。ついでアフリカに送るための軍隊が召集され、兵士の俸給その他、戦争に役立つもの〔の支出〕が決議された。

第二八章

一方ユグルタは、期待に反して、この報せを受け取ると、――なぜなら彼はローマでは何でも金で買えると固く信じていたから――息子と二人の腹心[1]を元老院に使節として送り、彼らにあのヒエムプサル殺害の時の使節に与えたのと同様の指示――あらゆる者に金銭によって近づけ、との指示を与えた。彼らがローマに到着した後、元老院はベスティアからユグルタの使節をローマ市壁内に入れるべきかどうか、との諮問を受け、〔使節団が〕王国と王自身とを引き渡しに来たのでない限り、十日以内にイタリアから退去すべしと決議した。執政官はこの元老院決議をヌミダエ人たちに伝えるように命じた。こうして彼らは目的を果たさぬまま故国へと立ち去った。

その間に、カルプルニウス〔＝ベスティア〕は軍隊を準備し、自分の副官[2]として門閥貴族で党派的な人々を選んだが、これは何か失策があっても彼らの権威によって守ってもらえるだろうと思ってのことであった。その中には私が先にその気質と振舞いについて記したスカウルスも含まれていた。ところで我らの執政官には心身ともに数多くの美質が備わっていたのだが、それらはすべて貪欲のせいで枷《かせ》をはめられていた。彼は労苦によく耐え、知性は鋭く、洞察に富み、戦いにもなかなか通じ、危険や詭計にびくともしなかった。さて、軍団(3)はイタリアを通り抜けてレーギウム(4)へ、そこからシキリア(5)に至り、さらにシキリアからアフリカへと渡った。かくしてカルプルニウスはまず始めに糧食を準備してから、激しくヌミディアに侵入し(6)、多くの人間といくつかの都市を攻め取った。

第二九章

しかし、ユグルタが使者たちを通じて金銭によって誘惑し、同時に彼〔カルプルニウス〕が遂行しつつある戦争の困難さを指摘し始めると、貪欲の病にかかった心は簡単に転向してしまった。さらにまた、全計画の仲間・助力者としてスカウルスも〔王の〕手に落ちた。彼は最初のうちこそ、彼の党派《ファクティオー》の大部分の者が買収されている中で、最も鋭く王に敵対していたのだが、いまや金額の巨大さのゆえに善と潔白さから邪悪へと逸れてしまったのである。さて最初ユグルタは、いまにローマにおいて賄賂と影響力が何らかの効果を挙げるだろうと考えて、ただ単に戦いの遅延だけを買い取っていた。しかしスカウルスもこの企ての仲間に加わったことを知るやいなや、平和を回復できるのではないかとの強い期待を抱き、自ら出向いて彼らとあらゆる条件について協議しようと決心した。他方この間、財務官《クアエストル》セクスティウスが執政官(1)によってユグルタの町ワガ(2)に信義の保証のために派遣された。その任務は表向きは、カルプルニウスが〔ユグルタの〕使者たちに公式に命じておいた穀物を受領することで(3)、これは降伏に時間がかかっている間、休戦がなされていたからである。かくして王は、申し合わせてあったとおり、〔ローマ軍〕陣地に現れ、軍評議会(4)の面前では、自分の行為の不評についてと、降伏を希望していることとをごく手短に述べただけで、残りはすべてベスティア〔カルプルニウス〕とスカウルスと共に秘密の裡《うち》に取り決めてしまった。続いて翌日、ごった煮のように一挙に採決するやり方で(5)、降伏が認められた。軍評議会において命じられたとおり、三十頭の象と多数の家畜と馬とが、ごくわずかな量の銀とともに財務官に引き渡された。カルプルニウスは政務官選挙(6)を主催すべくローマへ出発した。ヌミディアとローマ軍とを平和が支配していた(7)。

第三〇章

アフリカで行なわれたこととそのいきさつが風聞によって知れ渡ると、ローマではあらゆる場所、あらゆる集会で執政官の行動についての議論がなされた。平民の間には激しい怒りがあり、元老院議員たちは動揺していた。これほど破廉恥な行動を容認すべきか、執政官の決定を覆すべきか(1)、ほとんど定め難かったのである。とりわけベスティアの擁護者であり、仲間でもあると伝えられていたスカウルスの権勢が、彼らを真実と善から遠ざけていた。これに対し、ガイウス＝メンミウスは――この人物の精神《インゲニウム》の自由と門閥の権勢への憎悪については既に述べたとおりだが(2)――元老院が狐疑逡巡している間に、集会に集まった人民を報復へと励まし、国家《レース・プブリカ》と自らの自由を捨て去らぬようにと忠告し、門閥貴族の数多くの傲慢で残忍な行為を指し示し、要するに熱心にあらゆる方法で平民の心を煽り立てたのであった。

ところで当時ローマでは、メンミウスの雄弁は有名で有力であったので、彼のあまたの演説のうちの一つを書き記すのがふさわしいと思う。中でもここに私が記すのはベスティアの帰国後に集会で行なわれたもので、その言葉は次のようであった。

第三一章

「市民諸君！　もし国家《レース・プブリカ》への献身がすべてに優先するのでなかったなら、私に、諸君に対して呼びかけることを思いとどまらせる理由は山ほどあるのだ。党派の力、諸君の辛抱強さ、正義の不在、そしてとりわけ、廉直ということが名誉であるというより危険であるということなどが。実際次の事柄は口にするさえ苦痛である。この十五年間(1)、諸君がどれほど少数者の傲慢のえじきとされてきたか、諸君の擁護者たち(2)がどれほど残虐に何の復讐もなされることなしに破滅していったか、さらに諸君の精神が臆病と怠惰のゆえにいかに堕落してしまい、敵が窮地にある現在においてすら立ち上がらず、諸君を恐れてしかるべき連中をいまだに怖がっている有様であるか、ということ。しかしこのような状況にもかかわらず、精神はあの党派《ファクティオー》(3)の権力に立ち向かうようにと促す。しかし然り、私は我が親から受け継いだ(4)自由《リーベルタス》をここで試してみようと思う。しかしこれが無駄に終わるか実を結ぶかは、市民諸君、君たちの手中にあるのである。

私は諸君に、諸君の父祖がしばしばやったように、不正に対して武器をとれと励ますものではない。武力も〔ローマ市からの〕退去(5)も必要ない。彼らは必然的に自業自得で転落してゆくのであるから。ティベリウス＝グラックス殺害後――彼のことを彼らは王政を準備していると非難したのだが――ローマ平民に対して糾問がなされた(6)。またガイウス＝グラックスとマルクス＝フルウィウスが殺された後にも同様に、諸君の階級の多くの人々が獄中で死に至らしめられた(7)。いずれの殺戮も法ではなく彼らのむら気が終わらせたのだ。しかしまあ仮に平民にその権利を回復させるのは王政の準備に他ならぬとしてみよう。また何であれ市民の血を流さずにはなし遂げられないような報復をも正当であったと認めてみよう。過去何年かの間、公金が略奪され(8)、王たちや自由な諸国民がごく少数の門閥貴族に租税を納め、彼ら門閥が至上の栄光と最大の富を我が物とするのを諸君は無言のまま憤ってきた。しかし彼らはこれほどの所業を何ら咎められずに行なっただけでは足りずに、ついには法を、諸君の至上権を、およそ神々と人とに属するすべてを敵に引き渡してしまったのだ。しかもこれらのことの張本人たちは、恥じたり、後悔したりするどころか、諸君の面前を大威張りで、神官職や執政官職や、ある者は凱旋式をすら見せびらかしつつ行進する。まるで、それらが名誉であって略奪品ではないかのごとくだ。

金銭で購《あがな》われた奴隷でさえ、主人の不正な支配を我慢することはない。市民諸君、君たちは支配の座に生まれついているのに平気で奴隷状態に耐えようというのか。しかも国家を占拠しているのは一体どんな連中であるか。最も犯罪的な、血塗られた手をした、巨大な欲望を持った、悪辣きわまりなく、同時にこの上なく傲慢な奴らで、彼らにとっては信義も名誉も敬虔も、つまるところ、正しきものも正しからざるものも、すべてが儲けの種なのだ。彼らのうち、ある者は護民官の殺害を、ある者は不正な糾問を、ほとんどの者が諸君に対して殺戮を行なったことをもって自己の防衛とみなしている。そんなわけで、一番悪いことをした者が一番安全という有様なのだ。彼らは自らの犯罪ゆえに感ずべき恐怖を諸君の弱気をいいことに君たちに転嫁している。彼らのすべてを共通の欲望、共通の憎悪、共通の恐れが一つに結びつけている。そういうのは善人の間では友情というのだが、悪人の間のそれを党派というのだ。しかしもし彼らが支配権へと駆り立てられているのと同じくらい強く諸君が自由への関心を抱いていたなら、国家は今のように荒廃しはしなかったであろうし、諸君の恩恵は最も厚顔な者の手中にではなく、最良の者の手にあったはずなのだ。諸君の父祖たちは権利を獲得し至上権を確立するために、二度にわたって市を退去し、武装してアウェンティヌス丘を占拠した。(9) 諸君は父祖から受け取った自由のために全力を尽くそうとはしないのか。いや、父祖たち以上に熱心であるべきではないのか、というのも、既に得たものを手放す方が、最初から全く手に入れることができないより、一層大きな恥辱なのであるから。

誰かが言うであろう。「それではどうすればよいというのか？」と。国家を敵に引き渡した連中に懲罰を加えるのだ。ただし武力や暴力によるのではなく――なぜなら彼らが暴力を蒙ることがというより、暴力を加えることが諸君にふさわしくないからだ――裁判とユグルタ本人の証言によって！

もしユグルタが本当に降伏者だというなら、彼は諸君の命令に従うはずである。もし彼がそれを無視するなら、諸君はこの「平和」とか「降伏」というのはいかなるものなのか――それによってユグルタは犯罪の処罰を免れ、少数の権力者に莫大な富をもたらし、国家には損害と不名誉をもたらしたこれらはいかなるものなのか、はっきり判断することになろう。(10) もし君たちが彼らの支配にまだ飽いていないとでもいうのでない限り、また、現在の情勢よりも、諸王国、諸属州、制定法、法規、裁判、戦争、平和、つまり神々と人間にかかわるすべてが少数者の所有物であったあの時代の方が気に入っているとでもいうのでない限り——つまり君たちローマ人民、この敵に敗れたことのない全民族の支配者がようやく生命を保っているだけで満足していたあの時代の方が。全く、諸君のうちの誰があの隷従を拒み得ていたというのか。

私自身は、〔相手に〕罰も加えずに不正を甘受するのは男子として恥ずべきことと思っているが、諸君があの最も罪深い連中を、同じ市民だからとの理由で見逃すのを心静かに許容しようと思う。もしその憐れみが転じて破滅に陥るのでないのなら。というのは彼らにとっては、あまりにも鉄面皮であるがゆえに、さらに悪事を重ねる放埓《リケンティア》さを手に入れない限り、罰せられずに悪事を働いただけでは充分ではないからであり、すると諸君は、奴隷状態にいるか、武力によって自由《リーベルタス》を保つかどちらかしかないことに気づいて、永遠の不安に苛《さいな》まれることになるからである。なぜなら一体、信義とか協調にどんな望みがあるだろうか。彼らは支配を欲し、諸君は自由を望む。彼らは不正を働き、諸君はそれを妨げる。つまるところ、彼らは我々の同盟者を敵のごとく、敵を同盟者のごとく扱うのだ。かくも相反する意図の間に、平和や友情があり得ようか。

それゆえ、私はこれほどの犯罪を咎めもせずに見逃すなと、諸君に忠告し、激励する。これは公金が私消されたとか、同盟者が力ずくで財を奪われたとか(11)ということではない。

これらは確かに重大ではあるが、あまりに日常的なのでもう何とも思われなくなっている。〔そうではなくて〕元老院の権威が凶暴な敵の手に引き渡され、諸君の支配権が引き渡されたのだ。国家が国内でも戦地でも売りに出されてしまったのだ。これらのことが追及を受けず、悪者どもが処罰も受けないのだったら、あとはもう、我々にはこれらの下手人たちに服従して生きる以外、何が残っているだろうか。なぜなら罰せられずに欲するままに行なうというのは王たることに他ならないからだ。私は、君たち市民諸君に諸君の同輩である市民が無実であることよりも有罪であることを望めと勧めているわけではなく、善き者を破滅させてまで悪者を見逃すなと言っているのだ。つけ加えて言うならば、国家においては善行を忘れる方が悪行を忘れるよりはましである。善人は諸君が無視しても、より不活発になるだけだが、悪人はより凶悪になる。それにもし不正が存在しなければ、諸君がさほどしばしば援助〔善行〕を求める必要もなくなるはずではないか。」

第三二章

この演説や他にも似たような演説を〈集会で〉(1)行なうことによって、メンミウスは、当時プラエトルであったルーキウス=カッシウス(2)をユグルタの所に派遣して、この者を公の保護誓約のもとにローマに連れて来させるように人民を説得した。こうして王の証言によって、より容易に、スカウルスやその他、収賄の廉《かど》で彼が告発していた人々の罪を明らかにしようというのである。

ローマで以上のことが起こっている間に、ベスティアによってヌミディアに残されて軍を指揮していた者たちは、自分たちの司令官の流儀に従って数多くの恥知らずな行為を働いていた。黄金に誘惑されてユグルタに象を返してしまう者があるかと思えば、他の者は脱走兵を売り渡してしまい、また他の者は友人たち(3)から略奪をほしいままにするという有様で、かくも大きな貪欲の力が彼らの心を疫病のように蝕んでいたのである。しかし、ガイウス=メンミウスの提案は採用され、全門閥が狼敗するうちに、プラエトルであるカッシウスはユグルタのもとに赴き、びくびくし〔罪の〕自覚のゆえに自分の立場を危ぶんでいる彼を次のように説得した。身をローマ人民に委ねてしまっているのであるから、彼らの力よりは憐れみを経験する方が良くはないか、と。これに加えてカッシウスは彼に個人的にも自らの誓約を与えたが、彼は公の信義に劣らぬほどこれを評価した。(4) 当時、カッシウスの声望はそれほどのものであったのである。

第三三章

このようにしてユグルタは王の威厳に反して、精一杯憐れみをそそる身なりで、カッシウスと共にローマにやって来た。そして彼自身には大いに自信があったのではあるが、例のあの人々全員――この連中の権勢と犯罪によって彼は私がこれまで述べてきたすべてのことをやってのけたのである――に励まされて、護民官ガイウス＝バエビウス(1)を巨額の報酬で買収し、この人物の厚顔無恥によって、法に対してもあらゆる危害からも守られるようにした。しかしガイウス＝メンミウスが集会を開くと、平民は〔この〕王(2)に対して激昂のあまり、ある者は彼を縛って連行せよと求め、また他の者はもし彼が共犯者の名を公表しないなら敵を扱う時の父祖のやり方にならって処刑(3)せよと求めたが、メンミウスは怒りよりは品位に配慮して、この騒ぎを鎮め、彼らの心をなだめ、ついには、自分の力の及ぶ限り公の信義が破られることは決して許さないと断言した。こうして静粛な状態となり、ユグルタが引き出されてくると、〔メンミウスは〕語り始め、この男がローマやヌミディアでやったことを振り返り、父と兄弟たちへの罪を指摘した。そして、ローマ人民は彼が何者の助力と幇助によってこれらのことをやってのけたのか知ってはいるが、しかしむしろ彼の口から明確なことを聞きたいのだ。もし彼が真実を明かすなら彼はローマ人民の信義と寛容に大いに期待してよいが、もし沈黙を守るなら共犯者を救えぬばかりではなく彼自身も彼の希望も潰え去るであろう、と述べた。

第三四章

ついでメンミウスが話し終え、ユグルタが返答を命じられた時、先に私が金銭で釣られたと述べた護民官ガイウス＝バエビウスが、王に沈黙を命じた。そして集会に居合わせた大群集が激しく興奮して、彼を叫びや表情やしばしば威嚇の身ぶりや、その他怒りがそうすることを望むすべてのもので脅していたにもかかわらず、厚顔無恥の方が勝利を収めた。こうして人民は愚弄されて集会から去り、ユグルタやベスティアやその他この査問によって心をかき乱されていた人々は意を安んじた。

第三五章

当時ローマに、マシニッサの孫でグルッサの子、マッシワという名のヌミダエ人がいた。彼は王たちの衝突(1)の際ユグルタに敵対したので、キルタが陥落しアドヘルバルが殺されると、逃亡者として祖国をあとにしていたのだった。この人物をスプーリウス＝アルビーヌス(2)——これはクィントゥス＝ミヌキウス＝ルーフス(3)と共にベスティアの次に翌年の執政官となった人だが——が次のように説得した。いわく、彼はマシニッサの血筋を引いているのだし、ユグルタはその犯罪のゆえに憎悪と恐怖の的になっているのだから、彼こそが元老院にヌミディアの王位を求めるべきである、と。この執政官は戦争をやりたがっており、すべてが鎮まっていくよりは激動することを望んでいたのである。さて、職務管轄《プロウィンキア》として彼にはヌミディアが、ミヌキウスにはマケドニアが当たっていた。さて、マッシワがこの目的を追求し始めると、ユグルタは友人たちからも充分な助けを得られなかった。彼らのある者は罪の意識のために、他の者は悪評と恐れのために〔行動を〕妨げられていたのである。そこで彼〔ユグルタ〕は側近中の側近で最も信頼のおけるボミルカルに、これまでにもそうやって多くをなし遂げたように、代価を払ってマッシワを待ち伏せする者たちを準備し、できる限り隠密裡に、それがうまくゆかなければどんな方法によってでもこのヌミダエ人〔マッシワ〕を殺してしまうようにと命じた。ボミルカルは速やかに王の命令を遂行し、この種の仕事に長けた者たちを使って彼の道順と行き先、つまり彼がいつどこにいるかを隈なく調べ上げた。ついで機会が訪れると、待ち伏せをしかけた。すなわち殺害のために雇われた者たちのうち一人がやや不用意にマッシワを襲撃したのである。彼は相手を倒したが自らも取り押さえられてしまい、多くの人々、とりわけ執政官アルビーヌスに問いつめられ、白状してしまった。こうして公の信義の下にローマに来た者の随員であるボミルカルは、万民法(4)によるというよりは公正と正義によって被告となった。しかしユグルタはこれほどの犯罪が露見したにもかかわらず、事件への怒りが自分の影響力や金の力を上回っていることに気づくまでは、真実に楯つくことをやめなかった。すなわち彼は第一回公判(5)において友人たちのうちから五十人を〔ボミルカル出廷の〕保証人(6)に立てたが、保証人たちのことよりは王権のことを慮《おもんぱか》り、密かにボミルカルをヌミディアへ出発させてしまった。もし彼〔ボミルカル〕が処罰されるようなことになった場合、残りの人民が自分に従うのを恐れるようになることを心配したのである。そして自身も数日後、元老院にイタリアからの退去を命じられて同じく出発した。しかしローマを出た後、彼は何度か無言のまま、そこをふり返り、最後にこう言ったと伝えられる。「売り物の都よ、買い手が見つかればたちどころに滅びるであろう」(7)。

第三六章

一方アルビーヌスは、戦争を再開し、糧食や給与、その他軍隊に必要なものを大至急アフリカに輸送し、自身もただちに出発して、そう遠い先のことではない(1)〔選挙のための〕民会の前に、武力によってであれ降伏によってであれ、なんとかして戦争を終結させようとした。これに対してユグルタは、すべてを引き延ばし、次から次へと遅延の原因を作った。降伏を約束しておいて次に急に怯えたふりをしたり、相手の攻撃の前に退いたかと思うとその直後には味方が失望しないように攻撃をかけたり、こんな風にある時は戦争の、ある時は平和の遅延によって執政官を愚弄したのである。当時、アルビーヌスは王の計略を知らないわけではないと考えたり、またあれほど急いで準備された戦争がこれほど簡単に引き延ばされたのは怠惰によるのではなくたくらみによるのだと信じる人々もいた(2)。さて、時が費《つい》え、選挙民会の日が近づいた後、アルビーヌスは兄弟アウルスを陣営に指揮官《プロ・プラエトル》として残してローマへと去った。

第三七章

この時期ローマでは護民官たちの争いによって国家が著しく混乱させられていた。護民官プブリウス＝ルークッルスとルーキウス＝アンニウス(1)が同僚たちの抵抗にもかかわらず〔自分たちの〕在任期間を延長しようとし、この内紛がこの年全体の〔選挙〕民会の開催を妨げたのである。先に述べたように指揮官として陣地に残されていたアウルスは、この遅延によって、今のうちに戦争を終結させようとの期待か、あるいは軍勢の恐怖によって王から金品を巻き上げることができるのではないかとの期待に導かれて、一月に(2)兵士たちを冬営陣地から征討へと召集し、厳冬の中を行軍してストゥルの町(3)に至った。

ここに王の宝物庫があったのである。そして季節の厳しさと地形の条件のゆえにこの町を陥落させることも包囲することもできなかったにもかかわらず——というのは切り立った山塊の際に築かれた城壁の周囲を取り巻いて、泥の平地が冬の雨で沼と化していたからであるが——、攻撃の真似事で王を怯えさせようと思ってか、あるいは財宝のゆえに町を奪取したいという欲望に目が眩んでしまったからか、遮蔽用亭を組み立て、土塁を築き、その他この企てに役立つことを何であれ急いでやった。

第三八章

これに対しユグルタは、この代理指揮官(1)の虚勢と無知とを知ったので、巧妙に彼の狂気を煽り立て、懇願の使節を送り、自身はあたかも遭遇を避けているかのように森林に覆われた所や脇道を通って軍勢を導いていった。そしてついにアウルスに和睦の可能性があると信じこませ、ストゥルを立ち去って隠れた地方へと、退却していく者を追うかのように進んでいかせた。そうすることによってこの悪事〔和睦協定〕をより目立たなくするつもりだろうと思わせたのである。その一方で、熟練した者たちを使って夜となく昼となく〔ローマ〕軍を誘惑し、百人隊長(2)や騎兵分隊(3)の隊長たちを買収し、ある者には脱走を、他の者には合図とともに部署を離れることを勧めた。こうしたことを思いのままに準備した上で、深夜突然にヌミダエ人の大軍をもってアウルスの陣地を包囲した。ローマ兵たちは異常な喧噪に動転し、武器を取る者あり、隠れ場を探す者あり、怖がる者を励ます者ありで、どこもかしこも大混乱に陥った。敵は多勢であり、夜と雲のために空は暗く、危険は二重であった。すなわち逃げ出すのと踏みとどまるのと、どちらが安全か定め難かったのである。しかし先ほど買収されたと述べた者たちのうち、リグリア人(4)の一コホルス隊(5)がトラキア騎兵(6)の二分隊と若干の並兵《グレガリウス》(7)と共に王の側へ走り、第三軍団の第一百人隊長が、自分が守備をまかされていた堡塁《ほうるい》を通って敵が入って来られる場所をつくり、そこからヌミダエ全軍が突入した。我が軍は惨めに潰走し、多くの者は武器も投げ捨てて近くの丘に所を定めた。夜と陣営の略奪に気をとられたことが、敵が勝利に乗じるのを妨げたのであった。ついで翌日ユグルタはアウルスと会見し、次のように言った。自分は汝もその軍隊も飢えと剣で包囲してしまっている。しかし自分も人生の浮沈はよく心得ているので、もし自分と条約(8)を結ぶなら、軛《くびき》の下をくぐらせて(9)全員を無事に放してやろう。加えて十日以内にヌミディアを立ち去るように、と。これらは嘆かわしく恥辱に充ちていたが、死の恐怖との交換であったので、王の望みどおり和平が合意された。

第三九章

このことがローマで知られると、恐怖と悲嘆が市民団《キウィタス》を襲った。ある者は支配権《インペリウム》の栄光のために悲しみ、また他の者は軍事に疎く、自由を失う(1)のではないかと恐れたのである。アウルスに対しては皆が憤激したが、とりわけ、しばしば戦いで名声を得たことのある人々は、彼が武装していながら武力によってではなく不面目によって安全を求めたというので、最も激しく怒った。このため、執政官アルビーヌスは兄弟の失策から生じた〔市民の〕敵意とそれによる危険を恐れて、この条約の問題を元老院に諮るとともに、他方ではその間に軍に増援部隊(2)を徴集し、同盟諸国(3)やラテン勢からも補助軍を召集し、つまりありとあらゆるやり方でことを急いだ。元老院は正当にも自らと人民の命令なくしては、いかなる条約も締結され得ないとの決定を下した。執政官は準備した軍勢を伴って行くことを護民官たち(4)に妨げられたが、数日後アフリカへ出発した。なぜなら〔前年の〕全軍は合意に従ってヌミディアから撤退し、属州〔属州アフリカ〕で冬営中であったからである。到着後彼は、すぐにもユグルタを追跡し兄弟の汚名をそそぎたいと心は熱していたが、しかし兵士たちの状態を知るに及んで——彼らは潰走したことに加えて、命令から解かれて放縦と気ままにふけったことによって腐敗してしまっていた——この状況では何一つ先に進めるべきではないと決心した。

第四〇章

この間ローマでは、護民官ガイウス＝マミリウス＝リメターヌス(1)が平民に次のような法案を提示した。いわく、ユグルタに入れ知恵して元老院の決議を無視させた者たち、使節として、あるいは命令権を持って活動中に彼から金を受け取った者たち、象や脱走兵を引き渡した者たち、和戦に関して敵と協定を結んだ者たちに対して裁判が行なわれるべきである(2)、と。この法案に対して、ある者は身に覚えがあり、他の人々は党派間の敵意(3)から生じる危険を恐れたが、公然と反対すれば、これらやその種のことが自分の心にかなうのだと明言することになってしまうので、内々に友人たちや、ラテン種族の人々やイタリアの同盟諸市[4]を使って、妨害工作を準備した。しかし平民たちがどんなに熱狂し、どんなに大きな力でこの法案を通してしまったかは思い出すだに信じ難いほどであった。それも国家への愛からというよりは門閥貴族層への憎悪からそうしたので、これが彼ら〔門閥〕に禍いをもたらすものだったからである。党派への傾倒はそれほどのものであった。こうして他の者が恐怖に駆られている中で、マルクス＝スカウルス――彼がベスティアの副官であったことは先に述べたとおりだが[5]――は平民の有頂天、彼の一党の潰走の間に、当時なお市民団は混乱していたのだが、マミリウスの法によって三人の裁判委員の任命が要請された時に、自分がその一人になることに成功した。しかし裁判は風聞と平民の欲望に従って過酷に激しく行なわれた。門閥貴族層にはよく起こることだが、この時は平民が順調さのゆえに傲慢に取り憑かれてしまったのである。

第四一章

ところで、党派《パルテース》と派閥《ファクティオーネス》の、およびあらゆるたぐいの悪しき習俗はローマにおいては、ほんの何年か前、閑暇と、人間が至上のものとみなす諸物の過剰から生じた。なぜならカルタゴの滅亡以前(1)はローマの人民と元老院は穏やかに中庸を保ってお互いの間で国家《レース・プブリカ》を運営しており、栄光や支配をめぐる争いは市民の間には存在しなかったのである。敵への恐れが市民団を良き慣習の中につなぎ止めていたのであった。しかしこの恐れが心から去ると当然のことながら順境が愛するもの、つまり放縦と傲慢が襲ってきた。このように逆境の中で人々が渇望した閑暇は、実際手に入れてみると、〔逆境以上に〕残酷で苛烈なものだったのである。すなわち門閥貴族層はその地位を、人民はその自由を濫用し始め、誰もが自分のために引き寄せ、奪い、かっさらうようになった。かくしてすべては二つの党派《パルテース》(2)に引き裂かれ、その間にあって国家は破砕された。しかし、門閥層は派閥《ファクティオー》(3)によってより強力であり、平民の力は、結束が緩く大勢の間に分散しているのでより弱小であった。少数の者の恣意によって戦地のことも国内も動かされ、国庫も職務管轄(4)も政務官職も栄光も凱旋式も彼らの手中にあった。人民は兵役と貧困とに打ちひしがれており、戦利品は将軍たちが少数の者と共にさらって行くのだった。他方兵士たちの両親や幼な子は、隣人が誰か、より有力な者であれば、住処《すみか》から追い出された。このように権力と相携えて貪欲は節度も中庸もなしにすべてを襲い汚《けが》し荒らし、なにものにも一顧だにせず何の神聖の観念もなく、ついには自ら真っ逆さまに転落したのだった。なぜなら門閥貴族の中に、不正な権力よりも真の栄光を重んじる人物[5]が見出されるやいなや、市民団は動揺し、市民間の争いがまるで大地の揺らぐがごとく勃発したからである。

第四二章

すなわちティベリウス＝グラックスとガイウス＝グラックスが——彼らの父祖たち[1]はポエニ戦争等の戦争で大いに国家に貢献したのだが——平民の自由を主張し、少数者の悪行を明るみに出し始めると、門閥貴族層は身に覚えがあるだけに狼狽し、時には同盟諸市やラテン勢[2]を、時にはローマの騎士身分の人々[3]——〔門閥との〕同盟の希望が彼らを平民から切り離したのである——をも使ってグラックス兄弟の行動に対抗した。そして、まずティベリウスを、数年後には〔兄と〕同じ道を進みつつあったガイウスを、一方は護民官、他方は植民市建設三人委員[4]であったのに、マルクス＝フルウィウス＝フラックスもろとも剣によって殺した[5]。確かにグラックスたちには勝利への渇望のせいで充分穏健な精神が備わっていなかった。しかし善き者にとっては、誤った方法で不正に勝つよりは敗北する方がより好ましいのである。(6) こうして門閥貴族層はこの勝利を自らの欲望のままに利用し、多くの人々を剣と追放によって滅ぼして、以後自らに力というより恐怖をつけ加えた。一方が他方を手段を選ばずに打ち負かし、敗北した者により残酷に報復しようと望む限り、こうしたことが多くの偉大な国々を滅びに導いたのである。しかし私がここで党派間の争いやすべての国の習いについてもし個々に、あるいは重要性に応じて論じるなら、材料よりは時間が先になくなるであろう。それゆえ本題に戻ることにしよう。

第四三章

アウルスの〔汚れた〕《フォエドゥス》協定と我が軍の見苦しい敗走の後、次期執政官であるメテッルス(1)とシーラーヌス(2)が二人の間で職務管轄を分け、ヌミディアはメテッルスの方に渡った。これは活発な人物で、人民の党派に反対してはいたが、変わらぬ無傷の評判をとっていた。彼は政務官職に就くやいなや、他の仕事はすべて同僚が分担してくれると考えて、これから行なおうとしている戦争に精魂を傾けた。すなわち古い軍隊を信用せずに新兵を徴集し、あらゆる所から守備兵を召集し、武具や兵器や馬やその他の軍用品を準備し、さらに糧食も充分に集め、つまり行方定まらず多くの物を必要とする戦争において役立ちそうなものはすべて用意したのである。他方これらのことをなし遂げるにあたって元老院はその権威によって、同盟諸市やラテン勢や王たち(3)は進んで補助軍を送ることによって、つまるところ国家全体《キウィタス》が最大限の力をふるって努力した。こうして思いどおりに準備万端整えると、彼〔メテッルス〕はヌミディアに出発した。市民たちの期待は大きく、それは彼の優れた資質のためと、とりわけ富に対して打ち負かされることのない精神を持っていたためであった。政務官たちの貪欲によってこそ、この時までヌミディアにおいて我々の力はくじかれ、敵の力は増大してきたのである。

第四四章

しかしアフリカに到着した時、彼は前任の執政官《プロ・コンスル》スプーリウス＝アルビーヌスから無気力で戦意なく危険にも労苦にも耐え得ない軍隊を引き渡された。彼らは手よりも言葉の準備の方がよくできており、同盟者(1)の略奪者にして自らは敵の獲物であり、規律なく、気質に節度もないのであった。そこで新司令官にとってはこの悪しき習慣から生じる不安の方が、兵力の多さから生じる助けないし希望よりもずっと勝《まさ》っていた。けれどメテッルスは、選挙民会の遅れ(2)によって夏季宿営の時間が食いつぶされてしまっており、かつ市民たちの心が成果への期待に渇えているとは考えつつも、父祖伝来の軍事規律によって兵士たちを軍務に服させるまでは戦闘に入るまいと決心した。なぜなら弟アウルスとその軍隊の災難に恐れをなしたアルビーヌス(3)は、属州〔属州アフリカ〕から出ないことに決めた後、彼がまだ命令権を持っていた夏の間、兵士たちをほとんど常設の宿営地に入れっぱなしにしていて、悪臭と飼葉《かいば》の不足によって余儀なくされでもしない限り、場所を変えようとはしなかったからである。しかしそれは、〈堡塁をめぐらしてもいず〉軍隊の習いである歩哨(4)を立ててもいなかった。誰でも気がむいた時に軍旗(5)を離れていた。酒保商人(6)たちは兵士たちに入り混じって夜となく昼となくほっつき歩き、さまよいながら農地を荒らし、農場《ウィッラ》を襲い、家畜や奴隷を競い合って略奪し、商人(7)たちを相手にそれらを舶来の葡萄酒やその種の品々と交換するのであった。さらに彼らは公的に支給された穀物(8)を売ってしまい、パンを毎日買う有様であった。要するに、およそ語ったり想像したりし得る限りの怠惰と放縦の恥ずべき行ないはすべてこの軍隊にあり、それ以上のことすらあったのである。

第四五章

しかしこの難局にあたってメテッルスは敵との交戦の場合に劣らず偉大で賢明な人物であったことを私は見出す。彼は驚くべき適度さで放任〔人気取り〕と苛酷との間の中庸を保った。というのも、彼はまず次のような布告によって怠惰を助長するものを取り除いた。いわく何びとも陣営内でパンその他調理された食物を売ってはならない。また酒保商人たちは軍に同行してはならない。また兵士は〈精兵《ハスタートゥス》(1)であれ〉並兵《グレガリウス》であれ、陣営内でも戦列においても奴隷や荷役獣を所有してはならない。その他のことにも彼は厳格に制限を設けた。さらに彼は山野を横断して毎日陣営を移動し、あたかも敵前にいるかのように堡塁と塹壕とで防備を固め、歩哨を密に配してこれを自ら副官たちと共に査察した。同様に行軍の際にも、ある時は先頭部隊に、ある時は最後尾に、またしばしば中間の部隊に付き添って、誰も隊列から離れないように、軍旗とともに密集して行進するようにさせ、兵士が食糧と武器(2)とを自ら運ぶようにさせた。このように彼は処罰よりもむしろ過ちから遠ざけることによって、短期間に軍を立て直したのであった。

第四六章

この間ユグルタは通報者たちからメテッルスが何をやっているのかを聞き、また同時に彼が買収し難い人物であることもローマからの報せでより確かになったので、自分の状況に自信がなくなり、この時、初めて本当の降伏(1)をしようと試みた。すなわち彼は執政官のもとへ降伏の印を携えた使節団を送ったが、この使節は彼と子供たちの命だけを乞い、他のことはすべてローマ人民に委ねるというものだった。しかしメテッルスには既に経験によってヌミダエ種族が頼み難いこと、気が変わりやすく革命《ノウアエ・レース》(2)を渇望しがちなことがよくわかっていた。そこで使節たちに一人ずつ別々に接触し、段々に探りを入れ、彼らが自分の役に立つことがわかると、多くの報酬を約束して、ユグルタをできれば生きたまま、もしそれがうまく行かなければ殺してでも自分に引き渡すようにと説得した。しかし表向きは、願いに沿ったことを王に報告するように命じた。ついで、数日後、彼自ら、張り切って戦闘意欲に燃えた兵を率いてヌミディアに進軍したが、そこでは戦争の光景とは正反対に、小屋には人が満ちあふれ、野には家畜や農夫が見られた。町々や野の家々《マパーリア》(3)からは王の長官たちが出迎えに来て、穀物を差し出そうとしたり糧秣《りょうまつ》を運ぼうとしたり、要するに命じられたことは何でもする準備ができていた。にもかかわらずメテッルスはあたかも敵が間近にいるかのように戦列を固めて進み、広くすべてを探査し、この恭順の様はみせかけで敵は奇襲の機会をうかがっているのだと信じていた。それゆえ彼自身は軽装のコホルス部隊(4)と選りすぐった投石兵、弓兵(5)と共に先頭に立ち、最後尾では副官ガイウス＝マリウス(6)が騎兵と共に気を配っていた。両翼には補助軍の騎兵(7)を軍団将校とコホルス隊指揮官たちに分配しておき、そして、これらに混じった軽装兵(8)が、敵の騎兵がどこへ攻撃をしかけようともそれを撃退するようにしていた。というのもユグルタにはあれほどの奸智と、地勢や軍事についての熟練があったので、彼が姿を見せている時と不在の時、和平を乞うている時と戦争をしかけている時のどちらがより危険なのか定め難いほどだったからである。

第四七章

メテッルスがとった進路からそう遠くない所にワガ[1]という名のヌミダエ人の町があった。これは王国中で最も繁華な市場であり、数多くのイタリア出身の人々[2]はこの町に住みついて商売するのが常であった。ここに執政官は一つには〔住民の〕意向を試すためと、〈もう一つは〉地の利のゆえに守備隊を置いた。彼はさらに穀物その他の戦争に役立つものを集めるように命じたが、それは状況が教えるとおり事業家たちの数の多さが補給の面で軍隊の助けになるし、既に用意されているものの守りにもなると考えてのことであった。これらのことがなされている間に、ユグルタはいよいよ熱心に嘆願の使節を送り、平和を乞い願い、自分と子供たちの命以外のすべてをメテッルスに差し出した。執政官はこの使節団をも前のと同様に裏切りへと誘ってから送り帰し、王に対しては、望んでいる平和について拒絶も約束もしないでその間に使節たちが約束を果たすのを待っていた。

第四八章

ユグルタはメテッルスの言葉と行動をつき合わせてみて、自分が自らの手法で攻撃されていることに気づいた。なぜなら彼に言葉では平和が伝えられているのに実際には最も激しい戦争が展開されており、最大の都市は敵の手に渡り、土地は敵の知り尽くすところとなり、人民の心は誘惑されていたのである。そこで彼はやむを得ない状況に強制されて武器をもって戦うことを決心した。かくして、敵の行程を調べ、地形の利によって勝利の希望があると考えて、あらゆる種類の可能な限り最大の兵力を準備し、隠れた脇道を通ってメテッルス軍の前方に出た。

ヌミディアのこの地方――分割においてアドヘルバルが手に入れた部分――には南の方から流れてくるムトゥルという名の川(1)があって、この川から二万パッスス(2)ほど離れた所に自然からも人間の耕作からも見捨てられた荒れた山並みが川と平行して走っていた。しかしその中ほどからは丘のようなものが分岐して広く延び広がり、野生オリーヴや天人花《ミルト》やその他乾いた砂の多い土地に生える種々の樹木に覆われていた。その中間の平野は水の欠乏のために放置されていたが、川に近い部分だけは別で、ここは灌木[3]が生い茂り、家畜や農夫が頻繁に出入りするのであった。

第四九章

さて、〔ローマ軍の〕進路を横切る形で延びていると今説明したこの丘にユグルタは自軍の戦列を散開させて配置した。象部隊と歩兵の一部はボミルカルに委ね、なすべきことを教えた。そして彼自身は山に近い方に騎兵の全軍と歩兵の精兵と共に陣取った。ついで一つ一つの騎兵隊と歩兵中隊を巡回しつつ、過去の武勇と勝利を思い出すように、彼ら自身と彼らの王国をローマ人の貪欲から守るようにと忠告し懇願した。いわく、これから戦う相手は以前彼らが打ち破って軛の下をくぐらせた[1]連中である。敵の指揮官は代わったが精神までは変わっていない。自分の方は将軍としてなすべきことはすべて味方のために準備した。彼らはより高い地形に陣を取り、充分用意をして、何も予期していない敵と戦うのであり、少数で多数と戦うのでも、訓練なしで精兵と戦うのでもない。それゆえ合図が与えられたら、勇んで戦意に充ちてローマ人に攻めかかるように。なぜならこの日こそ、これまでのすべての労苦と勝利が実を結ぶか、最大の艱難《かんなん》の始まりとなるかの分かれ目だからである、と。これに加えて彼はかつて軍功のゆえに金や名誉を与えた者の一人一人に彼の恩顧を思いおこさせ、その者たちを他の者たちに示し、要するに各々の性格に従って、約束したり、脅したり、懇願したり、それぞれ違ったやり方で励ましているところへ、メテッルスが敵に気づかずに軍勢と共に山を下って来て、この光景を目にした。最初彼はこの見慣れぬ眺めが何を意味するのかといぶかった。――なぜなら馬もヌミダエ人たちも茂みの間に陣取っていたし、木々が低いために完全に隠れてはいなかったが、地形と擬装によって人も軍旗もよく見えなかったので、それが何であるのかはっきりしなかったからである。――ついでただちに伏兵だと悟ると、彼はしばらくの間、軍を停止させた。それからここで隊形を組みかえて、敵に一番近い右側面に向けて三列の予備隊(2)で戦列を整え、中隊の間に投石兵と弓兵を配し、全騎兵を両翼に置いた。そして時機にふさわしく簡潔に兵士たちを励ますと、戦列を、今しがた配列したように、最前列を方向転換させて平野へと導いた。

第五〇章

しかし、ヌミダエ人たちが静かなままで丘を降りて来ないのに気づくと、彼は季節が季節なだけに、また水の不足のゆえに、兵士たちが渇きによって疲弊してしまうのではないかと恐れ、副官ルティリウス(1)を軽装のコホルス部隊と騎兵の一部と共に川へ向かって先に派遣し、陣地をあらかじめ確保するようにさせた。それは、敵が頻繁な攻撃と側面攻撃によって彼の進軍を遅延させ、武器には自信がないので疲れと渇きがローマ軍に及ぼす効果を試すつもりではないかと思ったからであった。次に彼自身は状況と地形上の要求に従って、山を降りて来た時と同じ隊形でしばらく前進し、マリウスを〔本来の〕最前列の後方に配し、彼自身は左翼の騎兵部隊と共にいた。この左翼がいまや隊列の中で先頭となっていたのである。

ユグルタはメテッルスの隊列の最後尾が自軍の最前列の前を通り過ぎるのを見すまして、約二千の歩兵で、メテッルスが降りて来たばかりの山を占拠した。敵が敗れた場合に退路となったりその後そこに立て籠もったりするのを妨げるためであった。ついで突然合図とともに敵に襲いかかった。ヌミダエ人たちのある者は最後尾の者たちを斬り倒し、ある者は左から右から攻撃し、猛り立って襲いかつ攻めたて、あらゆる地点でローマ人の戦列を混乱させた。ローマ兵のうち、より強い心をもって敵に立ち向かった者たちでさえ、この不確かな戦闘には当惑させられていた。彼らは遠方から傷つけられるばかりで、こちらから反撃したり敵と肉薄戦を交える機会もないのだった。〔ヌミダエ人の〕騎兵たちは、前もってユグルタに教えられていたとおり、ローマ側の騎兵分隊に追撃された場合、密集したり一方向をめざしたりするのではなく、互いにできる限り様々な方向へ拡がって退いた。こうして多勢を頼みとして、たとえ敵の追跡を妨げることはできなくても、分散した敵を背後や両翼から包囲してしまうのだった。また逃げるのに平野よりも丘の方が有利である場合でも、地形に慣れたヌミダエ人の馬たちは藪の間に容易に逃げおおせてしまい、我が軍の方は地形の険しさと不慣れのゆえに阻まれるのだった。

第五一章

かくて戦闘全体の様相は多様で不確かで醜く惨憺たるものであった。味方から切り離されてある者は退却し、他の者は追撃していたが、軍旗に従うことも隊列を維持することもなかった。各々が自分に危険が及んだ地点で抗戦し、撃退し、武具、槍、馬、人、敵、〔ローマ〕市民が入り乱れた。計画や命令によってなされることは何一つなく、偶然がすべてを支配した。一日の大半はこのようにして過ぎたがその頃になっても勝敗は不明だった。最後には全員が労苦と炎暑とで疲労困憊《こんぱい》してしまったが、その時メテッルスはヌミダエ人たちの攻撃も弱まったのに気づいて、兵士たちを次第に一箇所に集結させ、隊列を組み直し、軍団兵四大隊(1)を敵の歩兵に対して配置した。敵の大部分は疲れ果てて、少し小高くなった場所に陣取っていたのである。同時に彼は兵士たちに、決して持ち場を捨てるな、既に敗走している敵に勝利を許すなと頼み激励した。彼らローマ軍には逃げてゆくべき陣地もなく防壁もないのだから、すべては武器にかかっているのだ、と。しかし他方ユグルタの方もこの間、おとなしくしていたわけではなかった。彼は駆けめぐり、励まし、戦いの火を新たに燃え上がらせ、自らも精鋭と共にあらゆることを試みた。味方を救援し、敵がひるめば押し寄せ、強固とみれば遠くから攻撃してこれを食い止めた。

第五二章

このように、ともに最高の将軍である二人は互いに競い合った。彼ら自身の力は同等であったが、与えられた条件は異なっていた。すなわちメテッルスには兵の武勇の点で利があったが地形の点では不利だった。他方ユグルタは兵以外のすべての点で有利だった。ついにローマ勢は自分たちには逃れる場所もなく、また敵からは戦う機会も与えられないのを理解して、――しかももう夕暮れであったから――命じられていたように丘に向かって血路を切り拓いた。ヌミダエ勢は場所を失って散り散りとなり敗走した。しかし死者はわずかで、大多数の者は逃げ足の早さと敵がよく知らない地形のおかげで守られた。

その間にボミルカルは――この男は既に述べたように象部隊と歩兵隊の一部の指揮を

ユグルタから任されていたのであるが——ルティリウスが彼の前を通り過ぎた後、部下を徐々に平地に移動させ、この副官が先遣された川へと急行している間に、状況の要求するところに従って静かに戦列を整えた。そして敵の動向を隈なく探りだすことも怠らなかった。彼はルティリウスが陣を定め終えて呑気にしているのを知り、同時にユグルタの方の戦闘の喧噪が大きくなっているのを聞くと、副官が事態を知って苦戦する味方を援助することを恐れた。そこで彼は敵の進路を遮ろうとして、今まで兵士の武勇への不信から密に配置してあった戦列を、より幅広く展開し直し、この態勢でルティリウスの陣地へ近づいた。

第五三章

ローマ人たちは不意に土煙の猛然たる勢いに気づいた。というのも藪に覆われた土地が視界を遮っていたからである。最初彼らは乾いた土が風で吹き上げられているのだと思ったが、そのうちそれが変化せず、戦列が動くにつれて段々近づいて来るのを見て事態を悟った。そこで急いで武器を取り、命令どおり陣地の前で位置についた。ついで、より接近すると両軍は大きな鬨《とき》の声とともに突進した。ヌミダエ勢は象たちが助けになると思っていた間は持ちこたえていたが、象たちが樹々の枝に阻まれて一頭一頭ばらばらに包囲されてしまったのを見ると敗走に転じた。そして大部分の者は武器を投げ捨て、小高い地形ともう迫っていた夜の闇に助けられて無傷で逃げ去った。四頭の象が捕獲され、残りの四十頭はすべて殺された。さてローマ人たちは行軍と陣地構築と戦闘によって疲労困憊してはいたが、メテッルスの到着が彼らの予想よりも遅れているので、戦闘隊形で警戒しつつ彼を迎えに出発した。なぜならヌミダエ人たちの狡智は、いかなる隙も弛緩も許さないものだったからである。そして既に暗くなっていたので両軍が互いにもう遠くない所まで来た時、あたかも敵が近づいて来るような物音のために双方が相手に同様の恐怖と混乱を惹き起こした。それゆえ、もし両方から送られた騎兵が真相を探り出さなかったならば、危うく不注意による惨劇が演じられるところであった。かくして恐怖は突然に歓喜に取って代わられた。兵士たちは喜び勇んで互いに呼びかわし、なしたことを話し、耳を傾け合い、誰もが自分の勇敢な行動を天にも届かんばかりに吹聴するのだった。というのも人間界とはそうしたもので、勝利の日には臆病者ですら自ら誇ることを許され、敗北は勇士をさえ貶《おとし》めるのである。

第五四章

メテッルスは同じ陣地に四日間留まって負傷者を注意深く回復させ、戦闘で手柄のあった者に対し軍の習いに従って褒美を与え、集会を開いて軍全体を誉め称え、感謝し、残されたより軽微な仕事に同じだけの注意を払うようにと励ました。つまり勝利のためにはもう充分に戦ったのだから残りの労苦は戦利品のためだ、と言うのである。他方彼はこの間に、ユグルタが一体どこにいるのか、何をしているのか、少数の者しか共にいないのかそれとも軍隊を持っているのか、敗北の後どのように振舞っているのかを探らせるべく〔敵の〕脱走兵やその他の役に立つ者たちを派遣した。実のところかの男は森に覆われた自然の要害の地に退却し、そこで人数としては以前を上回るが、鈍重で弱く、戦争よりは畑や家畜の方が似合いの軍隊を召集していたのであった。なぜそうなったかといえば、王の騎兵隊を除けば全ヌミダエ人のうち誰一人敗走の後では王に付き従おうとしなかったからである。誰もが各々心の赴くままに散っていってしまったのだが、このようなことは兵士の恥とはみなされない。それが彼らの習慣なのである。

さてメテッルスは、王が依然、戦意を保持しており、戦争が再開されようとしていて、しかも開戦するか否かは相手の意思にかかっているのを見、さらにこの敵との戦いは自分にとって不公平なもので、敵は敗北しても味方が勝利によって受けるのより軽微な損害しか受けないことを悟ったので、合戦によってでも戦列によってでもなく別の方法で戦争を遂行しようと決心した。そこで彼はヌミディアで最も豊かな地域(1)に進軍し、農地を荒らし、防備に手ぬかりがあるか、あるいは守備隊のいない多くの城砦や都市を奪取して焼き払い、大人は殺すように命令し、他のすべては兵士の略奪に委ねた。この恐怖によって多くの人々がローマ人に人質として差し出され、穀物その他の役に立つ物が豊富に提供され、どこであれ必要な場所に〔ローマの〕守備隊が置かれた。こうした事態は味方が喫した敗戦よりもはるかに王を恐れさせた。なぜなら彼のすべての希望は逃亡の裡にあるのに追撃することを余儀なくされ、また味方の場所を守りおおせなかった時には、敵地での戦争を強いられたからである。しかし彼はこの状況の中で最善と思われる計画を選んだ。彼は軍の大部分にその場に待機するよう命じ、彼自身は精鋭の騎兵と共にメテッルスを追跡し、夜、間道をたどって、〔本隊から〕離れているローマ人たちを気づかれぬうちに突然襲った。彼ら〔ローマ人たち〕の大半は武器を取る間もなく斃《たお》れ、多くの者が捕われ、無事に逃げおおせた者は皆無であった。ヌミダエ人たちは陣地からの救援が来る前に、命令どおりすぐ近くの丘へと去った。

第五五章

この間ローマではメテッルスの業績が伝えられるに及んで異常なまでの歓喜が巻きおこっていた。つまり彼は、自らをも軍隊をも父祖の習いに従って律し、不利な地勢にもかかわらず武勇によって勝者となり、敵の土地を占領し、アルビーヌスの無能によって増長していたユグルタが荒れ地と逃亡の中に安全の希望を求めざるを得ないように強いたのだ、というわけである。そこで元老院はこの成功のゆえに不死の神々への感謝礼拝(1)を決議し、それまで戦争の成り行きに恐怖し心を痛めていた市民団は歓喜に浸った。メテッルスの名声は赫々《かくかく》たるものがあった。かくして彼は一層熱心に勝利を追求し、あらゆる手段でことを急いだが、しかし敵につけ入る隙を与えないように注意もした。栄光には妬みがつきものであることを忘れなかったからである。こうして彼は名声が募れば募るほど用心深くなり、ユグルタの奇襲攻撃を経た後には、散開した軍隊で略奪に赴くこともやめてしまった。穀物や糧秣が必要になると、コホルス隊が全騎兵と共に護衛の任に就くのであった。軍の一部は彼自身が、残りはマリウスが指揮していた。しかし略奪による以上に放火によって土地は荒廃させられた。彼らは互いにあまり離れていない二地点に陣を構え、武力が必要な時には集結し、逃亡と恐怖をより広範に惹き起こすためには別々に行動するのだった。その頃ユグルタは丘を通って追跡し、戦いの時と場所をうかがい、敵が来ると聞いた場所の糧秣と泉――これはごくわずかしかなかったが――を汚し、ある時はメテッルスに、ある時はマリウスに自らの姿を現し、隊列の最後尾を攻撃してはただちに丘へ退却し、再びある時はこの者たち、次には別の者たちを脅かし、交戦するでもなく、閑暇を許すでもなく、ただ敵を目的遂行からは妨げていた。

第五六章

ローマの将軍は、自分が奸計によって疲弊させられ敵からは戦う機会も与えられないのを見ると、大都市であり、それが立地している地方での王国の砦ともなっているザマ(1)という名の都市を攻撃することに決めた。必要に迫られてユグルタが苦境にある味方を救援しにやって来て、そこで戦闘になるのではないかと考えたからである。しかし彼〔ユグルタ〕の方は何が計画されているのかを脱走兵から教えられて、強行軍の末メテッルスより先に〔ザマに〕到着した。彼は町の人々に城壁を守るようにと励まし、[2]援軍として脱走兵たちを与えたが、これはこの種の人々こそは裏切りが不可能なために王の軍勢の中で最も頼りになったからである。さらに彼は自分自身も時が来たら軍を率いて来ることを約束した。こうして手配を済ませると彼は最も人目につかない場所へと退いたが、ほどなくマリウスが行軍中の本隊を離れて糧秣調達のためにわずかなコホルス隊と共にシッカ[3]に派遣されたことを知った。このシッカとは敗戦後[4]すべての都市の中で最初に王から離反した都市であった。彼〔ユグルタ〕は選り抜きの騎兵と共に夜、そこに急行し、ちょうど出て来たローマ軍と市の城門で交戦したが、同時に大声でシッカの人々に、背後からコホルス隊を包囲するようにと励ました。運命は彼らに華々しい功名の機会を与えているのだ、もしこれをなし遂げれば以後自分は王権の裡《うち》に、彼らは自由の裡に、恐れもなく年月を過ごせるのだ、と言いながら。そして、もしマリウスが急いで軍旗を進め町を出なかったなら、シッカの人々の全部あるいは大部分は信義を違えていたことであろう。ヌミダエ人たちの変わり身の早さはかくのごときものなのである。ユグルタの兵士たちはしばらくは王のそばで持ちこたえていたが、敵が多勢で迫ってくると少数の損害を出して敗走し、逃げ去った。

第五七章

マリウスはザマに行き着いた。この町は平野に立地していて自然というよりは人工物によって守られていたが、必要物資にもこと欠かず、武器と人員に富んでいた。さてメテッルスは時と場所にふさわしく準備を整えると、市壁全体を軍隊をもって包囲し、副官たちに各々がどの箇所を担当するのかを命令した。ついで合図とともに、あらゆる方向から同時に大きな鬨の声が上がったが、このことはヌミダエ勢を怯えさせはしなかった。彼らは猛り立ち、戦意に燃えて、動揺せずに踏みとどまり、戦闘が開始された。ローマ勢は各々の天性に応じて、ある者は遠くから弾丸[1]や石によって戦い、他の者は前進して城壁を掘り返したり、はしごでよじ登ったりして手の届く距離で戦うことを望んだ。これに対し町の人々は至近距離の者に対して岩をころがし落とし、杭や大槍や、燃えさかる硫黄を混ぜた瀝青《れきせい》と火付け木を投げつけた。しかし遠距離に留まった人々も心の臆病さによって安全に守られたわけでは決してなかった。なぜなら器械や手で発射された投げ矢が彼らの多くを傷つけたからである。つまり勇者と臆病者とは危険においては同等でありながら、評判において等しくなかったというわけであった。

第五八章

ザマにおいてこのように戦闘が行なわれている間に、ユグルタは突然大軍をもって敵の陣地を攻撃し、守備にあたっていた者たちが油断して戦闘など全く予期していなかったために、門〔の一つ〕を破った。我が軍は突然の恐怖に動転し、各々が自分の流儀で身の安全を図った。ある者は逃げ、他の者は武器を取ったが、大部分は負傷するか殺された。しかし全群衆の中で四十人より多くない人々はローマの名を忘れずに一団をなして、周囲よりやや高くなった場所を確保し、〔敵の〕全力をもってしてもその場所から駆逐されず、逆に遠くから投げられた投擲物《とうてきぶつ》を投げかえし、少数が多数に投げるのに的をはずすことはより少なかった。そしてヌミダエ勢がもっと近くへ寄って来ようものなら、その時こそ武勇を発揮して全力で彼らを斬り倒し圧倒し敗走させるのだった。その間メテッルスは激しく企て(1)を進めている時に背後から敵の喊声《かんせい》を耳にし、馬首をめぐらすと、敗走が自分の方に向かってなされるのに気づいたが、これはそれらが同国人であることを意味した。そこで彼は騎兵の全軍を急遽《きゅうきょ》陣地に向けて派遣し、またただちにガイウス＝マリウスを同盟者《ソキイ》のコホルス隊と共に送り出し、涙ながらに友情と国家《レース・プブリカ》にかけて彼に懇請した。いかなる汚名も勝利者の軍隊に取りつかぬように、そして敵が報いも受けずに立ち去るのを許さぬように、と。彼〔マリウス〕はすぐに命令を実行した。ユグルタは陣地の堡塁に妨げられ、ある者は矢来の上を転げ落ち、他の者は狭い場所を急いで互いに邪魔し合うという有様だったので、多くの損害を出しつつ安全な場所へと退却した。メテッルスは、攻略をなし遂げぬまま、夜の訪れた後、軍と共に陣地に戻った。

第五九章

そして翌日、攻略に赴くに先立って、騎兵の全軍に、陣地の前の、王がやって来そうな場所を乗り回すように命じ、〔陣地の〕門やその付近に将校たちを割り当て、ついで彼〔メテッルス〕自身は都市へと進軍して前日のように城壁を攻撃した。この間ユグルタは突然待ち伏せ場所から我が軍を襲った。一番近くに配置されていた人々はしばし恐れて混乱したが、残りの者がすみやかに救援した。そしてヌミダエ人たち[1]は、もし騎兵に混じった歩兵が合戦で大損害を与えなかったなら、長くは抵抗できなかったことであろう。彼らの騎兵はこの人々を頼みとして、騎馬戦の常のように追っては退くことをせず、馬を正面に向けて突入し、戦列をかき乱し混乱させた。こうして味方の軽装歩兵によって、彼らは敵をほとんど打ち負かさんばかりであった。

第六〇章

同じ頃ザマでは激戦が繰り広げられていた。副官や将校たちが指揮している所ではどこでも最大限の努力が傾けられ、誰もが他人よりは自分自身を頼みとした。町の人々も同様に戦った。彼らはあらゆる場所で攻撃をしかけ準備を整え、どちらの側も自分の身を守るよりは相手を傷つけることに熱心だったので、喊声は激励、歓声、呻吟《しんぎん》と入り混じり、同時に武器の響きは天まで届き、投擲物は双方から飛んだ。しかし城壁を守備している人々は敵が少しでも攻撃を緩めると、熱心に騎兵戦[1]を眺めるのだった。ユグルタの形勢が何か変わるたびに彼らが喜び勇んだり、おののいたりするのを見ることができた。そして彼らはあたかも〔ユグルタ軍に〕彼らの声が聞こえ姿が見えるかのように、あるいは忠告し、あるいは励まし、手で合図を送ったり、身を乗り出したり、体をまるで投げ槍を避けるか投げるかするようにあちらこちらに動かすのだった。この様子を見て取ったマリウスは――というのは彼がその場を指揮していたからだが――故意に勢いを弱めて状況にひるんだ風を装い、ヌミダエ人たちに、邪魔されることなしに王の戦闘を見物することを許した。こうして彼らが味方のことに熱中しているうちに、彼〔マリウス〕は突然大軍をもって城壁を攻撃した。そして兵士たちがはしごをよじ登ってほとんど頂上に達しかけた時、町の人々が駆け寄り、石や火やその他あらゆる投擲物を投げ落とした。我が軍は最初は抵抗した。しかし次に、はしごが一つまた一つと壊れると、それに登っていた人々は地面にたたきつけられ、他の者はできる限り試みたが、無傷の者はわずかで大部分が負傷して退却した。最後に夜が双方の戦いに幕を下ろした。

第六一章

メテッルスは自分の企図が空しくなり、町は陥落せず、ユグルタも奇襲か彼の味方の地域の中でしか戦おうとせず、もう夏も終わったのを見て[1]、ザマから撤退し、自分に投降した、地形や防壁によって充分に守られた都市のいくつかに守備隊を配置した。残りの軍隊は属州〔属州アフリカ〕のヌミディアに最も近いあたりに冬営のために置いた。彼はまた、他の人々のようにこの期間を無為と贅沢に委ねたりはせず、武器による戦争が充分に進捗していないので、王に対してその友人たち[2]を使って罠を仕掛け、彼らの変節を武器の代わりに利用するべく準備を整えた。そこで彼はボミルカルに——これはローマでユグルタと共にあり、その後保証人を立てておきながら、マッシワ殺害に関する裁判から逃れた人物であるが[3]——多くの約束をして働きかけた。というのは、この男は〔王の〕一番の親友であるがゆえに最大の裏切りの機会に恵まれていたからである。メテッルスはまず始めに、この者がこっそり自分に会いに来るようにさせ、ついで、もしユグルタを生きたまま、あるいは殺して引き渡せば元老院が彼に赦免と全財産の保持とを認めるであろうとの約束をすることによって、容易にこのヌミダエ人を説得しおおせた。この男は不実な性分であった上に、もしローマ人との和平が成ったら、自分は講和条件の一つとして処刑のため引き渡されるのではないかと恐れていたのである。

第六二章

彼〔ボミルカル〕は機会が訪れるやいなや、心を痛め運命を嘆いているユグルタに近づいて忠告し、涙ながらに懇願した。今はもう御自身と子供たち、それに立派に忠義を示したヌミダエの国民のことを考えるべき時である。自分たちはすべての戦闘に敗北し、国土は荒らされ、多くの人々は捕えられあるいは殺され、王国の力は減少し尽くしてしまったではないか。既に兵士たちの武勇と運とは充分に試してみたのだから、いまやためらっているうちにヌミダエの人々が自らのために図ることがないように注意すべきである、云々。このような言葉や別の言葉によって彼は王の心を降伏の方へと押しやった。司令官〔メテッルス〕のもとへ使節が派遣され、ユグルタが命令に従う用意があり、無条件で自分と自分の王国とを彼の信義に委ねるつもりであることを申し立てた。メテッルスはすみやかに元老院身分の者全員を冬営地から呼び集めるように命じ、彼らとその他彼が適当と判断した人々とで会議を行なった。こうして彼は父祖の慣習どおり会議の決定に従い、使節を通じてユグルタに銀二十万重量《ポンド》(1)、象部隊全部、馬と武器の相当量を引き渡すよう命じた。これがただちに実行されると、彼は全脱走兵を縛って連れて来るように命令した。彼らの大部分は命令どおり引き渡されたが、少数の者は降伏交渉が始まるが早いかマウレタニアのボックス王(2)のもとへ逃げてしまっていた。さてユグルタはこうして武器も人員も資金も剝奪され、彼自身も命令を受けるべくティシディウム(3)に召喚されると、再び心が変わり始め、良心のやましさから報いを恐れ始めた。そしてついに、多くの日々を逡巡のうちに費やした後に――彼はある時は逆境に倦《う》み疲れてどんなことでも戦争よりはましだと思い、またある時は我が身を振り返って王座から隷従への没落とは何たる苦痛かと考えたりしたのだが――多くの重要な防御手段を無駄に手放して、再び戦争に着手した。そしてローマでは元老院が〔政務官の〕管轄について審議し、ヌミディアをメテッルスにと決定していた(4)。

第六三章

同じ頃、ウティカ(1)では、たまたま神々に犠牲を捧げて祈っていたガイウス＝マリウスに、占い師が偉大で驚くべき未来の前兆を告げるという事が起こっていた。それゆえ、心に抱いていることを神々を信じて実行し、できるだけ頻繁に運命を試すべきだ、すべてはうまくいくであろう、というのである。さて彼〔マリウス〕はといえば既に以前から執政官職に対する激しい渇望に苛まれていた。この職を獲得するのに必要な資質は、家柄の古さを除けば、彼にはすべて豊富に備わっていた。勤勉、廉直、軍事に関する立派な知識、戦時には偉大で国内では控え目な精神――この精神は欲望にも富にも打ち克ち、ただ栄光に対してのみ貪欲なのだった。

さてこの人物はアルピヌム(2)の生まれで、幼少期全体をそこで過ごし、兵役の年齢に達するや軍務だけに没頭し(3)、ギリシアの雄弁術にも都会の洗練にも染まることがなかった。こうして善き営為の裡に天賦の才能は完全なまま短い間に成長した。それゆえ、最初に高級将校の職を得るべく人民〔民会〕に求めた時にも、ほとんどの人は彼の姿形は知らなくても〈業績によって〉すぐそれとわかったので、彼はすべての地区《トリブス》で〔将校に〕選出されたのであった(4)。その後、この政務官職を手始めに彼は官職を次から次へと獲得したが(5)、どの職権にある時でも常に今の職よりさらに高い位に値するとみなされるように行動した。しかし彼はこの時まではかくも立派な人物であったのに――というのは後には野望によって転落してしまうからだが――執政官職を望むことは敢えてしなかった。それ以外の政務官職は平民が左右していたが、執政官職は当時でさえまだ門閥貴族が彼らの間で手から手へと渡していたからである(6)。いかなる「新人」も、この顕職には不適格であるとみなされずに済むほどには、また〔もし彼が就任すれば〕職がいわば汚されてしまうとみなされずに済むほどには、著名でもなく、また業績において抜きん出てもいなかったのである。

第六四章

さてマリウスは占い師の言葉が心の欲望の励ますのと同じ方向を指しているのを見て、立候補のためにメテッルスに賜暇を願い出た。彼〔メテッルス〕には、武勇や栄光やその他良き人士が望むにふさわしいものも豊富にあったけれども、他方、軽蔑的な精神と傲慢とがあった——これは門閥に共通の欠点であるが。そこで最初この異常な事態に仰天して相手の計画に驚くと、そのような悪事に手を染めるな、分を越えた望みを抱くな、君はと友情を装って忠告した。誰もがどんなものでも望んでいいというわけではない、君は自分の持っているもので充分満足すべきである、大体、君に対しては拒絶されて当然のものをローマ人民から求めぬように注意すべきだ、云々。彼はこの他似たようなことをいろいろ言ったが、マリウスの心が変わらなかったので、公務がそれを許すようになったら要求どおりにしてやろうと答えた。その後、たびたび同じことを求める相手に対して、彼は次のように言ったと伝えられる。「そんなに急いで行くことはない。君は私の息子と一緒に執政官選挙に出馬すれば充分というものだ」。この息子(1)は当時父の個人的従者(2)として同じところで軍務に就いていて、二十歳位であった。このできごとはマリウスを、彼がめざしていた顕職に向かってと同時に、メテッルスに対抗して一層激しく煽り立てた。こうして彼は欲望と怒りという最悪の相談役に突き動かされて、もはや人気取りの役に立ちさえすれば、いかなる言動も辞さないようになった。彼は冬営陣地で指揮下にあった兵士たちへの規律を以前より緩め、ウティカに非常に大勢いた事業家たち(3)

に対して、中傷まがいの誇大な形で戦局の話をした。いわく、もし全軍の半分でも自分にまかされたなら、数日のうちにユグルタを鎖につないでみせる、司令官は戦争を〔わざと〕引き延ばしているのだ、彼は空疎で王侯のように傲慢な男なので命令権を過剰に楽しんでいるのだ、と。これらすべての話は彼らには実に確かなことだと思われた。というのは、戦争の長期化によって財産が損害を蒙っており、貪欲な心にはなにものも急ぎすぎということはないからである。

第六五章

さらに、我が軍にはマスタナバルの子でマシニッサの孫にあたるガウダ(1)という名のヌミダエ人がいた。この者をミキプサは遺言状において第二位の相続人(2)として記していたのだが、病に侵されていてそのせいで心もどこか弱い人物であった。彼は王者の格式にならって〔司令官の〕すぐ隣の席を占めることを求め、後にはまた護衛としてローマ騎士の一隊を要求していたが、メテッルスはそのどちらも拒否した。〔席次についての〕名誉の方は、ローマ人民が王として認めた(3)人々だけに与えられる習いだからであり、また護衛の方は、もしローマの騎士がヌミダエ人の従者などにされたらそれは彼らにとって恥辱となるからであった。悩んでいるこの男〔ガウダ〕にマリウスは接近し、力を貸すから司令官にこの侮辱に対する復讐を加えようと励ました。彼は病気のため精神があまり強くないこの男をうまい話で高ぶらせた。いわく、彼〔ガウダ〕は王であり、偉大であり、マシニッサの孫ではないか、もしユグルタが捕えられるか殺されてしまえば彼はただちにヌミディアの支配権を手にすることになる、それはもし自分が執政官としてその戦争に派遣されればすぐにも実現することなのだ、と。こうして〔マリウスは〕この男をもローマ騎士たちをも――従軍している者であれ事業に携わっている者であれ――、ある者は彼自身の力によって、大多数の者は平和の望みによって駆り立てて、彼らがローマにいる縁者たちにメテッルスをこきおろす形で戦争についての手紙を書き送り、マリウスを司令官にと要求するようにさせた。こうして彼のために多くの人々が最も名誉ある賛同をもって執政官職を求めた。しかもちょうど同じ頃、平民は、マミリウスの法によって門閥貴族が粉砕されたので、「新人」を押し出そうとしていた。このようにすべてがマリウスにとって追い風となっていたのである。

第六六章

この間ユグルタは降状をやめた上で戦争を再開し、大いに心を注いですべてを準備し、ことを急いだ。彼は軍隊を集め、離反した都市を脅したり褒美をちらつかせたりして引き寄せ、味方の拠点に堡塁をめぐらし、武具や兵器その他、和平の希望によって手放してしまったものを造り直したり購入したりし、ローマ人の奴隷たちをそそのかし、〔ローマの〕守備隊にいる者たちさえも金で釣ろうとした。要するに彼は何一つ手つかずで静穏なままにさせておかないで、すべてをかき乱したのである。かくしてワガの人々は――この町にメテッルスは最初ユグルタが平和を求めていたころ守備隊を配置したのだったが(1)――王の懇請に屈し、また以前も自ら進んで離反したのではなかったので、市の第一人者たち(2)の間で陰謀をめぐらした。民衆の方はといえば、民衆一般がそうでありヌミダエ人の場合はとりわけそうなのだが、気まぐれな性格で、騒動と不和を好み、革命《ノウァエ・レース》(3)を渇望し、静穏と閑暇の敵であった。さて〔第一人者たちは〕互いに事を謀り、三日目を決行の日と定めたが、これはその日が全アフリカで祝われる祭りの日(4)であり、恐怖よりは遊びと娯楽の外観を示していたからであった。そして時が来ると彼らは百人隊長や高級将校たち、町の長官[5]のティトゥス＝トゥルピリウス＝シーラーヌス自身をも各々の自宅に招待した。トゥルピリウスを除くこれらの全員を饗宴の最中に殺した後、彼らは武装せずにぶらついている〔ローマ軍の〕兵士たちを——というのはこのような祭日だったし指揮を離れていたからだが——襲撃した。平民たちも同じことをした。一部の者は貴族に教唆されたのだったが、他の者たちはこの種の事件への好みに刺激されたのだった。彼らにとっては行動の意味も計画も知らなくても、騒乱それ自体と革命が充分に好ましかったのである。

第六七章

ローマ兵たちは不意の恐怖にとまどい、まず第一に何をすべきかもわからず、混乱に陥った。軍旗や楯の置いてある町の要塞からは敵の守備兵が、〔市外への〕逃亡からはあらかじめ閉鎖された町の城門が遮っていたのである。その上、女や子供たちが建物の屋上から石やその他、その場にあるものを競い合って投げつけた。こうして両側からの危険を避けることも、最強の者が最も弱い輩《やから》に抵抗することもできずに、勇者も臆病者も精強な者も柔弱な者も一矢を報いることもなく殺戮された。これほどの過酷さの中で、ヌミダエ人たちは残忍極まりなく、町は全方向で封鎖されていたというのに、長官トゥルピリウスは全イタリア人の中で唯一人無傷で逃れた。それが招待主の憐れみか取り引きによるのか、偶然のせいなのかは我々には知られていない(1)。ともかくこの男にとっては、かかる災禍の中で評判を損なわぬことよりも不名誉な生の方が大事だったのであるから、無恥で嫌悪すべき者のように思われる。

第六八章

メテッルスはワガでのできごとを知ると、悲嘆に暮れて、しばらく人目を避けた。ついで怒りが悲しみに混じると、心を注いでこの非道に懲罰を加えようと急いだ。彼は一緒に冬営していた軍団とできるだけ多くのヌミダエ人の騎兵とを日没と同時に軽装のまま連れ出し、翌日の第三時頃(1)、周囲を小高い土地に囲まれたとある平原に到着した。この場所で彼は、行軍の長さに疲れ果て、もうすべてを拒んでいる兵士たちに、ワガの町はあと千パッススしか離れていないことを教え、同胞市民のために、あの最も勇敢で最も惨めだった人々のために復讐を果たすまでは、残りの労苦を平静な心で耐えるのがふさわしいと話した。これに加えて寛大に戦利品を約束した。このように彼らの心を奮い立たせた後、彼は騎兵には先頭で幅広く展開するように、歩兵にはできるだけ密集して進み軍旗を隠しておくように命じた。

第六九章

ワガの人々は軍隊がこちらに向かって来るのに気がついた時、最初は――これが真相だったのだが――メテッルスだと思って町の城門を閉ざした。次に田野が荒らされもせず先頭にいるのがヌミダエ人の騎兵であるのを見て、今度は逆にユグルタだと考え、大喜びで迎えに出て来た。突然の合図とともに騎兵と歩兵は、ある者は町からあふれ出てくる民衆を斬り倒し、ある者は城門に急ぎ、一部の者は塔を占拠した。怒りと獲物への期待とが疲労より強く働いたのである。かくてワガの人々が裏切りから得た喜びはたった二日間で終わった。巨大で豊かな都市は丸ごと復讐と略奪に委ねられた。町の長官で全員の中から一人だけ逃げおおせたと先に述べたトゥルピリウスは、メテッルスに命じられて弁明を行ない、自己の潔白を立証できなかったので有罪とされ[1]、笞打たれた後、首を刎《は》ねられた。なぜならこの男はラティウムの出の市民[2]でしかなかったからである。

第七〇章

同じ頃ボミルカルは——この男の勧めでユグルタは降伏に着手し〔後に〕それを恐怖のゆえに中止したのだったが——王に疑われまた王を疑うあまり革命を望み、彼の破滅をもたらすべく計略をめぐらし、日夜頭を悩ませていた。あらゆることを試して、ついにこの男はナブダルサ[1]という貴族を自分の一味に加えたが、これは巨万の富を持つ著名の士で同国人にも人気があった。彼はしばしば王とは独立に軍を指揮し、ユグルタが疲れるかより重要な事柄に忙殺されるかしてやり残したすべてのことを代行するのが常であった。彼の栄光や富はこれによって築かれたのである。こうして二人の相談によって詭計の日が定められ、あとは状況に応じてその場で準備することになった。ナブダルサは、敵が報復も受けずに土地を荒廃させることがないようにと、王命によってローマ軍の冬営陣地の間に配置してあった軍隊のもとへ出発した。しかし彼はたくらみの重大さに動転して指定の時に現れず、恐怖によって事が妨げられたので、ボミルカルは企てをやり遂げることを望み、また同時に、仲間の怯えを見て、前の計画を捨てて新しいのを追求するのではないかと心配して、忠実な者たちを通じて彼に手紙を送った。その中で相手の弱さと臆病を責め、それにかけて誓った神々を証人として引き合いに出し、メテッルスがくれる報酬を破滅と取り換えるようなことはするなと忠告した。ユグルタの最期は迫っている、ただ彼が死ぬのが自分たちの武勇によるのかメテッルスの武勇によるのかの問題にすぎないのだ、それゆえ報酬と責め苦のどちらを選ぶか、とくと自分の心で考えてみることだ、と。

第七一章

ところが、この手紙が届けられた時、ナブダルサはたまたま体を酷使して疲れ果て、寝台で休んでおり、ボミルカルの言葉を読んだあと最初は心配に、次には、悩める心にはよくあることだが、眠りに取りつかれてしまった。彼には一人のヌミダエ人の秘書がいて、信頼され愛され、この最近のもの以外のあらゆる計画に関わっていた。この男は、手紙の届いたことを聞いて、習慣から自分の働きや才能が必要なのではないかと考えて幕屋に入ったが、主人は眠っていたのでその頭の上の枕の所に軽率にも置いてあった手紙を取り上げて読み、詭計を知って急いで王のもとへ走った。少しして目を醒ましたナブダルサは手紙が見あたらないので何が起こったのか万事を悟り、初めは密告者を追跡しようとしたが、無駄に終わったので、なだめるためにユグルタの所に赴いた。彼は自分がそうしようと用意していたことを庇護民[1]の不実さが出し抜いたのだと言い、涙を流して、友情とこれまでの忠実な行ないに免じて、どうか自分にこのような犯罪の疑いをかけないでほしいと懇願した。

第七二章

これに対して王は、心に抱いていた考えとは別に、穏やかに応じた。彼はボミルカルやその他、詭計の一味であると知った多くの人々を殺した後、この事件から反乱が起こらぬように怒りを抑制した。しかしこの時以来ユグルタには一つの静穏な昼も夜もなくなった。彼はどんな場所も人間も時間も充分には信じることができず、自国民も敵もともに恐れ、すべてを見張り、あらゆる物音に驚き、〈次々と〉別の場所——しばしば王の威厳に反するような場所——で夜の休息をとり、眠りの最中に目醒めては武器をつかんで大声を出した。このように彼はあたかも狂気のごとき恐怖にかき乱されたのである。

第七三章

さてメテッルスはボミルカルの破滅と証拠の発覚について脱走者から知ると、まるで新規の戦争を始めるかのようにもう一度すべてを準備し急いだ。彼は〔ローマへ〕出発させてくれとせがむマリウスを、不本意で立腹している者は自分にとっても不都合だと考えて故国へ送り出した。そのローマでは平民たちがメテッルスとマリウスに関して書き送られていた手紙のことを知り、両者について言われていることをむさぼるように聞いていた。司令官にとっては以前は名誉であった門閥貴族であることが嫌悪のもととなっていた。他方もう一人〔マリウス〕にとっては生まれの卑しさ(1)が人気をつけ加えていた。そしかしどちらの場合も、党派的熱狂の方が各々の長所や短所以上に決定要因だった。その上、乱を好む政務官たち[2]が民衆を扇動し、集会のたびにメテッルスを頭格罪[3]に問い、マリウスの美徳を大げさに賞揚した。ついに平民の熱狂は極まって、職人や農夫といった、その生活も信用も手の労働によっている人々が皆、仕事を放り出してマリウスのもとに群れつどい、自分の必要より彼の栄達の方を優先するほどになった。こうして門閥貴族層は打倒され、長い年月の後で「新人」に執政官職が引き渡された[4]。その後、人民は、護民官ティトゥス＝マンリウス＝マンキヌス[5]に誰に対ユグルタ戦を遂行させるか問われて、圧倒的多数でマリウスをと命じた[6]のであった。ところで少し〈前、元老院はメテッルスにヌミディアをと[7]〉決定していたが、そのことは無駄に終わった。

第七四章

同じ頃ユグルタは友人たちを失い――その大部分は彼自身が殺してしまい、他は恐怖に駆られて一部はローマ人のもとへ、残りはボックス王[1]のもとへ逃げてしまっていた――手助けする者なしでは戦争することもできず、また旧友たちのあれほどの不実に遭った以上、新しい友人たちの忠誠心を試すのも危険だと考えたので、変わりやすい不決断の日々を送っていた。彼にはいかなる状況も計画も人間も充分には気に入らなかった。彼は進路や隊長たちを毎日変え、ある時は敵に立ち向かい、ある時は荒れ地に走り、しばしば逃亡に活路を求めたかと思うとすぐ後には武器に希望を託し、人民の武勇と忠誠のどちらがより頼み難いのかと疑い、このように彼が向かうところどこにでも逆境があるのだった。ところがこうしてぐずぐずしている間に突然メテッルスが軍隊と共に姿を現した。ヌミダエ勢はユグルタの命令で時が許す範囲でかろうじて準備され、配置され、ついで合戦が始まった。王が戦いに居合わせた地点ではしばらくは抵抗が続いたが、それ以外の彼の兵士たちはすべて最初の衝突で撃破され、敗走した。ローマ勢はかなりの数の軍旗と武器とを獲得したが、捕虜はわずかだった。というのは、概してヌミダエ人にとってはすべての戦闘において武器よりは逃げ足の方が頼みとなるからである。

第七五章

この敗走によって、ユグルタは一層深く自己の状況に不信を抱き、脱走兵たちと騎兵の一部を伴って荒れ地へと、ついでタラ(1)へと赴いた。これは大きく富裕な町で財宝の大部分がここにあり、彼の息子たちの養育のための豪奢なしつらえがあった。メテッルスはこのことを聞くと、タラと最寄りの川との間には距離にして五万パッススにもわたって乾いた不毛の地が広がっていることを知っていたにもかかわらず、もしこの町を手に入れれば戦争を終結させ得るのではないかとの希望に動かされて、すべての困難を克服し、自然にすら打ち克とうと試みた。そこで彼はすべての荷役獣を十日分の穀物以外の荷から解放し、革袋その他水運びに適したものだけを積んでいくよう命じた。さらに田園からできるだけ多くの馴らされた家畜を探し出し、それにあらゆる種類の器を積んだが、一番多かったのは木製でヌミダエ人の小屋から集めてきた容器だった。これに加えて彼は近在の人々に――この人々は王の敗走後メテッルスに投降したのだが――各人ができるだけ多くの水を運んで来るよう命じ、待機すべき日と場所を指定した。彼自身は町に一番近い水源だと先に述べたあの川から荷役獣に〔水を〕積みこみ、こうして装備を整えてタラへと出発した。ついでヌミダエ人たちに指示した地点に着き、陣地を構え防備をめぐらした時、突然すさまじい勢いで空から雨が降ってきたので、それだけでも全軍にあり余るほどだったと伝えられる。その上、ヌミダエ人たちが――降伏したばかりの時にはありがちなように――義務以上に努力したので、運んで来られた量も予想を上回った。しかし兵士たちは宗教心から雨水の方をより多く使い、またこのできごとによって彼らの士気は大いに上がった。なぜなら彼らは不死の神々が自分たちに配慮してくれていると思ったからである。ついで翌日、ユグルタの予期に反して彼らはタラに到着した。土地の厳しさによって守られていると信じていた町の人々は、例のない一大変事に肝をつぶしたが、決して怠ることなく戦争の準備をした。我が軍も同じことをした。

第七六章

しかし王はメテッルスにはもはや不可能なことはないのだと信じて——というのは彼はあらゆるもの、武具、兵器、場所、時節、ついには他の人々を服従させる自然そのものにさえ精励によって打ち克ったからだが——子供たちと財宝の大部分とともに夜、町から逃げ出した。そしてその後はいかなる場所にも一日あるいは一夜以上留まることはなく、仕事のために急いでいる風を装っていた。しかし実は裏切りを恐れていたのであり、迅速さによってそれを避け得ると考えていたのである。なぜならそのような陰謀には暇と機会が必要であるから。他方メテッルスは、町の人々が戦闘に熱心であり、町が人工物によっても地形によっても守られているのを見て、柵と塹壕で城壁を囲んだ。次に多くの場所の中で最も適当と思われた二箇所に遮蔽用亭を繰り出し、土塁を築き、土塁の上に攻城塔を設置して作業とその従事者とを守った。これに対し町の人々もことを急ぎ、準備に励み、要するに双方によってやり残されたことは何一つなかった。ついにローマ勢は多くの労苦と戦闘に疲れ果てた後、ここに到着してから四十日後に町だけを奪取した。戦利品はすべて脱走兵たちによって破壊されてしまった。彼らは城壁が破城槌によって打ちこわされ自分たちのことが終わったのを見ると、金銀やその他彼らが第一と考えているものを王宮に運び込んだ。そしてそこで葡萄酒と食事で満腹した後、財宝と宮殿と自らを火によって焼き滅ぼし、こうして敗北したら敵によって下されると恐れていた罰を、自らの手で受けたのである。

第七七章

さてタラ陥落と同時に、レプティス(1)の町からメテッルスのもとに使いが来て、守備隊と隊長を派遣してくれるように頼んだ。〔彼らが言うには〕ハミルカルという、貴族で政争好きの男が革命を企て、長官たちの命令も法律も彼に対しては効果がないのであった。もし急いで頼みをきいてくれなければ、彼らの安寧もローマ人の同盟者も最大の危険に陥るであろう(2)、というのである。実際レプティスの人々はユグルタ戦争の最初期から、執政官ベスティアのもとへ(3)、後にはローマへ使節を送り、友好と同盟とを求めてきた。そしてそれが叶えられると、常に誠実かつ忠実であり続け、ベスティアやアルビーヌスやメテッルスによって命じられたすべてのことを勤勉に実行した。かくて彼らは求めたことを司令官から容易に得たのであった。当地へはリグリア人の四個コホルスと隊長としてガイウス＝アンニウス(4)が派遣された。

第七八章

この町〔レプティス〕はシドン人によって(1)建設され、彼らは市民間の不和を逃れて船でこの土地にやって来たのだといわれている。二つのシュルティス〔という名の湾〕(2)の間に位置しているが、この名前は次のような事実に由来する。すなわちこの二つはアフリカの果て(3)に近い所にある湾なのだが、これらは規模こそ違え、性質は同じである。つまりそれらの湾の陸に一番近い部分は非常に深く、他の部分は偶然によってある時は深くある時は浅いのである。というのは風によって海が膨れ上がり、猛り狂い始めると、波が泥や砂や巨石を引き浚《さら》い、こうして場所の景観は風につれて変化する。「シュルティス」という名はこの「浚う」(4)という語から来たのである。この都市の言葉だけはヌミダエ人との通婚によって変化しているが、(5)法や習俗は大部分シドンのものであり、(6)それは彼らが(7)王の支配から遠く離れて年月を送っていたために、より容易に保つことができたのである。彼らとヌミディアの人口密集地域との間には広大な荒れ地が広がっている。

第七九章

だが、レプティスの人々の件からこの地方に話が及んだので、ここで二人のカルタゴ人の卓越した驚くべき行為について述べておくのも不適当とは思われない。この場所が私にこの事件を思い出させたのである。カルタゴ人たちがアフリカの大部分を治めていた頃、キュレネ人(1)たちもまた強大で富裕であった。両者の間の土地は砂漠で一様な景観であり、彼らの境界の目印となるような川も山もなかった。このことは彼らを大規模で長期にわたる戦争へと導いた。双方の側で軍団や艦隊が何度も撃破され敗走し、互いに相手を相当痛めつけた後、彼らは敗者も勝者も疲れ果てたところへ第三の敵が攻撃してくるのではないかと恐れ、休戦して次のような契約を結んだ。すなわち定められた日に使節が各々の故国を出発して、両者が遭遇した地点を両国民の共通の境界線としようというのである。かくしてカルタゴからはピラエニーという名の二人の兄弟が派遣され、道を進みきろうと大いに急いだ。キュレネ人たちはよりゆっくりと進んだ。それが怠慢のゆえなのか偶然なのかはわからない。しかしこの地方では嵐が、海上におけるのと同じくらい、妨げとなることがよくあるのである。なぜならこの平坦であらゆる植生を剝ぎとられた土地の上で風が巻きおこって大地から砂塵を吹き上げる時には、あまりの勢いなので口も目も砂で一杯になってしまう。こうして視界が奪われるために行程が遅れるのである。キュレネ人たちは自分たちが相当遅れをとっているのを見ると、この失敗のゆえに故国で処罰されるのを恐れて、カルタゴ人たちが期日より前に国を出発したのだと咎め、事態を混乱させた。要するに負けて帰るよりは何だってましだったのである。しかしポエニ人〔カルタゴ人〕たちが公平でありさえすればと別の条件を求めたので、ギリシア人〔キュレネ人〕たちは、相手が自国民のための境界線だと主張するその場所に生きながら埋められるか、それとも同じ条件で自分たちを好きな場所まで前進させるか、どちらかを選ぶことをカルタゴ人たちに委ねた。ピラエニー兄弟はこの条件を良しとして自己と自己の生命を国家のために差し出し、かくて生きながら埋められた。カルタゴの人々はこの場所にピラエニー兄弟のために祭壇を奉献し(2)、故国でも彼らのためにその他の栄誉が定められた。さて本題に戻ろう。

第八〇章

ユグルタはタラを失った後、なにものもメテッルスの前では充分に強固ではないと考えて、わずかな人数と共に広大な荒れ地を進んでガエトゥリー人(1)たちの所に至った。これは野蛮で未開な種族でこの時までローマの威名を知らなかった。彼らの大群衆を彼は一箇所に集め、徐々に隊列を組むことや軍旗に従うこと、命令を守ること、その他、軍務に服することに慣れさせた。これに加えて彼は、夥《おびただ》しい贈物やそれを上回る約束によって、ボックス王の側近たちが自分に好意を持つように仕向け、彼らの助けを得て王に接近し、ローマ人に対して戦端を開くように促した。このことは次のような事情によって一層簡単に易々と成功した。すなわちボックスはこの戦争の始めにローマに条約と友好関係を求めるために使節を送っていたのだが、既に始まっている戦争の遂行にとってこの上なく好都合であるこの一件を、欲に目の眩んだ少数の人々が妨げてしまったのである。彼らにとっては名誉あるものでも不名誉なものでも何であれ売り物にするのが習慣なのであった。さらにそれ以前に、ユグルタの娘がボックスのもとに嫁いでいた。(2) しかしこのような関係はヌミダエ人やマウリー人の間では軽く扱われる。なぜなら彼らは皆各々の資力に応じてできるだけ多くの妻を持つからで、ある者は十人、ある者はより多く娶《めと》り、王たちともなればもっと多い。かくして心は人数の多さによって分散されてしまい、どの女も配偶者として扱われることなく、全員が等しく安くみられるのである。

第八一章

さて両王の軍隊は双方が合意した地点に集合した。ここで誠実の誓いをとり交わした後、ユグルタは演説によってボックスの心を煽り立てた。いわく、ローマ人は不正であり、底知れない貪欲さの持ち主であり、万人の共通の敵である。彼らは自分や他の種族に対してと同様に、ボックスに対しても戦争をしかける理由を持っている。それはすなわち支配せんとする欲求であり、彼らにとってはすべての王権は敵対物なのである。目下のところは自分が、少し前にはカルタゴ人たちとペルセウス王(1)が敵となったのと同じく、この後も誰であれ最も富強とみなされた者がローマ人たちの敵とされるであろう、云々。こんな風にいろいろと語った後、彼らはキルタの町に進路を定めたが、それは〈……〉(2)であり、またここにメテッルスが戦利品と捕虜や荷物を置いていたからであった(3)。そこでユグルタは、もしこの都市を奪取できれば努力の報酬はあるだろうし、またもしあのローマ人の首領が味方の援助にやって来れば戦闘によって争うことになると考えたのである。というのは老獪《ろうかい》な彼は、ぐずぐずしているうちにボックスが戦争以外の道を選ぶことを恐れて、ひたすらボックスの平和を破ることだけを急いでいたのであった。

第八二章

司令官〔メテッルス〕は王たちの同盟について知ると、軽率に動かぬようにし、また既にしばしばユグルタに敗北を喫せしめて以来習慣にしているとおり、場所を選ばずに戦闘の機会を与えたりしないようにした。そうではなくて彼は、キルタから程遠からぬ所に陣地を固めて王たちを待ち受け、新たな敵に直面したのだから、まずマウリー人たちをよく知った上で有利な条件で戦った方が良いと考えていた。こうしている間に彼はローマからの手紙によってヌミディアの職務管轄がマリウスに与えられたことを知らされた。というのは〔マリウスが〕執政官になったことは既に聞いていたからである。これらのことによって彼は良識や節度を越えて動揺し、涙をこらえることも言葉を抑えることもしなかった。他の品性においては卓越した人物だったが、悲嘆に耐えることについてはあまりにも脆《もろ》かったのである。この件をある人々は傲慢に帰し、ある人々は良い天性が侮辱によって憤激させられたのだと言い、多くの人々は既に獲得しかけた勝利が手からもぎ取られたからだと評した。私はといえば、彼は自分が受けた不正よりはむしろマリウスが受けた栄誉によって責め苛まれたのだと確信している。もし彼から奪われた職務がマリウス以外の者に引き渡されたのだったら、彼はああまで心を痛めはしなかったろうと思うのである。

第八三章

それゆえこの心痛に妨害され、また自らを危険にさらしてまで他人の利益を図るのは愚行であると思いもしたので、彼〔メテッルス〕はボックスに、理由もなくローマ人民の敵となるなと求める使いを送った。彼〔ボックス〕には現在、同盟と友好関係を結ぶ大きな機会が存在する。それらは戦争より勝るものであるし、また彼がどんなに自分の勢力に自信を持っているとしても、確かなものを不確かなものに取り換えるべきではない。すべての戦争は始めるのは容易であるが終えるのは至難である。戦争を始めるのと終わらせるのは同一の者の権限には属さない。始めることは誰にでも――臆病者にさえできるが、終えるのは勝者が望んだ時にしかできない。それゆえ、自らと自分の王国のために熟考し、花の盛りにある自分の境遇をユグルタの破局と混ぜ合わせないように用心すべきだ、云々。これに対し、王は充分もの柔らかに返事をした。自分は平和を望んでいるが、ユグルタの運命にも同情している。もし彼にも同様の機会が与えられるなら、すべては解決するであろう、と。すると将軍は再び、ボックスの要求に対して使節を送った。相手は部分的には同意し、他は拒絶した。このようにして双方から何度も使者が送られたり帰されたりするうちに時は進み、メテッルスの思惑どおり戦争は着手もされずに引き延ばされた。

第八四章

他方マリウスは、先に述べたとおり平民の熱望によって執政官とされ、人民が彼にヌミディアを職務管轄として与えると命じた後、既に以前から門閥貴族に対して敵対的ではあったのだが、いまや全く大々的かつ激烈に攻撃するようになった。彼はある時は個別に、ある時は〔門閥〕全体に対して傷を与え、自分は彼らを征服して戦利品として執政官職を取ったのだと繰り返し言明し、さらにその他にも自分を偉大に見せ彼らにとっては苦痛の種となるようなことをいろいろと言った。その間にも戦争に必要なことは第一にし、軍団の人員補充[1]を要求し、諸国民や王たちから補助軍を召集し、さらにラティウムや同盟国からも、大部分は軍務を通じて、少数は評判によって知っている屈強の者たちを呼び集め、兵役を既に年季いっぱい務め終えた人々をも勧誘して彼と共に従軍するようにさせた。また元老院も、敵対していたにもかかわらず、彼に対していかなることも敢えて拒まなかった。それどころか〔軍団の〕補充を決議する時にはむしろ喜んでしたが、これは平民が軍務を望んでいるとは思われなかったので、マリウスは戦争の必要物を失うか、それとも民衆の好意を失うかするだろうと思えたからであった。しかしそれは空しい期待であった。マリウスと共に行きたいというそれほどまでに強い望みがほとんどの人々を襲っていた。誰もが戦利品によって金持ちになるとか、勝利者として故国に帰って来るとか、その他この種のことを思い描いており、またマリウスも演説によって彼らを少なからず煽り立てていた。すなわち要求したことがすべて決定されて兵士を軍籍登録しようとした時、彼は激励のために、(2)また習慣になっているように門閥貴族を非難するために、人民の集会を召集した。そして次のように語った。

第八五章

「市民諸君、大部分の者たちが諸君から命令権を求めるのと同じやり方で、獲得した後にそれを行使するのではないことを私は知っている。最初は熱心でへりくだっていて、謙虚であるのに、後には怠惰と傲慢のうちに歳月を送るようになるのである。しかし私にはまさにこの逆であるべきだと思われる。なぜなら、国家《レース・プブリカ》総体が執政官職やプラエトル職よりも重大なものであればあるほど、その分だけ余計に、これらの官職を求めることよりも、国家を運営することの方により多くの注意が払われるべきだからだ。また私は、諸君の絶大なる支持によって私が背負った仕事が、どれほど巨大なものか知らないわけではない。戦争を準備すると同時に国庫をも倹約し、損ないたくない人々に軍役を強い、内外すべてに配慮し、しかもこれらを嫉妬する者たち、敵対する者たち、党派的な者たちの間で行なうことは——市民諸君よ、想像するより困難である。これに加えて、他の人たちならたとえ失敗しても古くからの門閥としての家柄や、先祖の偉業や、血縁あるいは姻戚の援助や、無数の庇護関係[1]といったすべてのものが助けとしてすぐそこにあるのに、私にとってはすべての希望は私自身の中にしかない。そしてその希望は武勇と身の潔白によって守るしかない。なぜなら他の面は弱いのだから。市民諸君、私はこのことも理解している。万人の視線が私に注がれていることを、そして公平な善き人々は賛意を送ってくれていることを——なぜなら私の行為は国家に好結果をもたらすのだから——、そして門閥が攻撃地点を探し求めていることを。それゆえ私は諸君が欺かれてしまわぬように、また彼らが失敗するように一層よく努力しなければならない。私は幼い頃から現在に至るまであらゆる労苦や危険に身を慣らしてきた。諸君から恩恵を得る以前に無償でやってきたことを代償を得たからといって投げ出してしまうつもりは私にはないのだ、市民諸君よ。票集めの間だけ自分を善人に見せかけていた者たちにとっては、権力の座にいて節度を保つのは難しい。〔しかし〕全生涯を最善の行ないのうちに過ごしてきた私にとっては、善をなすことは既に習慣によって第二の天性になっている。

諸君は私にユグルタと戦争するように命じ、そのことを門閥は大変な悩みの種としている。私はお願いする。諸君の心をもってよく考えてみていただきたい。もし門閥の一団のうちの誰か、古い家柄で数多くの先祖の像を持ち、軍務には全く未経験という誰かをこの仕事やこれに類する仕事に差しむけたとして、その変更はより良いものなのかどうかを。万事に無知な彼はこれほどの大事におじけづき、焦り、彼の職務の助言者として人民の中の誰かを使うであろうことは明らかである。こうしてほとんどいつも、諸君が誰かに命令権を行使するよう命じると、その男は別の者を命令者として求めることになるのである。さらに私が知るところでは、市民諸君、執政官になってしまった後で祖先の業績録やギリシア人の軍事に関する教訓を読み始める者もいるのだ。これはとんでもない人たちである。なぜなら、することの方がなることよりも時間的順序においては後であるが、実質と効用においては先だからである。(2) いまや比較してほしい——市民諸君よ、彼らの傲慢と新人(3)たる私とを。彼らが聞いたり読んだりしていることを私はある部分はこの目で見、他の部分は私自ら行なった。彼らが文字によって学んだことを私は兵士として従軍することによって学んだ。さあ、諸君、よく考えてみてほしい。実行と言葉とはどちらが勝るのかを。彼らは私の新奇さを軽蔑する。私は彼らの怠慢を軽蔑する。私は偶然を攻撃され、彼らは恥ずべき振舞いを攻撃される。私は人の天性は一つであって万人に共通するものと考えるが、しかし最も勇猛な者こそが最も高貴だと考える。また仮に今、アルビーヌスあるいはベスティアの父に、この私と両人のどちらを自己の子としてなすことを望むかと尋ねることができたとして、父たちの答えは我らは可能な限り最良の子を望む、というのでないなら何だと思うのか。もし彼らが私を見下すのが正当なら、彼らの父祖に対しても同じようにさせようではないか。彼らの父祖は私同様武勇によって門閥貴族たることを始めたのだから。彼らは私の名誉〔であるこの職〕を妬む。それゆえ私の労苦、潔白、危険さえも妬むがいいのだ、私はこれらによってそれを得たのだから。まことに、傲慢によって腐敗しきった人々は、あたかも諸君の与える名誉を軽蔑するかのごとく日々を送りながら、あたかも正しく生きてきたかのごとくにこれを求める。いや彼らは大間違いをしているのだ。怠惰による享楽と武勇に対する報酬という最も互いにかけ離れたものを同時に期待する者たちは。加えて彼らは諸君の間や元老院で話をする時、ほとんどすべての演説で彼らの父祖を賞揚しさえする。父祖の武勲に言及することで自らが一層輝くと考えるのである。これは逆である。なぜならかの人々の生涯が輝かしい分だけ、この連中の愚鈍さが恥辱となるからだ。そして実際事実はこうである。先祖の栄光は子孫にとってはあたかも光のようなものであり、彼らの善も悪も隠しておいてはくれないのである。こういうものの欠如を私は告白する――市民諸君よ、しかしそれよりずっと輝かしいことに、私は私自身の業績を語ることができるのである。さあ彼らがいかに不公平か見てほしい。彼らが他人の武勇から自分のために着服しているものを、私が私自身の武勇から自らに供することを彼らは許さない。明らかに私が先祖の像(4)を持たず、私にとって高貴〔門閥〕たることが新しいがゆえに。それを獲得することの方が、継承して損なうことよりも勝《まさ》っていることは確かであるのに。

むろん、もし彼らが今私に答える気になったら、彼らには雄弁をふるい、弁論を組み立てる豊富な力があることを私も知らないわけではない。しかし諸君の〔私に対する〕絶大なる支持の中で、彼らが至る所で私をも諸君をも悪口雑言をもって傷つけているので、沈黙しているのは良くない。節度を保っているのは罪の意識(5)のゆえだとみなされかねない。実のところ、私はそう確信しているのだが、いかなる弁論も私を損なうことはできない。すなわち彼らが真実を語る場合には良く言わざるを得ないし、もし虚偽ならば私の生き方と品行がそれを論駁するからである。しかし私に最高の栄誉と最大の仕事を与えてくれた諸君の判断が非難されているのであるから、それらを後悔すべきかどうか繰り返し考量してみたまえ。私は信用を得るために蠟の像も自分の父祖の凱旋や執政官職も示すことができない。その代わりに、もし必要とあれば槍《ハスタ》を、旗《ウエクシッルム》を、勲功章《パレラエ》を、その他の軍の恩賞(6)を、さらに加えて体の前面の傷の数々を示す。これが私の先祖の像であり、私の高貴さであり、私はそれを彼らのように相続によって残されたのではなく、私自身の数多くの労苦と危険とによって獲得したのである。私の言葉は組み立てられたものではない。そんなことは小さなことだと思う。武勇それ自体が充分自らを示す。彼らにこそ技巧が必要だ。恥ずべき行為を弁舌で覆い隠すために。また私はギリシアの文芸を学ばなかった。学ぶ気にもならなかった。なぜならそれらは教師たちにとっても武勇のために何ら役立っていなかったから。しかし私はあの、国家のためにははるかに善いことを学んだ。敵を撃ち倒すこと、護衛の任を果たすこと、汚名以外のなにものも恐れぬこと、冬の寒気と夏の炎暑を同じように忍ぶこと、地に伏して休むこと、欠乏と労苦に同時に耐えることをである。私はこれらの指針によってこそ兵士たちを励ますであろう。そして、彼らをけちけちと、自らを潤沢に養うことはしないし、また彼らの労苦を私の栄光とすることもしないであろう。これこそが有益な、市民的な命令権である。なぜなら、自らは安楽に過ごしながら軍隊には厳罰をもって強制するのでは、それは主人たることであって将軍たることではないからである。このような、あるいはこれに類したことをなし遂げることによって、諸君の父祖は自らと国家を著名ならしめた。この人々に依存して門閥(7)は、本人はその行ないにおいて似るところのない者でありながら、古人に匹敵する者である我々を軽蔑し、すべての名誉〔官職〕を、功績によってではなくまるで債権でも取り立てるように、諸君から求める。しかしこの傲慢極まる人々は大変な誤りを犯している。彼らの父祖は残すことのできるものはすべて彼らに残した。富、肖像、自分たちの輝かしい記憶を。武勇は残さなかった、また残すことができなかった。それのみは贈物として与えたり受け取ったりされるものではない。彼らは私を卑しい無作法者だと言う。私が巧みに宴会を催すことがなく、また農場差配より値の張る役者や料理人を一人も抱えていないという理由で。これらのことを認めることは私には喜ばしい――市民諸君よ、なぜなら私は親やその他の尊敬すべき人たちから、次のように聞いてきたからだ。優美さは婦人に、男子には労苦こそふさわしく、すべての善き人々[9]には富以上に栄光がなければならない。調度品ではなく武器が身の飾りであるべきだ、と。然り、それならば、彼らを喜ばすこと、彼らが貴重だとみなしているそのことを、常に彼らにさせておけばよい。愛させよう、飲ませよう、彼らが青春を送ったその場所で老年も過ごさせよう――〔つまり〕宴会で、胃袋と肉体の最も恥ずべき部分の奴隷となって――。汗や埃やその他その種のことは我々に残しておかせよう。我々にはそれらの方が豪華な料理より好ましいのだ。しかしそうはなっていない。なぜなら最も恥ずべき人々は自らを恥ずべき行為によって汚《けが》すと、善き人々の報酬を奪いにかかる。こうして全く不公正にも、贅沢と怠惰という最悪の品行は、それらにふけった人々には何の支障ももたらさず、罪なき国家〔公共〕に災禍をもたらす。

さて、彼らに対しては、彼らの恥ずべき行為がではなく私の性格が要求する限りにおいて答えたので、いまや国家のことについて少しお話ししたい。まず第一にヌミディアに関しては気を落とされぬように、市民諸君。というのも今までユグルタを護ってきたものをすべて諸君は取り除いたからである。貪欲、無知、そして傲慢[10]を。次に、そこにいる軍隊はその地をよく知っているが、——ヘルクレスにかけて——幸運というよりは勇敢である。なぜなら軍の大部分は指揮官たちの貪欲と無思慮によって費消されてしまったから。それゆえ軍務の年齢[11]にある諸君は、私と共に労をとって公共の事《レース・プブリカ》にとりかかっていただきたい。また誰も他の人々の災禍や将軍たちの傲慢によって恐怖にとらわれることのないように。この私自身が行軍においても戦闘においても、助言者であると同時に危険を分かち合う仲間として諸君と共にあるであろう。そしてすべての事柄において私と諸君とを一つに扱うであろう。実際、神々の御加護により、すべては熟している。勝利も獲物も称賛も。たとえそれらが不確かで遠くにあったとしても、善き人々は皆、国家のために救援に赴くべきところなのだが。なぜなら何者も怯懦《きょうだ》によって不死となったことはないし、またいかなる親も子供に永遠であれとは望まず、むしろ善良な正しい者として生を送れと望んできたからである。市民諸君よ、もし臆病者にも言葉によって勇気が授けられるのなら、私はもっと多くを語るところである。勇気のある人にとってはもう充分なほど語ったと思うから。」

第八六章

このような演説を行なうと、マリウスは平民の心が奮い立ったのを見た後、急いで糧秣や給料や武器やその他有用な物を船に積み、これらとともにアウルス＝マンリウス(1)が副官として出発することを命じた。彼自身はその間兵士を軍籍登録したが、父祖の習いによってではなく、また各階級からではなく、誰であれ希望する者は登録し、その大部分が「無産者層《カピテ・ケンスィー》」であった(2)。このようになされた理由をある人々は良き人士たち〔有産層〕の不足のゆえと言い、他の人々は執政官の野心のゆえだと言っている――なぜならこの種の人々によって彼は著名となり、勢威を増したのだから。そして〔実際〕権力を求める者にとっては最も窮乏している者が最も都合が良い。窮乏した者は無一物であるがゆえに自分のものが大事でなく、代価を伴えば何でも正しく見えてしまうのである。

かくしてマリウスは決議されたのよりも相当大勢の人数と共にアフリカへと出発し(3)、数日のうちにウティカに到着した。軍隊は副官プブリウス＝ルティリウスの手で彼に引き継がれた。なぜなら、メテッルスは聞いてさえ心が耐えられなかったものを目にすることがないようにと、マリウスとの対面を避けたからである。

第八七章

さて執政官は軍団と補助軍のコホルス隊を充足すると、(1)豊かで獲物に満ちた土地へと出発し、そこで手に入れたものはすべて兵士たちに与えた。ついで、自然によっても人員によってもほとんど守備されていない城砦や町々を攻撃し、あまたのしかし軽微な戦闘を様々な場所で行なった。この間、新参の兵士たちは恐れなしに戦いに臨み、そして逃げる者は捕まるか殺されるかのどちらかで、最も勇敢な者が最も安全なのであり、自由や祖国や親たちや他のすべてのものを守るのも、栄光や富を求めるのも武器によるのであるのを見た。かくして短期間のうちに新参の者と古参の者とは一体となり、全員の武勇が同等になった。

しかし王たち(2)の方はマリウスの到着について知った時、別々に峻険な土地へと去ってしまった。ユグルタは、まもなく敵が分散され攻撃し得るようになるであろう、多くの者と同じようにローマ人も脅威が遠のくことによって弛緩し、気ままになるであろうと期待して、このようにしたのである。

第八八章

この間メテッルスはローマに去り、予期に反して最も喜びに満ちた感情をもって迎えられた。憎悪は去った後で、平民にも貴族にも、同じように受け容れられたのである。

一方マリウスは活発にかつ注意深く、味方のことにも敵のことにも等しく心を傾け、双方にとって何が良く何が悪いのかを認識し、王たちの道程を調査し、彼らの計画や待ち伏せに先んじ、味方の間のいかなる緩みも、敵の側のいかなる安全も許さなかった。このようにして、ガエトゥリー人たちやユグルタが我々の同盟者たち(1)から略奪しているところをしばしば襲ってその途上で潰走させ、王自身からもキルタの町から程遠からぬ所で武器を奪い取った(2)。これらのことが栄光になるだけで戦争終結にはつながらないのを知った後、彼は兵力または地の利のゆえに、敵の有利、味方の不利に最も貢献している町々を一つ一つ包囲攻撃していくことを決定した。こうすればユグルタは、もし町を放っておくなら守備を奪い取られるわけであるし、さもなければ戦うことになるわけであった。他方、ボックスの方は、しばしば彼〔マリウス〕に伝言を送って、自分はローマ人民の友好を望んでいる。自分の側からのいかなる敵対行為も恐れる必要はない、と言ってきていた。彼がこれによって、不意打ちであるだけに一層深刻な打撃を加えるべく偽っていたのか、それとも天性の移り気のために平和と戦争の間を行き来する習慣だったのかは一向定かではない。

第八九章

しかし執政官は決定してあったとおりに、防備された町々や砦に向かい、その一部は武力によって、他は威嚇によるか報酬を示すことによって、敵側から離反させた。そして最初は、ユグルタが味方を護るために武力に訴えてくるだろうと考えて、小規模な作戦を行なっていた。しかし彼が遠くに隔たっていて、他の仕事に専心していることを聞き知ると、より大規模なより烈しい企てにとりかかる時期だと見て取った。

広大な荒野の中にカプサ(1)という名の大いなる有力な町があり、その建設者はリビュアのヘルクレス(2)であると言われていた。その市民たちはユグルタの下で免税されていて支配が軽く、それゆえに最も忠実であるとみなされており、敵に対しては防壁や武器や人員によってだけではなく、土地の苛烈さによってより一層守られていた。というのも、町に近接する所を除いて他はすべて荒廃した無人の地で、水が欠乏し、蛇が群れはびこり、彼らの獰猛さは他のすべての野獣の場合と同様、食物の欠乏のためにより増していた。それに加えてもともと致死性のものである蛇たちの毒素が、他の要因にも増して乾燥のためにますます強烈になっていた。この町を攻め取りたいという強い望みがマリウスを襲ったが、それは戦争の便宜のためであると同時に、このことが困難に見え、かつメテッルスがタラの町を占領して大いなる栄光を得ていたためであった。立地の仕方も防御のされ方もタラはカプサとほとんど違わなかったが、ただタラの場合は城壁から程遠からぬ所にいくつかの泉があり、カプサの人々の方は一つだけの、町の中にある絶えず湧き出る泉の他は、雨水に頼っているという点が異なっていた。それ〔水の不足〕がそこでも、またアフリカの、海から遠く未開な全地域でも容易に耐えられていたのは、ヌミダエ人が一般に乳と野獣の肉とを食物とし、塩やその他の食欲を刺激するものを求めなかったからである。食物は彼らにとって飢えと渇きに対処するもので、欲望や贅沢に属するものではなかった。

第九〇章

それゆえ執政官はすべてを調査した上で、私が思うに神々を信頼しつつ――というのはこれほど大きな困難に対しては計画によってあらかじめ充分に準備することは不可能であったからであり、執政官は穀物の不足にすら悩まされていたからである。なぜなら、ヌミダエ人は耕地よりも家畜の方に熱心であり、また生産物は何であれ王の命令によって防備された場所へ集めてしまっていた。他方、大地は乾燥し、この季節には実りを欠いていた。というのも夏の終わりであったから――しかしながら状況に応じて充分慎重に装備を整えた。過去何日間かの戦利品であった家畜はすべて補助軍の騎兵に追って行かせるべく割り当て、副官アウルス＝マンリウスに軽装のコホルス部隊と共にラリスの町[1]――そこに彼〔マリウス〕は給与と糧秣を置いてあった――へと赴くようにと命じ、彼自身も略奪しながら数日後にそこへ行くと言った。このように彼は自分の企てを秘しつつ、タナイス川[2]へと急いだ。

第九一章

さて、彼〔マリウス〕は行軍中毎日、家畜を軍隊に、各百人隊あるいは騎兵分隊ごとに平等に分配し、その皮から革袋が作られるように配慮し、〔こうして〕穀物の欠乏を緩和すると同時に、誰もが知らないうちに、まもなく役に立つものを準備したのである。とうとう六日目に川に達した時には莫大な量の革袋が出来上がっていた。彼はそこに簡単に防備をほどこした陣地を設けると、兵士たちに、食事を摂り、日没と同時に出発すべく準備しておくように、すべての荷物を捨ててただ水だけを自分と荷役獣が負うように、と命じた。ついで時が来たと見るやいなや陣地を出発し、夜を徹して行軍した後、野営した。次の夜も同様に行動した。ついで三日目、夜明けよりずっと前に彼はカプサから二千パッスス以上は離れていない起伏の多い場所に到達し、そこでできるだけ密かに全軍をもって待ち受けた。さて夜が明けてヌミダエ人たちが敵に対する何らの恐れも抱かずに大勢町から出て来ると、彼は突然、騎兵の全軍及び彼らと共に最も俊足の歩兵たちに、全速力でカプサをめざし、城門を押さえるようにと命じた。次に彼自身、注意怠りなくすみやかに後を追い、兵士たちに略奪を許さぬように気をつけた。この事態に町の人々が気づいた時、混乱状態と大きな恐怖と予期せぬ災いと、加えて、市民の一部が城壁の外、敵の手中にあることが彼らに降伏を強制した。にもかかわらず、町は火を放たれ、ヌミダエ人たちの大人は殺され他の全員は売られ、獲物は兵士たちに分配された。この行為が戦争の法規(1)に反して行なわれたのは、執政官の貪欲や悪逆によってではなく、この場所がユグルタにとって好都合であり、我々には接近することも難しく、その人々の性質は変わりやすくて信を置き難く、これ以前に恩恵によっても威嚇によっても馴らされたことがなかったためである。

第九二章

これほどのことを味方には何の損害もなしになし遂げた後、マリウスは、これ以前にも偉大で著名であったのだが、より偉大でより著名であるとみなされ始めた。よく計られずになされた事もすべて美徳に数えられた。兵士たちは緩やかな軍規で扱われると同時に裕福にされて、〔彼を〕天まで持ち上げた。ヌミダエ人たちは人間以上の者として恐れた。結局のところ、同盟者も敵も万人が、彼には神の考えが宿っている、神々の同意によって彼にはすべてが予示されていると信じた。一方、執政官はこのこと(1)が成功すると、他の町々へと赴き、少数の町はヌミダエ人たちの抵抗を受けつつも奪取し、カプサ人たちの悲惨を目のあたりにして放棄された多数の町は火で焼き払った。全土が悲嘆と殺戮で満たされた。ついに多くの場所を、しかもその多くは軍勢の流血なしに手に入れると、彼は別の、カプサ攻めほどの過酷さはないが、困難がより少ないとはいえない企てにとりかかった。

すなわち、ユグルタとボックスの王国を区分するムルッカ川(2)から程遠からぬあたりに、平地の真中に岩山があり、それは中くらいの大きさの砦には充分なほど幅があって、非常に高く、一本のごく狭い通路があるだけだった。というのも、ここ全体が自然によってあたかも人工的に設計されたかのように切り立っていたのである。この場所をマリウスは、そこに王の財宝があったので、全力をもって奪取しようとした。しかしこの企ては計画というより偶然によって成功したのであった。なぜなら城砦には人員も武器も充分にあり、大量の穀物と泉があった。堡塁や攻城塔やその他の攻城器械にはこの場所は不適であった。城砦に通じる道は極端に狭く、両側とも切り立っていた。そこでは遮蔽用亭は非常な危険を伴って、空しく動かされた。なぜならそれらはほんの少し前進しただけで火と石によって破壊されてしまうのであった。兵士たちは土地が傾斜しているために仕掛けの前で踏みとどまれず、また遮蔽用亭の間で危険なしに操作することもできなかった。最良の者は斃れ、もしくは傷つき、他の者の恐怖は増した。

第九三章

他方マリウスは多くの日数と労力を費消しつつ、この企てを無益であるがゆえに放棄すべきか、それともしばしば好都合に働くのを見てきた幸運を待ち続けるべきか、思案に暮れていた。彼がこれらのことを考量しながら多くの日夜を過ごしていた時、たまたま補助軍のコホルス隊のとあるリグリア人の兵卒(1)が水を汲みに陣地から出て、交戦中の人々の反対側にあたる城砦の側面にごく近い所で、岩の間を蝸牛《かたつむり》が何匹も這っているのに気がついた。それらを一匹また一匹、さらにもっとと採っているうちに、集めようとする熱意によって段々と山の頂き近くに出てしまった。そこで自分一人きりなのを知った時、人間の天性の習いによって、困難なことをなし遂げたいという欲望が心を〈他へと〉ふり向かせた。そして偶然その場所には岩の間に大きな樫の木が生い茂っていて、それは最初少し曲がり、次に反転してすべての植物の性質のとおりに高くまで伸びていた。ある時はその枝々に、ある時は突き出た岩角につかまりながらリグリア人は城砦のある平面まで登りつめた。というのもヌミダエ人たちは全員、交戦中の人々の方に気を取られていたからである。じきに役に立つだろうと思ったことをすべて探査し終えると、彼は同じ場所から降りたが、登って来た時のように無頓着にではなく、すべてを試し、見回しながらであった。こうして彼は急いでマリウスのもとに行き、したことを報告し、自分が登った箇所から城砦を攻略するように勧め、彼自身が行程と危険な仕事の案内人となると約束した。マリウスは、このリグリア人と共に彼の提案を調べさせるべく手近にいた者たちの中から人を送った。彼らは各々の天性に応じて、事を困難であるとか容易であるとか報告した。執政官の心は、しかし少し励まされた。そこで彼はラッパ吹きとホルン吹きの部隊(2)から五人の最もすばしこい者を選び、彼らと共に護衛のために四人の百人隊長を選び(3)、全員にあのリグリア人に従うよう命じ、その仕事を翌日と定めた。

第九四章

さて指示された時が来たとみると、彼〔リグリア人〕はすべてを用意し整備して、あの場所に急いだ。さらに、登る予定の者は案内者に教えられて武器や武装を変えていた。岩の間でより容易に見通したり登ったりできるように頭と足は露《あら》わにした。剣と楯とは背中に背負ったが、楯は重さの点とまた同時に、何かに当たってもより軽い音しか立てないようにヌミディア式の革製のものであった。そしてリグリア人は先に立って、岩やまたもし古くなった根が突き出ていたりするとそれらを縄で結んで、兵士たちがそれで持ち上げられてより簡単に登れるようにし、その間、慣れない道中に恐れをなしている者たちに手を貸して登らせた。少し登るのが難しい所では一人ずつ自分の前に武器なしで登らせ、次に、彼自身が彼らの武器を持って続いた。登っていく上で危険に見えることは真っ先に試し、しばしば同じ所を登っては降り、ついでさっと脇へのいては他の者たちに勇気を授けた。その結果、長時間かかって大変疲労しつつも彼らはついに城砦に到達した。砦のその部分は、全員がここ何日かと同様、敵の方に向かっていたために見捨てられていたのである。マリウスは急使からリグリア人がやり遂げたことを知ると、一日中ヌミダエ人たちを戦闘に引きつけていたにもかかわらず、改めて兵士らを励まし、自ら遮蔽用亭の外に進んで、亀甲陣形[1]を組んで接近し、同時に敵を投げ槍器や弓兵や投石兵によって遠くから脅かした。他方ヌミダエ人たちは、以前しばしばローマ人の亭を覆し、火までかけていたので、もはや城砦の防壁で自らを守らずに昼も夜も壁の前に留まり、ローマ人たちに悪口をあびせ、マリウスを狂人と罵り、我々の兵士をユグルタの奴隷になるぞと脅し、有利な状況のゆえに猛り立っていた。とかくするうち、ローマ勢も敵も全員が戦闘に熱中し、双方とも全力を尽くして、こちらは名誉と支配権のため、あちらは身の安全のために戦っている時、突然背後から合図のラッパが鳴り響いた。そして最初に見物に出て来ていた女子供が逃げ、次に城壁に最も近い者が、最後には武装した者も非武装の者も全員が逃げ出した。それに乗じてローマ人たちは一層激しく攻め寄せ、敗走させ、大部分の者はただ負傷させるにとどめ、次に殺した者の屍の上を進み、栄光を渇望して争って城壁をめざし、誰一人略奪のために手間どる者はなかった。このようにして偶然によって正されたマリウスの向こう見ずは、過失の中から栄光を見出したのである。

第九五章

さて、これらのことが行なわれている間に、財務官ルーキウス＝スッラ(1)が騎兵の大軍と共に陣営に到着した。彼はこれらの軍をラティウムと同盟国から集めるためにローマに残されていたのである。

しかし話題が我々にこれほどの人物を思い出させたからには、彼の性格や人となりについて少し述べておくのがふさわしいと思われる。なぜなら他の箇所ではスッラのことについて語ることはないであろうし、これらの事柄を叙述したすべての人々のうちで最も良く、また注意深く述べたルーキウス＝シーセンナ(2)も充分率直に語ったとは私には思えぬからである。さて、スッラはパトリキの氏族の門閥(3)であったが、一家は祖先の怠惰のためにほとんど廃れてしまっていた。彼はギリシアとローマの文芸にともに「そしてきわめて深く」通じていた。大いなる精神の持ち主であり、快楽を希求したが、栄光をより強く求めた。贅沢な閑暇を過ごしたが、しかし快楽が仕事を妨げることは決してなかった。ただし夫人の事についてはもっと立派に振舞うようにしてもよかったが(4)。彼は雄弁で怜悧であり、すぐに打ち解け、企てを偽装する上での才能の高さは信じられないほどであり、多くのもの、特に金銭を惜しみなく与えた。そして彼は内戦での勝利以前[5]はすべての者のうちで最も幸運であったが、決してその勤勉さを幸運が上回ったことはなく、多くの人々は彼の精励と幸運のどちらがより大きいか疑問としている[6]。彼がその後にしたことは[7]、それを論ずるのも恥ずかしいというべきか悲しいというべきか私には定め難いのだが。

第九六章

さてスッラは、先に述べたとおり騎兵隊と共にアフリカに、そしてマリウスの陣営に来ると、それ以前は不慣れで戦争に無知だったのに、短期間に、あらゆる者の中で最も巧妙となった。その上、兵士たちには親切に話しかけ、多くの者にはその求めに応じて、他の者には自身の判断で恩恵を施し、受けることは好まず、受けた恩恵はそれを借金よりも急いで返した。自らは誰からも返済を求めず、むしろできるだけ多くの者に貸しを作るように骨折った。最も卑しい者たちとも冗談や真面目な会話を交わし、仕事でも行軍でも見張りでも頻繁に行動を共にした。そしてその間、邪《よこしま》な野心がそうさせがちなように執政官や誰であれ良き人士の評判を傷つけるようなことがなく(1)、ただ作戦会議でも軍事行動でも他人に抜かれることだけは我慢せず、大部分の者を凌いだ。このようなことや品行のゆえに彼はわずかの間にマリウスにも兵士たちにも最も愛される者となった。

第九七章

一方、ユグルタは、カプサの町やその他の防備された自分の役に立つ場所を、巨額の財宝もろとも失った後、ボックスに使いを送って、できるだけ早くヌミディアに軍勢を投入するように、戦いの時は迫っている、と伝えた。彼がぐずぐずしており逡巡しつつ戦争と平和の損得勘定をしていると聞くと、またもや以前のように彼の側近たちを贈物によって買収し、かのマウリー人自身には、もしローマ人がアフリカから放逐されるか、自分の領土が無傷のまま戦争が鎮まったなら、ヌミディアの三分の一(1)を与えると約束した。この報酬に魅了されてボックスは無数の大軍と共にユグルタに接近した。

こうして両軍は合体して、既に冬営陣地へと出発していた(2)マリウスをほとんど一日の十分の一しか残っていない頃に襲撃した。既に迫っている夜は、もし自分たちが負けた場合には防御となるであろうし、もし勝っても、自分たちは土地を知っているから妨げにはならない。逆にローマ人にとってはどちらの場合でも暗闇の中ではより一層困難があるだろうと考えてである。こうして、執政官が多くの者から敵の到来を知るのと同時に敵そのものが現れた。そして軍が整列させられるより、また荷物を集めるよりも早く、否、いかなる合図や命令を受けることもできないうちに、マウリー人とガエトゥリー人の騎兵が戦列や他のどんな戦闘の方式にも従わずに、偶然が彼らを集めるままに群れをなして我が軍に突入してきた。こちらのすべては予期せぬ脅威におののいたが、武勇を忘れずに、ある者は武器を取り、またある者は他の者たちが武器を取る間、敵から守っていた。一部の者は馬に乗って敵に向かった。戦いは戦闘というより盗賊の襲撃に似ていた。軍旗も隊列もなく騎兵も歩兵も入り混じって、ある者は退き、ある者は殺され、敵に向かって最も激しく戦った多くの者たちは後ろから包囲された。武勇も武器も援護にはならなかった。敵は数において優り、全方向から押し寄せてきたから。ついにローマ人たちは老兵も新兵も〈……〉そのゆえに戦いを知っている者たち(3)は、地形や偶然が彼らを一つにさせると、円陣を作り、それによってあらゆる側で防御されていると同時に、備えある状態で敵の攻勢を持ちこたえるのだった。

第九八章

これほど厳しい困難の中にあってマリウスは怯えもしなければ、以前に比べて意気消沈もせず、最も親しい人々というよりは最も強い人々から作ってあった自分の騎兵分隊と共にあちこち駆けめぐり、ある時は苦戦する味方を救援し、またある時は敵が最も密集して立ちふさがっている所を攻撃した。すべてが混乱していて命令することは不可能であったので、身振りで兵士に指示した。いまや日は暮れたが、蛮人どもは少しも手を緩めず、王たちに教えられたように夜は自分たちに有利だと考えてますます激しく押し寄せた。そこでマリウスは状況に即した策を立て、味方の退却のための場所を確保するべく、互いにごく近い二つの丘を占拠した。(1) そのうちの一つの、陣地には狭すぎる方には大きな泉があり、もう一つの方は、高く切り立っていてわずかな防備でこと足りるので、用途に適していた。さて〔マリウスは〕スッラに、騎兵と共に泉の近くで夜を過ごすよう命じると、自身は散り散りになっていた兵士たちを――敵も少なからず混乱していたが——次第に一つにまとめ、次に全員を大急ぎで丘へと移動させた。かくて両王は地形の困難さに強いられて戦いを妨げられたが、しかし部下たちに遠くに行くことは許さず、二つの丘を大軍で囲んで無秩序に陣取った。ついであちこちに火を焚いて蛮人どもは夜の大部分を彼らの習いに従って喜び、小躍りし、声を上げて騒いで過ごし、また首領たち自身も自分たちが敗走しなかったので威勢がよく、勝利者のように振舞った。しかし、これらすべてはローマ人たちにとっては、暗闇と場所の高さから容易に見て取れ、大いなる励ましであった。

第九九章

全くマリウスは敵のこの無知によって大いに勇気づけられ、最大限の静粛を命じ、夜の不寝番の常である合図のラッパ(1)さえ鳴らさぬようにさせた。ついで夜明けが近づいて来て、敵がもう疲れ果てて、眠りに落ちたばかりの時突然、歩哨に、そして同じく補助軍(2)と騎兵隊と軍団のラッパ手にも、全員同時に合図を鳴らすように命じ、兵士たちには喊声を上げて〔陣地の〕門から飛び出すように命じた。マウリー人たちとガエトゥリー人たちは、正体不明の恐ろしい物音で急に起こされ、逃げることも武器を取ることも何をすることも用意することもできなかった。かくして全員が、喧噪と阿鼻叫喚のため、そして何の救援もないことと、我が軍の突撃と、混乱と恐怖［と恐れ］によってほとんど狂気にとらわれた。結局彼らはすべて撃破され敗走させられ、武器や軍の旗印の大部分は奪取され、これまでのどの戦いでよりもこの戦闘での方が多く殺された。なぜなら眠りとただならぬ恐怖によって逃亡が妨げられたから。

第一〇〇章

さてマリウスは、そうし始めていたとおりに冬営陣地へと〈進ん〉だ。〈なぜなら〉彼は糧食のために海岸地方の諸都市で過ごすことを決めていたからである。しかし彼は勝利によって怠惰にも傲慢にもならず、敵の視界の中にあるかのごとく四辺隊形(1)で行進した。スッラが騎兵と共に最右翼を、左の部分では［アウルス＝］マンリウスが投石兵と弓兵を率いて、さらにはリグリア人のコホルス部隊をも指揮した。先頭と最後尾には軽装の中隊と共に将校たちを配置してあった。脱走兵たち――彼らは最も軽んじられていたが、その土地を一番よく知っていた——は敵の行程を探っていた。同時に執政官はまるで〔仕事を〕任せている者が一人もいないかのごとく、すべてに配慮し、どこにでも居合わせ、功罪に従って称賛したり叱責したりした。彼自身、武装して気を引きしめ、同様のことを兵士にも強いた。行軍する際と同じ注意深さで、陣地を固め、〔陣地の〕門の警備のために軍団から大隊を、陣地のためには補助軍騎兵隊を送り、さらに矢来の上の堡塁に他の者を配置した。自ら歩哨の番兵たちを見回ったが、それは命令したことがなされないのではないかという不信のゆえではなく、将軍と分かち合うことによって兵士たちが進んでその労苦を引き受けるようにするためであった。そして実際マリウスは、この時やユグルタ戦争の他の折々に処罰よりも恥の観念によって兵を制御した。それを多くの人々は野心によってなされているのだとも言っていた。〔いわく〕彼は幼時から慣れてきた労苦やその他、他の人々が悲惨と呼ぶものを快感と受けとってきたのだ、と。しかしともかくも、公共の事は最も苛烈な命令によるのと同じくらいに、立派にまた名誉をもって執行された。

第一〇一章

こうしてついに第四日目、キルタの町から程遠からぬ所で、諸方から同時に斥候が急いで姿を現し、そのことによって敵が近くにいることが知られた。しかし各々別の場所からばらばらに帰って来た者たちが、全員同じことを告げ知らせたので、執政官はいかなる方式で戦列を準備したらよいか決心がつかず、一つの隊列も変えることなしに、万事に備えつつ同じ場所で待機した。かくて希望はユグルタを欺いた。彼は軍勢を四つの部隊に分けてしまっており、全軍のうち少なくともいくつかは敵の背後を衝くことだろうと考えていたのである。その間、スッラは――最初に敵が到達したのは彼の所だったが――騎兵分隊ごとに味方を励まし、馬をできるだけ密集させて、自ら他の者と共にマウリー人たちを攻撃した。残りの者たちはその場所に踏みとどまって遠方より投げられる槍から身を護り、手の届く所まで来る者があればこれを殺した。このように騎兵が闘っている間に、ボックスが歩兵と共に――この歩兵は彼の息子ウォルックスが率いていたが、行軍に手間どって前の戦いには出なかった――ローマ人の戦列の最後尾を攻撃した。その時マリウスは最前列でことに当たっていた。なぜならそこにユグルタが自軍の大半と共にいたからである。するとこのヌミダエ人〔ユグルタ〕はボックスの到来を知って、密かに少数の者と共に歩兵(1)の方に向かった。そこでラテン語で――というのもヌマンティアで話すことを学んでいたから――我が軍〔ローマ軍〕は戦っても無駄だ。少し前にマリウスは彼自身の手で殺された、と叫んだ。同時に血に染《そ》んだ剣を示したが、それは彼が戦いの中で、充分勇敢にも我が軍の歩兵を殺して血にまみれさせたものだった。それを聞いた時、兵士たちはこの報せを信じたからというより事柄の凄惨さのゆえに恐れおののいた。同時に蛮人どもは士気を高めて、打ちのめされたローマ人たちに向かって一層激しく攻め寄せた。いまや敗走の一歩手前という時、スッラが向かって来ていた者どもを撃破してとって返し、側面からマウリー人たちを衝いた。ボックスはたちまち退けられた。他方ユグルタは、味方を持ちこたえてほとんど手に入れかけた勝利を確保しようとしているうちに騎兵に囲まれ、右も左も殺されたので、単独で敵の投げ槍をかわしつつ脱出した。その間にマリウスが、騎兵を潰走させた後、いまや敗北しつつあると聞いた自軍の救援に駆けつけて来た。ついに敵は、全方面で粉砕された。その時、遮るものなき平原の光景は凄まじかった。追う者、逃げる者、殺される者、捕まる者。馬も人も投げ倒され、多くの者は傷を受けて逃げることもできず、じっとしていることもできず、身を起こそうとしてはたちまち崩れ落ちるのだった。結局、目の届くかぎりのすべては、槍や武具や死体で埋め尽くされ、それらの間で大地は血で染められた。(2)

第一〇二章

その後、執政官はいまや疑いもなく勝利者として、当初の目的地であったキルタの町に到達した。そこへ、蛮人たちの二度目の敗戦から五日後に、ボックスからの使いが来て、王の言葉をもってマリウスに次のように乞うた。二人の最も信頼できる者を自分の所に送ってほしい。自分は自らの利益とローマ人民の利益に関して彼らと論じたい、と。彼はただちにルーキウス゠スッラとアウルス゠マンリウスに行くように命じた。彼らは呼ばれて行ったのではあったが、しかし、王の前で話すことに決めた。もし敵対的な傾向なら、それを変え、もしまた平和を欲しているなら、それをより激しく煽り立てようとしたのである。こうしてスッラが――彼の年齢にではなく雄弁に対してマンリウスが譲ったので――次のように若干の言葉を述べた。

「ボックス王よ、これほどの人物である貴君を神々が戒めて、ついに戦いよりも平和を選ばせ、また最も優れた者である貴君がすべての者のうちで最も邪悪なユグルタと交わることによって汚《けが》れることもさせず、同時に我々を、誤りを犯した〔だけの〕貴君と最も悪辣な彼とを同等に罰するという苦い必然から免れさせたということは、我らにとって大いなる喜びである。これに加えて、ローマ人民は、その支配の初めから奴隷よりは友人を求めることの方がより良いとみなしてきたのであり、また強いられた者たちよりも進んで従う者たちを統治する方がより安全であると考えてきた。貴君にとっては全く我らとの友好よりも有利な友好は一つもない。なぜなら第一に、我々は遠く離れた所にいるので、その分、軋轢《あつれき》は最小であり、恩恵は我々が近くにいる場合と等しいからであり、第二に、我々は臣下は豊富に持っているが、我々にとっても他の誰にとっても友人はこれで充分ということはないからである。全くもし貴君が最初からその意向であったのであったなら！　貴君が今この時までにローマ人民から受けたはずの利益は、貴君が現に蒙った被害よりもはるかに大きかったであろうに。しかし人間界の事柄の大部分は運命の女神が支配しているのであり、貴君が我々の力と恩恵を〔ともに〕経験することが明らかに彼女の意にかなったのであるから、彼女によってそうすることを許された今こそ、急がれよ。そして歩み始めた道を進まれよ。貴君は、奉仕によって誤りをより容易に克服し得る多くの好機会を持っている。最後に、このことを貴君の胸に深く刻みたまえ。ローマ人民はいまだかつて恩恵において凌駕されたことはないということを。なぜなら戦いにおける強さは、貴君はよくご存じなのだから。」

　これに対してボックスは穏やかに慇懃《いんぎん》に応じ、同時に自分の過ちについて数語述べた。いわく、自分には敵愾心などなく、王国を守るために武器をとったのだ。なぜなら、自分が力によってそこからユグルタを追い出した部分のヌミディア(1)は、戦争の法によって自分のものとなったのであり、それがマリウスによって荒らされるのを甘受することは自分にはできなかった。さらに自分はかつてローマに使節を送ったが、友好を拒まれた(2)。しかし昔のことは措いて、もしマリウスによってそれが許されるのならまた使節を元老院に送るであろう、と。そこで機会が与えられたが、蛮人〔ボックス〕の心は友人たちによって曲げられてしまった。その友人たちをユグルタは、スッラとマンリウスの派遣を知り、準備されつつあることを恐れて、贈物によって買収してあったのである。

第一〇三章

そうしている間にマリウスは軍を冬営陣地に置いてから、軽装のコホルス部隊と騎兵の一部と共に、王の塔を包囲するため荒れ地に出発した。この塔にユグルタは全員脱走兵からなる守備隊を配置してあったのである。するとボックスは再び、二度の戦いから何が身に及んだかを思いめぐらしてか、あるいはユグルタの買収が及んでいなかった別の友人たちに忠告されてか、親戚全体の中からその信義が確かでその才能が最も優れた五人を選び出した。彼らにマリウスのもとへ、ついで、もしそれが良いと思われたならローマへ使節として赴くことを命じ、何でも裁量していかなる方法によってであれ戦争を終わらせる許可をこの人々に与えたのである。彼らはただちにローマ軍の冬営陣地に出発し、次に途中でガエトゥリー人の盗賊に囲まれて身ぐるみ剝がれ、縮み上がって不面目な有様でスッラのもとへ逃れて来た。彼を執政官(1)は遠征に出かけるにあたって指揮官《プロ・プラエトル》として残しておいたのである。彼は彼らをうさんくさい敵としては——実際そうとしか見えなかったが——扱わず、注意深く寛大に扱った。そのため蛮人たちは、ローマ人の貪欲の噂は偽りであり、またスッラのことを自分たちに対する気前の良さのゆえに友であるとも考えたのである。なぜなら当時でもなお「贈賄《ラルギティオー》」は多くの者には知られておらず、気前の良い人は皆、等しく善意でそうしているものとしか考えられず、贈物はすべて親切さからと思われていたからである。かくして彼らは財務官(2)〔スッラ〕にボックスから託された任務を打ち明け、同時に彼らの援助者、助言者として助けてくれるように乞い、彼らの王の勢力、信義、偉大さ、その他役に立ち歓心を買いやすいと思ったことを弁舌によって賞揚した。次にスッラがすべてを約束すると、彼らはマリウスに対し、また元老院においていかに話すかを教えられ、約四十日間そこで待機した。

第一〇四章

マリウスは意図していた仕事を達成せずに(1)キルタに帰り、使者たちの到来について報せを受けると、彼らとスッラに〔ウティカから〕(2)来るように命じ、同様にプラエトルのルーキウス＝ベッリエーヌス(3)にウティカから、さらには元老院身分の者すべてにあらゆる所から来るように命じ(4)、彼らと共にボックスの伝言を検討した。その中では使者たちにローマに赴く許可が与えられるように、そして執政官(5)にはその間の休戦が求められていた。スッラと大多数の者はこれに賛成であった。少数の者はより厳しく判断したが、おそらく人間界が移ろいやすく流動的で、常に逆転するのを知らないでのことであろう。しかしながらマウリー人たちはすべてのことを得て、三名はグナエウス＝オクタウィウス＝ルーソー(6)――この者は財務官として兵士の給与をアフリカに運んで来た――に導かれてローマへ出発し、二名は王のもとへ帰った。彼らからボックスは他のことにも増して特にスッラの好意と尽力のことを最も喜んで聞いた。ローマでは彼の使節たちが、王は過ちを犯した、ユグルタの悪行によって道を誤ったのだと弁解した後、友好と条約を求めたのに対し、次のような返答を受けた。

「元老院とローマ人民は好意と不正を記憶するのが常である。しかしボックスには、彼が悔いているがゆえに、過ちへの許しを与える。条約と友好は彼がそれに相当した時に与えられるであろう。」

第一〇五章

これらのことを知るとボックスは、自分のもとにスッラを派遣してくれるように、彼の裁量によって共通の関心事について相談したい、と書簡をもってマリウスに乞うた。彼〔スッラ〕は騎兵及びバレアレス人(1)の投石兵の護衛と共に送り出された。さらには、弓兵とパエリグニー人(2)の一コホルス隊も行程を急ぐために軽装兵用の武器(3)を携えて同行した。――ごく軽いものである敵の投げ槍に対しては他の武器同様これらも防備となったから。しかし、ついに行程の五日目に、ボックスの息子ウォルックスが突然、開けた平原に千人足らずの騎兵と共に姿を現した。彼らは無秩序に散開して進んで来たので、スッラにも他のすべての者にも、もっと多人数で敵対的脅威であるように思われた。そこで各員は準備を整え、武器や投げ槍を試し、身構えた。いくらかの恐怖、しかし希望の方がより大きかった。なぜなら彼らは勝利者であり、対するのは何度も打ち負かした相手であるから。その間に、偵察のために先に送られていた騎兵たちが、事態は静穏であると――事実そうであったが――告げた。

第一〇六章

ウォルックスは近づいて来ると、財務官に話しかけ、自分は父ボックスによって、彼らを出迎えると同時に護衛するために送られたのだと言った。ついでその日とその翌日、彼らは一緒になって恐怖なく進んだ。陣営が設けられ、日も暮れようという頃、突然このマウリー人は顔色を変え震えおののきながらスッラのもとに駆け込んできて、自分は斥候たちからユグルタが程遠からぬ所にいると知らされた、と言った。同時に彼は、夜のうちに密かに自分と一緒に逃げるようにと乞い、促した。こちら〔スッラ〕は勇猛心をもって、自分はかくもたびたび打ち破られたあのヌミダエ人を恐れはしないと否定した。自分の部下たちの武勇を充分信頼している、もし確実な破滅が迫っているのだとしても、自分が率いている者たちを見捨てて、恥ずべき逃亡によって、不確かでひょっとしたらまもなく病いによって滅びるかもしれない生命を保つよりは、むしろ踏みとどまるつもりだ、と。しかし、同じ者〔ウォルックス〕によって夜間に進軍することを助言されると、この計画には同意した。そしてただちに、兵士たちに食事を済ませ陣営内にできるだけ多くの火を焚き、次に第一夜警時(1)に音を立てずに出発するようにと命じた。やがて既に全員が夜の行軍に疲れ果ててしまい、スッラが日の出とともに陣営を測って区画していた時、マウリー人の騎兵たちが、ユグルタが二千パッススばかり離れた前方に陣を張っていると告げた。これを聞いた時、本当に大きな恐怖が我が軍を襲った。彼らは自分たちはウォルックスに裏切られ、伏兵に包囲されたのだと信じた。彼に手を下して報復するべきだ、彼のこれほどの悪行が復讐されずにおかれるべきではない、と言う者たちもいた。

第一〇七章

しかしスッラは同じように考えていたにもかかわらず、このマウリー人を危害からかばった。彼は部下たちを、強い心を保つようにと励ました。以前にもしばしば、少数の不屈の者が大軍を相手によく闘ったではないか。戦闘においては自分を惜しむことが少なければ少ないほど、それだけより安全であろう。また手に武器を持った者は誰であれ、非武装の足に救いを求めたり、恐怖の極みの中で裸の、目のない体(1)を敵に向けたりすることはふさわしくない、と。ついで彼はウォルックスに対して、この男が敵対行為を行なったがゆえに、至大のユッピテル神をボックスの悪行と背信の証人として呼び出しつつ、陣営から立ち去るように命じた。相手は涙ながらにそれらのことを信じないように乞うた。何一つ奸計によってなされたのではなく、むしろユグルタの巧妙さによるのだ。明らかに彼は探りを入れて自分の道程を知ったのだ。しかしながら彼は大軍を持っているわけではなく、彼の希望も頼みも自分の父〔ボックス〕にかかっているのだから、その息子である自分が証人として居合わせている時に、彼は公然とは何もしないと自分は信じている。それゆえ、彼の陣営の真中を堂々と通り抜けるのが一番良いと思われる。自分自身は、マウリー兵たちが先に発たされてもあるいは残されても、一人でスッラと同行するであろう、と。この案は、このような事態の中では良しとされた。そこで彼らはただちに出発し、予想外の行動であったので、ユグルタが疑いためらっている裡に、無事に通り抜けた。ついで二、三日で目的地に到着した。

第一〇八章

そこでは、アスパル(1)という名のヌミダエ人が、ボックスと大いに親密にしていた。この男は、スッラが招かれたことが伝えられた後にユグルタによって、使節として、また巧妙にボックスの意図を探り出すためにあらかじめ派遣されていたのである。さらに、マッスグラダ(2)の息子ダバルという者がいて、これはマシニッサの一族の出であり(3)、母方の出自は劣っていた——なぜなら彼女の父は妾から生まれたから——が、このマウリー人によって天性の多くの長所のゆえに愛され気に入られていた。ボックスはこの男がローマ人に忠実であるのを以前から折に触れて知っていたので、すぐに彼をスッラのもとへ送って告げさせた。自分は、ローマ人民の望むことをする用意ができている。話し合いの日時と場所を選んでほしい。またユグルタの使者(4)を恐れないでほしい。自分は、共通の利害をより自由に処理できるように故意に彼との関係を壊さずにいるのである。なぜなら他の方法ではかの男の計略に対して警戒することができなかったから、と。しかし私の信じるところによれば、ボックスは彼が公言していた理由よりはむしろポエニ的信義(5)によってこのローマ人とこのヌミダエ人を同時に平和の希望で引きとめていたのであり、ユグルタをローマ人に引き渡すか、それとも彼にスッラを引き渡すか心の中でずっと秤にかけていたのである。〔ボックスの〕欲望は我々に不利に、恐れは我々に有利に助言していたのであった。

第一〇九章

さてスッラは、自分はアスパルのいる前では少しだけ話し、残りのことは密かに、誰も立ち会わせずに、あるいは最小限の者しか立ち会わせずに、〔ボックスと〕話すことにしようと答えた。同時に彼は自分に何と返答するべきかを教えた。望んだとおりに会合した時、彼は、自分は執政官によって派遣され、汝に平和と戦争のいずれを望むか問うために来たのだと言った。すると王は、教えられていたとおりに、十日後に戻ってくるように命じた。いまだ何も決めていないが、その日に返答するであろう、と。ついで双方は各々の陣営へと別れた。しかし夜の大部分が過ぎた頃、スッラはボックスから密かに呼び出しを受けた。両者ともただ忠実な通訳たちだけを用い、それに加えて、ダバルが仲介者として同席した。これは高潔の士で双方から信頼されていた。そして王はすぐに次のように話し始めた。

第一一〇章

「この地で最大の、そして私が知るあらゆる王の中で最大の王であるこの私が、一私人に恩恵を蒙ることがあろうとは、いまだかつて考えたことがなかった。そしてヘルクレスにかけて、スッラよ、貴君を知る前には私は多くの乞い願う者たちに助力を与え、他の者たちには自分の方から助力を与え、何者の助けも必要としなかった。それが切り縮められてしまったことを、他の者なら悲しむのが常だが、私は喜ばしく思う。願わくば、私が助けを必要とするようになったことと引き換えに貴君の友情が得られんことを。我が心にとってこの友情以上に貴重なものはないのだから。その証拠に試してみるがよい。武器、人、金銭、さらには何であれ心に欲するものを取り給え、使い給え。そして君が生きている限り、決して君に恩が返され終わったとは考えぬように。私にとってはいつでも変わらぬ恩としてあるであろうから。つまるところ、君が望むことで私がそれを知りながら空しく叶えられぬことは何一つないであろう。なぜなら、私が思うに、王は気前の良さにおいて敗れるよりは戦いにおいて敗れる方が恥辱が少ないからである。

さて、貴君がその代表としてここに派遣されてきたあなた方の国家についても少し聞いてもらいたい。私はローマ人民との戦争はしていないし、しようと望んだこともない。しかし私の領土を、武装した者たちに対して武器をもって守ることはした。それすらも、あなた方の望みなのでやめることにする。あなた方の欲するようにユグルタとの戦争を行ないなさい。私は、私とミキプサの境界であったムルッカ川を越えて出ることはないし、ユグルタがそれを越えることも許さない。さらに、もし貴君が何か私にもあなた方にもふさわしいことを求めるなら、決して拒絶されて立ち去ることはないであろう。」

第一一一章

これに対してスッラは、自分のことに関しては簡潔に控え目に、平和と共通の利害については多くの言葉で論じた。最後に彼は王に対して、王が約束したようなことでは元老院とローマ人民は感謝しないであろう、なぜなら彼らは武力において優っていることを示したのだから、と明言した。彼〔ボックス〕は何か、自分自身のではなく彼ら〔ローマ人〕のためのことと見えることをしなければならない。それは彼〔ボックス〕がユグルタを意のままにできるがゆえに、一層容易である。もしこの男を彼がローマ人に引き渡したなら、〔ローマ人は〕彼に最大の借りを作ることになるだろう。友好も条約も、今、彼が求めているヌミディアの一部もその時はおのずから手に入るであろう、と。王は初め固く拒んだ。血縁関係、姻戚関係、さらには条約が障害としてある、それに加えて、もし信義をないがしろにしたら、人民の心が離れてしまうのを恐れる、彼らにとってユグルタは親しく、ローマ人は嫌われている、と。最後に何度も請われて彼は軟化し、スッラの望みに従ってすべてを行なうと約束した。一方、彼らは、平和を装うために──この平和をかのヌミダエ人〔ユグルタ〕は戦いに疲れて切望していた──役に立つと思われた事柄を取り決めた。このように計略を仕組んだ上で彼らは別れた。(1)

第一一二章

他方、王は翌日、ユグルタの使者アスパルに話しかけ、自分はダバルを通じてスッラから戦争はいくつかの条件の下で終結可能であることを知った。それゆえ、自分の王の意向を尋ねて来いと言った。彼は喜んでユグルタの陣営に出発した。次に彼〔ユグルタ〕からすべてを教え込まれて、すみやかな旅程で八日の後にはボックスの所に戻り、彼にこう告げた。ユグルタは命じられた事すべてをすることを望んでいるが、マリウスのことは信用していない。前にもしばしばローマの将軍たちと講和がなされたが無駄であった(1)。しかしもしボックスが自分たち二人の利害を考慮し、確かな平和を望むのなら、全員が一堂に会する、あたかも平和に関するものであるかのような会談が開かれるように骨折ってほしい。そしてそこで自分にスッラを引き渡してほしい。このような人物を手中に収めれば、その時には元老院か人民の命令によって条約が成るであろう。門閥貴族である人間が、本人の臆病によってではなく国家のために敵の手中に落ちたのを、そのまま残してはおかぬであろう、と。

第一一三章

これらの事をこのマウリー人〔ボックス〕は長いこと考え込んで、ついに約束した。しかしこのためらいが策略によるのか真実であったのかは我々にはわからない。だが、一般に王たちの意志というものは強くはあっても変わりやすく、しばしば矛盾しているのである。平和についての会談の日時が定められると、ボックスは一方ではスッラに、他方ではユグルタの使節に話しかけて、丁重に扱い、同じことを両者に約束した。彼らは等しく喜び、善き希望に満たされた。

しかし、会談のために定められた日の前夜、このマウリー人は友人たちを呼び出すと、すぐに意向が変わって他の者たちを立ち去らせ、一人で大いに思い悩んだと言われている。その様子も目つきも心と同様変化し、それは明らかに本人は黙っていても胸底の秘密を暴露していた。しかし最後に、彼はスッラを呼ぶように命じ、彼の望みに従ってかのヌミダエ人〔ユグルタ〕に詭計を向けた。ついでその日が来てユグルタが程遠からぬ所にいることが彼に知らされると、彼は少数の友人と我らが財務官[1]と共に、あたかも名誉ある出迎えのためであるかのように、小高い——待ち伏せしている者たちに最もよく見える——場所に進んだ。同じ場所にかのヌミダエ人が、言われたとおり、非武装で、彼に近しい者たちの大部分と共に近づくと、たちまち合図が与えられ、四方から同時に伏兵に襲いかかられた。他の者は殺され、ユグルタは縛り上げられてスッラに引き渡され[2]、彼によってマリウスのもとに連行された。

第一一四章

ちょうど同じ頃、ガリア人に対して我々の指揮官クィントゥス゠カエピオーとグナエウス゠マンリウスは戦って敗れた。(1) その恐怖に全イタリアはおののいた。この時以来、我々の時代に至るまで、ローマ人はこう考えてきた。他のすべてのことは自分たちの武勇にとっては容易であるが、ガリア人とは栄光のためではなく安寧のために戦うのだ、(2) と。しかし、ヌミディアで戦争が終結しユグルタが捕縛されてローマに連れて来られると報じられると、(3) マリウスは不在のまま執政官にされ、彼に職務管轄としてガリアを与えることが決議され、彼は一月一日(4) に大いなる栄光と共に執政官として凱旋した。そしてその時、国《キウィタス》の希望も力も彼の裡に存した。

カティリーナの陰謀

第一章

　およそ自らを他の動物に優越させようと欲するあらゆる人にとって、人生を家畜のごとく黙々と過ごしてしまわぬよう全力を挙げるのが務めである。その家畜たちを自然は、這いつくばった胃袋の奴隷として形づくったのである。しかし我々の力のすべては精神《アニムス》と肉体とに存する。我々は精神を支配のために、肉体をむしろ隷従のために用いる。一方は我らが神々と共有し、他方は獣と共有するものである。それゆえ私には、肉体的能力より天賦の才能《インゲニウム》によって栄光《グローリア》を求め、そして我らが享《う》ける生はかくも短いものであるので、我々の記憶を最大限長いものとすることが、より正しいことと思われる。何となれば、富や容姿の栄光ははかなく脆《もろ》いが、徳《ウィルトゥース》は輝かしく永遠のものであるから。(1)

　さて軍事的な事柄が成功するのは肉体の力と精神の徳のいずれによるのかという点については、大変長いこと人々の間で議論されてきた。なぜなら着手する前には思考が、熟考の後にはすみやかな行動が必要である。このように両方ともそれだけでは不足があり、一方は他方の援助を必要とするのである。

第二章

それゆえ、原初、諸王は――というのは地上における支配権《インペリウム》の名称は初めこのようであったからだが――各々別のやり方で、ある者は天賦の才能〔知性〕を、他の者は肉体を訓練したものであった。その頃でさえ人間の生はなお欲望なしに営まれていた。誰もが自分のもので満足していた。しかしその後、アシアではキュロス(1)が、ギリシアではラケダイモン人(2)とアテナイ人が諸都市と諸民族を従え始め、支配欲を戦争の原因となし、最大の栄光は最大の支配権の中にあると考えるようになった後、初めて、危険な事業を通じて戦いにおいては知性が最も役立つことが認識された。さてもし王たちと支配者たちの精神の徳が平時にも戦時と同様に健在であったなら、人間の世界はいよいよ恒常不変ということになり、様々なものが人から人へと移ったり、またすべてのものが変えられ混乱させられるのを目にすることもなかったであろう。なぜなら、支配権はそれが初めに生み出されたところの技法によって容易に維持されるのであるから。しかし労苦の代わりに怠惰が、抑制と公正の代わりに欲望と傲慢が座を占めてしまうと、行ないとともに運命も推移する。かくして支配権は常により少ししか善くない者の手から最善の者の手へと移される。

人が耕作し航海し、また建築する時、そのすべては徳に依拠する。しかるに多くの人は、食欲と眠りの虜《とりこ》となり、無学・無教養のまま、人生をまるで漂泊者(3)のように過ごしてしまった。彼らにとっては、自然に反して、肉体は快楽のために、精神は重荷となるためにあったのだ。彼らの生は死と異なるところがないと私は思う。なぜならそのどちらについても沈黙があるから。しかし全くのところ、何かの仕事に没頭し、輝かしい事績や良き技芸がもたらす名声を追求する者こそは、まことに私には、生きて命を享受している者だと思われるのである。

だが、数限りない事象のうちから自然は人によって相異なった道を指し示す。

第三章

国家《レース・プブリカ》のために善く行動することは美しく、善く語ることでさえも決して無価値ではない。平和においても戦争においても名を輝かせることは許されている。そして行動した者も他人の行為を書き記した者も多くが称賛されている。また私には、確かに事を記す者となす者に同等の栄光が帰することはないが、〔他人によって〕なされた事を書き記すのは特別に困難な事業であると思われるのである。まず第一に言葉が事実に釣り合っていなければならないし、加えて、短所を批判すると多くの人〔読者〕はそれを悪意と嫉妬によるものだと考えるからである。善き人々の大いなる徳や栄光を語る時には、誰もが自分にも容易にできることと思えば寛大な心でそれらを聞くが、それを越えれば、虚偽として、作り話だとみなすのである。

若かりし頃、私は最初多くの人と同様、熱情によって政治《レース・プブリカ》へと運んでゆかれ、そこでは多くの逆境が私を待ち受けていた。なぜなら恥を知る心や自制や徳の代わりに厚かましさ、贈賄、貪欲が勝ち誇っていたからである。それらは悪習に染まらぬ精神が退けたものの、かくも多い悪徳のただ中にあって、年齢ゆえの弱さは野心(3)によって惑わされ、その虜となっていた。そして他の人々の悪行には反対であった私を、それにもかかわらず名誉欲が、他の人々を苦しめるのと同じ不評と妬みとで悩ませたのである。

第四章

それゆえ、精神が、数多くの不幸と危難を経て安らぎ、私に残された歳月を政治から離れて過ごす決心がついた時、怠慢や無為のうちに貴重な閑暇を浪費するつもりも、また耕作や狩猟に手を染めて奴隷的な務め(1)にふけりつつ年月を送るつもりも私にはなかった。そうではなくて、悪しき野心に妨げられて果たせなかったあの目標と望みに立ち返り(2)、ローマ人民の事績を、記憶にとどめるに値すると思われるものを個別に取り上げて記述しようと決意したのである。〔この思いは〕私の精神が希望からも恐れからもまた政界の諸党派からも自由であっただけにひとしおであった。

それゆえ私は、カティリーナの陰謀(3)について可能な限り真実に即して簡潔に物語ろうと思う。なぜなら私は、この事件をその犯罪と危険の新奇さのゆえに第一級の記憶さるべき事件と考えているからである。叙述を始める前にまずこの人物の人となりについて若干の説明を加えねばならない。

第五章

ルーキウス＝カティリーナは門閥貴族《ノービリス》の一族に生まれ(1)、精神的にも肉体的にも巨大な力の持ち主であったが、しかし悪い歪んだ天分《インゲニウム》の者であった。若年の頃から彼の心にかなったのは、内戦、虐殺(2)、略奪、市民間の不和であり、これらの中で自らの青年時代を費やした。その肉体が飢餓、寒気、不眠に耐えることは誰も信じられないほどであった。精神は不敵で狡猾で変わりやすく、どんな偽装も隠蔽もお手のものであり、他人のものを渇望し自分のものは浪費し、その欲望は燃えさかっていた。雄弁の才は充分にあったが、叡智は乏しかった。すさんだ精神は常に桁はずれなもの、信じ難いもの、あまりに巨大なものを求めるのだった。その彼を、ルーキウス＝スッラの支配《ドミナーティオー》(3)の後、国家権力を手に入れたいという大きな欲望が捕えてしまった。しかも彼は至上の権力《レグヌム》(4)が自分のところに来さえすれば、いかなる手段でそれをなし遂げるかについては一顧だにしないのであった。日に日にこの精神は財産の欠乏と罪の意識によって苛立ち、凶暴となっていった。そのどちらをも、彼は先に述べたようなやり口によって増大させていたのである。これに加えて、最悪でかつ互いに相反する二つの悪徳である贅沢と貪欲とに侵された市民団《キウィタス》の退廃した習俗もまた〔彼の精神を〕刺激していた。

市民団の習俗のことを思い出す機会がきたので、過去に遡って、和戦における父祖の諸制度や、彼らがいかなる方法で国家を統治し、いかに大いなるものとして遺してくれたのか、どのように〈最善の〉最も美《うるわ》しい国家から最悪の最も恥ずべき国家へと次第に変わってしまったのかについて、少し考察するのが時宜にかなうように思われる。

第六章

私の聞いたところによれば、最初にローマ市を建設し居住したのは、アエネアスを指揮者として祖国から逃れ、住居も定まらずに流浪していたトロイア人たちであり、これにアボリギネス人が加わった(1)。これは田舎の種族で法もなく支配権を持つ者もなく、自由で束縛なき民であった。この両者が、同じ城壁の中に集った後、〔本来〕種族を異にし、言葉も違い、各々別の習俗で暮らしていたのに、いかに容易に合体したかは、語るにも信じ難いほどである。〈かくして、ばらばらのさすらいの群集は、短期間に協和《コンコルディア》によって市民団となった。〉(2)しかし彼らの国家が市民数も制度も領土も増大して、充分に繁栄し充分に強力に見えるようになると、人間世界の常に従って、この富裕さから嫉妬が生じた。かくして近隣の諸王・諸族(3)は戦いをしかけ、友邦の中で援助する者はわずかであった。なぜなら他の者たちは恐怖に怯えて、危険から遠ざかっていたからである。しかしローマ人たちは国内でも戦場でも全力を注いで急ぎ、戦いに備え、互いに励まし合って、敵を迎え撃ち、自由と祖国と親たちとを武器によって守った。その後、危険が武勇によって退けられると、彼らは同盟国と友邦に助力を与え、恩恵を受けることよりも与えることによって友好関係《アミーキティア》を築いた。彼らは支配権を法の基礎の上に置き、その支配の名は王政であった。(4)肉体は老齢のゆえに弱く、知性は叡智のゆえに強壮な、選ばれた者たちが国政に助言した。(5)彼らはその年齢のためか仕事の類似のために「父たち《パトレス》」と呼ばれていた。当初は自由を擁護し、国家を拡大させるべく存在した王による支配が、後に傲慢と専制へと変わった時、慣習は変更され、(6)一年ごとの支配権と年二名の支配者《インペラートル》(7)とが設けられた。彼らは、こうすることによって人の心が無制限の権能のために高ぶることを防げる(8)と考えていたのである。

第七章

さて、この時〔王の追放以降〕、誰もがますます自尊心を高め始め、天賦の才能《インゲニウム》を顕示し始めた。なぜなら王たちにとっては善人の方が悪人よりも疑わしく、他人の美徳は常に恐怖の的だったからである(1)。しかし市民団は自由を獲得するやいなや、信じ難いほど短時日のうちに強大となった。栄光への渇望はそれほど大きかったのである。若者たちは戦争に耐えられる歳になると同時に、戦陣において労苦の末に軍務を学び、娼婦や宴会よりも美々しい武器や軍馬に喜びを覚えるようになるのだった。それゆえ、このような人々にとっては、いかなる労苦も慣れないものではなく、どんな土地も荒れ地ならず険阻ならず、武装したどんな敵も恐怖を起こさせはしなかった。武勇がすべてを従えた。いや、栄光をめぐる最大の闘争は彼ら、お互い同士の間にあったのである。誰もが先に敵を倒し、城壁によじ登り、そうした事をしているところを人に見られるように、と競い合った。これこそが富であり、これこそが名声であり、大いなる名望であると彼らは考えた。称賛には貪欲であり、金銭には大まかであった。彼らは大いなる栄光、正しい富をこそ求めたのである。いかなる戦場でローマ人民が少数の手勢をもって敵の大軍を蹴散らしたか、どんな天然の要害の都市を攻め取ったか、物語ることもできるのであるが。——もしこのような話が我々を本来の主題からあまりに遠くまで誘い出してしまうのでなければ。

第八章

しかしながら、運命〔の女神〕《フォルトゥーナ》は現にすべてを支配する。彼女は万事を真実に基づいてというよりは気まぐれによって有名にし、また覆い隠すのである。アテナイ人たちの業績は、私が思うに、充分巨大で輝かしいものであったが、評判よりはいささか劣るものであった。しかしそこに文筆家たちの偉大な天才が現れたため[1]、アテナイ人たちの事績は最大のものとして世界中で喧伝されている。かくしてそれを行なった人々の徳は、輝かしい天才がそれを言葉の力で賞揚し得たのと同じだけ偉大なものと思われているのである。しかるにローマ人民にあってはいまだかつてこのような手段に恵まれたためしがなかった。なぜなら、最も思慮深い人々は誰もが最も多忙[2]であったからであり、誰もが肉体をもってしか天分を行使しなかったからである。最も優れた人々は皆、語るより行動することを、自分が他人の功績を語ることよりも、自分の功績が他人に称賛されることの方を選ぶのであった。

第九章

さてこのように、国内でも戦場でも良き習俗が培われていた。最大の協和と最小の貪欲とがあり、正義と善とは彼らの間では法に基づく以上に天性によって行き渡っていた。争いと不和と抗争は敵に対してなされ、市民と市民は徳をめぐって競争するのだった。彼らは神々への祈願〔のための供犠〕においては盛大であり、家庭では節倹に努め、友人には忠実であった。二つの技、すなわち戦争における大胆さと、平和がもたらされた時の公平さをもって、彼らは自己と国家とに心を配った。これらのことの最大の証拠として私は次の例を持っている。すなわち戦争においては、軍旗を遺棄したり、撃退されて場所を明け渡したりしたために罰せられることよりも、命令に逆らって敵を攻撃したり、呼び戻されたのに戦闘から帰るのが遅れたりしたために罰せられることの方がよりしばしばであった(1)。平和時においては、彼らは恐怖よりは温情によって支配権を行使し、不法行為を受けても復讐するよりは赦す方を選んだ。

第一〇章

しかし労苦と正義によって国家が成長し、大王たちが戦争によって平定され(1)、猛き諸民族と強大な諸国民が武力で従えられ、ローマの支配権《インペリウム》の好敵手たるカルタゴが根絶され(2)、全海洋と全大陸が扉を開いた時、運命は狂乱し始め、すべてを混乱に陥れ始めた(3)。労苦にも危険にも、不安で絶望的な事態にも容易に耐えた人々にとって、閑暇と富とは、他の場合なら望むべきものなのに、重荷とも災いの元ともなったのであった。かくして、まず金銭欲が、次に支配欲が増大した。これらはあたかもあらゆる害悪の原料であったかのようであった。なぜなら、貪欲は信義、廉潔、その他諸々の善い性質を覆し、それらの代わりに尊大、残忍さ、神々の無視、すべてを売り物とみなすことを教えたのである。野心は多くの人間に偽りを強制し、あることは胸にたたみ別のことを舌先に乗せることを、友情と敵意とを事実に従ってではなく自らの利益に従って評価することを、内面よりも見かけを良くすることを強いた。これらは初めは徐々に増大し、時には罰せられもしたのだが、後に感染がまるで疫病のように襲来すると、市民団は一変し、支配権は最も正しく最も善きものから、残忍で耐え難いものに成り果てたのである。

第一一章

しかし初めのうちは貪欲よりもむしろ野心が人々の心を駆り立てていた。だがこれは悪徳とはいっても美徳に近いものであった。なぜなら善人も怠け者も等しく栄光と名誉と支配権を求めるが、前者は真の道を進むのに対し、後者は良き技芸を欠くがゆえにたくらみと欺瞞に訴えるのだからである。貪欲は金銭欲を含むが、賢者は誰一人こんなものを求めたためしはない。それ〔貪欲〕はまるで猛毒に浸されたもののように雄々しい肉体も心をもめめしくし、常に際限がなく、〈また〉飽くことを知らず、多量さによっても不足によっても弱められることがない。しかしルーキウス＝スッラが武力によって政権を獲得し(1)、良い始まりから悪い結果をもたらした後、すべての人が奪い、かすめ取った。

ある者は家を、他の者は土地を欲しがり、この勝利者たちには何の限度も抑制もなく、同胞市民に対して恐るべき残虐行為を行なったのである。(2) これに加えてルーキウス＝スッラが、彼がアシアで率いていた軍隊を、(3) 自分に対して忠誠であるように、父祖の遺風に反して贅沢にあまりにも自由気ままにさせていたということがあった。快適な魅惑の土地は閑暇のうちに易々と猛き兵士らの心を柔らかくした。ここでローマ人民の軍隊は初めて愛欲と飲酒とになじみ、彫像、絵画、浮き彫りのある器(4)への嘆賞を知り、それらを公私の別なく奪い取り、聖域を略奪し、聖俗のすべてを冒瀆することを覚えた。(5) それゆえこれらの兵士たちは勝利を得た後、敗者に一物も残さなかったのである。実際、順境は賢者の心をも弱らせる。どうしてこれらの堕落した習慣の者たちが勝利において自己を抑制しただろうか。

第一二章

富が名誉となり始め、栄光、支配権《インペリウム》(1)、権力《ポテンティア》(2)もこれにつき従うようになると、徳は色あせ、貧しさは恥辱と考えられ、潔白さは悪意とみなされ始めた。こうして富の結果、贅沢と貪欲が傲慢とともに若者を侵食した。彼らは奪い、使い尽くし、自分の物は軽率に浪費した挙句、他人の物を望み、慎みも貞潔も、聖俗の別なくなにものをも尊重せず手加減しなかった。家屋や別荘が都市的規模で建てられているのを目にしている今、最も信仰厚き人々である我々の祖先が造った神々の神殿を訪れるのは、行なうに値する仕事である。まことに彼らは神々の聖所を敬虔さで、自分たちの家は栄光〔のみ〕で飾ったものであり、敗北した者たち〔被征服民〕からは不正を行なう自由《リケンティア》の他は何一つ奪わなかったものである。これとは反対にこの最も怠惰な者たちは極悪非道にも、最も勇敢な人々が勝利者として〔奪わずに〕残しておいたものをすべて同盟諸国《ソキイ》(3)から奪い去った――あたかも不正を加えない限り支配権を行使したことにはならないかのように。

第一三章

だがどうして私は、それを目撃した者以外は信じられないようなこと(1)――幾人もの私人によって山々が切り崩され海が建物で覆われたというようなことを語らねばならないだろうか。これらの人々にとっては富は阮具でしかなかったのだと私には思える。なぜならば彼らはそれを立派に持っていることもできたのに、下劣にも急いで蕩尽してしまうのだったから。しかし恥ずべき愛欲や美食やら、その他の気晴らしへの欲望も負けず劣らず襲いかかった。男たちは女のすることを平気でし、(2) 女たちは貞潔を公然と売りに出した。彼らは食のためにあらゆるものを陸と海とで求め、眠気が来る前に寝に就き、空腹も渇きも、また寒さも疲労も待たないで、放縦によってこれらすべてに先回りした。(3) 若者たちを、家産が尽きてしまうが早いか犯罪へと駆り立てたのはこうしたことどもだった。悪行に染まった精神には諸々の欲望を控えることは容易ではなく、それゆえますます激しく獲得と蕩尽のためのあらゆる手段に身を委ねてしまったのである。

第一四章

これほど巨大な、ここまで堕落しきった市民団《キウィタス》の中で、カティリーナは——容易に可能なことではあるが——あらゆる破廉恥漢と犯罪者の群れに、まるで従者のように自分の回りを取り巻かせていた。なぜなら、誰であれ恥知らずで放蕩者で大食漢(1)であって、手すさび〔賭事〕と胃袋と肉欲によって世襲財産を蕩尽してしまった者、また非行と犯罪の賠償のために多額の借金をこしらえた者、さらに、あらゆる所から集まった、親殺し[2]と神聖冒瀆の罪で法廷に有罪を宣告された、あるいは宣告されることを恐れているすべての者、さらに加えて、その人々の手と舌が、市民の血と偽証によって当人たちを養なっている人々、最後に、およそ非行や貧窮や悪の意識にまとわりつかれているすべての者――こういう者たちはカティリーナに最も近く親しい者であったからである。実際、たとえ誰か罪なき人が彼との友情に陥ったとしても、日常の親交と誘惑のために簡単に彼らと同じか似たような者に成り果ててしまうのであった。しかしながら彼は若い人たちとの親交を最も求めた。彼らの柔らかくも変化を受けやすい心はたくらみによって難なく捕えられた。すなわち彼は、年齢によってそれぞれ熱中する対象が違うのに応じて、そのある者たちには娼婦を与え、ある者たちには犬や馬を買い与え、要するに彼らを自分に従わせ忠実にさせておける限り、いかなる費用をも自らの慎みをも〔投げ出して〕惜しまないのだった。カティリーナの家に出入りしている若者たちがほとんど貞潔を正しく保っていなかったと考える人[3]が少なくなかったことを私は知っている。しかしこの噂が行き渡っていたのは、誰かがその真実性を確かめたからというより、むしろ別の原因によるのであるが[4]。

第一五章

早くも青年期からカティリーナは、門閥貴族の乙女やウェスタの巫女[1]との多くの厭うべき交わりや、その他これに類する法にも宗教にも反した行為を行なっていた。最後にアウレリア＝オレスティッラ[2]の愛の虜となったが、この婦人については正しい人は、その美貌以外何一つ誉めたためしがない。彼女がもう大人になっていた継子を恐れて彼との結婚をためらったので、彼はこの息子を殺して邪《よこしま》な婚姻のために家を空にしたのだと確信をもって信じられている[3]。私にはこの事実こそが彼が犯行を急ぐことになった主要な理由の一つであったと思われるのである。なぜなら、神々にも人間にも逆らって汚れてしまった精神は寝ても醒めても休むことができず、かくて〔罪の〕意識はおののく心《メンス》を荒廃させたからである。それゆえ顔色は血の気がなく、目つきは恐ろしく、歩みはある時はせわしなくある時はのろのろとしていたのだった。要するにその顔にも面差しにも狂気があった。

第一六章

さて、先に述べたようにして誘惑した青年たちに、彼は様々な手管《てくだ》で悪行を教え込んだものである。彼らの中から彼は偽証者、偽の捺印者を調達し、(1)〔彼らの〕信義も運命も危険(2)も軽く扱わせた。彼らの評判と廉恥心を損なってしまった後で、彼は彼らにより大きな犯罪を命じるのだった。もし罪を犯す理由がさしあたって見あたらなくても、彼は罪なき人を罪人のごとく包囲して喉を掻き切った。(3)それは明らかに閑暇によって手や精神が鈍らぬよう、むしろ無目的にでも悪辣で残忍にしていたのである。

これらの友や一味に信を置いたカティリーナは、全土を通じて借金が莫大なものとなっていたため、(4)また同時に、スッラの兵士たちの大部分が自分の財産を蕩尽してしまい、昔の略奪と勝利を記憶しているがゆえに内乱を渇望していたため、(5)国家転覆の計画にとりかかった。イタリアには軍隊がいなかった。(6)グナエウス＝ポンペイウスは遠隔の地で戦争していた。(7)執政官職《コンスル》を求める彼〔カティリーナ〕にとっては大いなる希望があった。(8)元老院は少しも警戒していなかった――すべては安全で静穏であった。そしてこれはカティリーナには絶好の機会であった。

第一七章

かくして、ルーキウス＝カエサル[1]とガイウス＝フィグルス[2]が執政官であった年[3]の六月朔日の頃、彼〔カティリーナ〕は初めは一人ずつに声をかけ、ある者を励まし、ある者を誘い、自分の資力を、国家の無防備さを、陰謀の巨大な報酬を示した。知りたかったこと〔一同の意向〕が充分に確かめられると、彼は最も必要に迫られた最も大胆な人々全員を一箇所に呼び集めた。そこには、元老院身分[4]のプブリウス＝レントゥルス＝スーラ[5]、プブリウス＝アウトゥロニウス[6]、ルーキウス＝カッシウス＝ロンギヌス[7]、ガイウス＝ケテーグス[8]、セルウィウス＝スッラの二子プブリウスとセルウィウス[9]、ルーキウス＝ワルグンテイウス[10]、クィントゥス＝アンニウス[11]、マルクス＝ポルキウス＝ラエカ[12]、ルーキウス＝ベスティア[13]、クィントゥス＝クリウス[14]、また騎士身分[15]からマルクス＝フルウィウス＝ノビリオル[16]、ルーキウス＝スタティリウス[17]、プブリウス＝ガビーニウス＝カピトー[18]、ガイウス＝コルネリウス[19]、さらに加えて植民市《コロニア》や自治市《ムニキピウム》[20]から在郷の貴族《ドミー・ノービレス》である多くの者が参集した。その他にももう少し秘密にこの計画に参加した少なからぬ門閥貴族たちがあった。彼らを駆り立てたのは貧困やその他の必要というよりは支配《ドミナーティオー》への望みであった。それ以外にも若者の大部分が——とはいっても特に門閥の若者が——カティリーナの企てに賛成していた。彼らには閑暇の中で贅沢にもまた優雅にも暮らしていくだけの資力があったのだが、確実なものよりも不確実なものを、平和よりも戦いを好んだのである。なお、当時、マルクス＝リキニウス＝クラッスス(21)がこの計画を知らないわけではなかったのだと信じる人々もいた。すなわち、彼の宿敵グナエウス＝ポンペイウスが大軍を指揮していたので(22)、彼はその権勢に対抗する力ならどんな力であれ出現することを望んでいた、また同時に、もし陰謀が成功したら自分は容易に彼らの中で第一人者になれると確信していた、というのである。

第一八章

しかし、これ以前にも少数の者が国家《レース・プブリカ》に対して陰謀を企てたことがあり、その中にカティリーナもいた(1)。この件について私は可能な限り真実に語るであろう。ルーキウス＝トゥッルスとマーニウス＝レピドゥスが執政官であった年[2]、次期の執政官に選出されていたプブリウス＝アウトゥロニウス[3]とプブリウス＝スッラ[4]は選挙買収に関する法によって訴追され、罰を受けた[5]。少し後、不当搾取財返還訴訟の被告であったカティリーナ[6]は、規定の日数の間に[7]立候補[8]を申し出ることができなかったので、執政官職を求めることを妨げられた。同じ頃、グナエウス＝ピーソー[9]という門閥の青年がいて、向こうみずそのもので、貧しく、党派的であったが、その彼を窮乏と悪しき習慣とが国家壊乱へと駆り立てていた。カティリーナとアウトゥロニウス[10]はこの男と共に、十二月五日頃、計画を共有し合って、一月一日[11]にカピトリウムにおいて執政官ルーキウス＝コッタとルーキウス＝トルクァートゥスを殺すこと、彼らがファスケス〔束桿《そっかん》〕[12]を握り、ピーソーを両ヒスパニア[13]掌握のために軍隊と共に派遣することを準備し始めた。事が発覚すると彼らは新たに殺害計画を二月五日[14]に延期した。その時には既に、執政官たちだけではなく大多数の元老院議員への危害を計画していたのである。もしカティリーナが元老院議場《クーリア》の前で仲間に合図を送るのに早まらなかったなら[15]、その日、都市ローマ建設以来最悪の行為が実行されるところであった。というのは、まだ武器を持った者の多数が集まっていなかったので、それが計画を挫折させたのである。

第一九章

その後ピーソーはクラッススの骨折りで、近い方のヒスパニア〔ヒスパニア・キテリオル〕に、プラエトル相当の財務官《クアエストル》として派遣された。〔クラッススは〕彼がグナエウス＝ポンペイウスの危険な敵であることを知っていたからである。しかし元老院も嫌々この職務管轄《プロウィンキア》を与えたわけではなかった(1)。これはこの汚らわしい人物が国家から遠くにいることを望んだからであり、同時にまた多くの良き人士たち(2)が彼を防御物と考えていたからである。当時既にポンペイウスの権力は恐るべきものであった(3)。しかしこのピーソーは属州《プロウィンキア》で行軍中に、彼がその軍中に率いていたヒスパニア人の騎兵たちによって殺された。この蛮人たちは彼の不正な、傲慢な、残酷な支配に耐えられなかったのだと言う人々もいる。しかし他の人は次のように言う。この騎兵たちはグナエウス＝ポンペイウスの昔からの忠実な庇護民《クリエンテス》であって(4)、彼の意思によってピーソーを襲ったのである、ヒスパニア人はこの時以外には決してこんな事をしたことはなく、それまでにも多くの残酷な支配(5)に耐えてきたのである、と。我々はこの問題を未解決のまま残しておこう。

先行の陰謀については充分に語り終えた。

第二〇章

カティリーナは、先に述べた者たちが集まったのを見ると(1)、個々人とは何度も多く語り合ってきたのであるが、全体に対しても呼びかけて激励した方が良いと考えて、建物の隠れた部分に引き下がり、すべての目撃者を遠ざけた上で、次のような演説を行なった。

「もし諸君の武勇と忠誠とを私が既に試してあるのでなかったなら、この好機も空しく潰《つい》えたであろう。大いなる希望も権力も手の中で空しくなったであろうし、私も臆病者やあてにならぬ者たちに頼って、確かなものの代わりに不確かなものをつかもうとはしなかったであろう。しかし数多くの大きな困難に際して諸君が勇敢で私に忠実なのを知ったので、私の心は最も大きな最も美しい行為に着手する用意ができている。それはまた同時に私にとって善であるもの悪であるものが、諸君にとっても同じであるのを知ったからでもある。なぜなら同じものを欲し、同じものを嫌うことこそが、固い友情《アミーキティア》だからである。

さて、私が心に思い描いていることは、諸君は全員、個別に聞いたことがある。しかし、もし我々が自ら自由を要求しないなら生活の状態が一体どうなっていくのかを考える時、私の心は日々一層燃えさかるのである。なぜなら国家が少数の有力者の裁定と指図に屈服してしまって以来、王たちや四分王《テトラルカエ》(2)たちが貢納し、(3)諸国民《ポプリー》や諸民族《ナティオーネス》(4)が税を払うのは常に彼らに対してである。我ら、残りの者はすべて、活発な者も善き者《ボニー》も著名人《ノービレス》も無名の者も、皆民衆《ウルグス》となってしまい、影響力も権威もなく、もし国家が健在であったなら我らを恐れてしかるべき者どもに隷従しているのである。こうしてすべての影響力、権力、公職、富は彼らか彼らがそうあれと望む者たちのものとなり、我々には危難、敗北、(5)判決、困窮が残された。おお、最も勇敢なる諸君、諸君はいつまでこんなことに耐えていくのか?　惨めで不名誉な生を、他人の嘲りの的になった挙句に、恥辱のうちに失うよりは、勇敢に死ぬ方が勝《まさ》っているのではないか?　しかし実際、神々と人間の信義にかけて言うが、勝利は確かに我々の手中にある。齢《よわい》は盛りで精神も強い。反対に、彼らの方は、年齢と富のゆえにすべてが衰えている。ただとりかかりさえすればよいのだ。他のことはおのずからなる様になっていく。全く、男子の気概を持つ者の誰が耐えられるだろうか？　彼らには富があり余って、それを彼らは海に〔建物を〕築き山々を平らにするために注ぎ込んでいるというのに(6)、我々には必需品のための家産さえ欠乏しているのを？　彼らは二つかそれ以上の邸を建て連ねているのに、我々には家庭の炉辺《ラール・ファミリアーリス》すらどこにもないのを？(7)　彼らは絵画を、彫像を、浮き彫り〔のある器〕を買い、新しい家を打ちこわして別のものを建て、要するにあらゆる手段で金《かね》を無駄にし、浪費するが、物欲の限りを尽くしても自らの富を凌ぐことはできない。他方、我らには、家には欠乏が、戸の外には借金があり、現状は悪く、展望はさらに過酷である。要するに我々には哀れな生命以外、何が残されているであろうか？

ではどうして目覚めないのか？　見よ、目の前には諸君が何度も願ったあの自由《リーベルタス》がある。そして富も名誉も栄光も置かれてあるのだ。運命の女神はこのすべてを勝利を収めた者たちに褒美として差し出している。私の演説以上に状況が、時節が、危機が、欠乏が、そして戦いの巨大な戦利品が諸君を鼓舞している。私を将軍としてであれ一兵卒としてであれ使いたまえ。身も心も諸君から離れはしないだろう。まさにこれらのことを私は諸君と共に執政官として実行したいと願っている。もし私が思い違いをしていて、諸君が命令するよりも隷従することに満足しているのでないのなら。」

第二一章

あらゆる不幸がいやというほどあって、いかなる手段も良い展望もない人々は、これを聞くと、彼らにとっては静穏をかき乱すこと自体が大いなる報酬だと思われはしたが、多くの者が、戦いの状況はどうなるであろうか、武力によってどんな賞品を求めるのか、どんな援助と希望がいずこにあるのかを指し示してくれるよう要求した。するとカティリーナは、借金の帳消し〔借金の証文の書き換え〕、富裕者の追放〔財産没収〕、政務官職、神官職[1]、略奪、その他戦争と勝者の放縦がもたらすすべてのことを約束した。さらに加えて、近い方のヒスパニア〔ヒスパニア・キテリオル〕にはピーソーが、マウレタニアにはプブリウス＝シッティウス＝ヌケリーヌス[2]が軍と共にあり、この二人は自分の計画の仲間であるし、ガイウス＝アントニウス[3]が執政官職に立候補しているが、この人が自分の同僚となるように望んでいる、この人は自分と親しく、またあらゆる困窮に取り囲まれている、彼と共に自分は執政官として仕事を始めるつもりだ、と。その上に悪口雑言をもってすべての良き人士を罵り、味方の一人一人を名を挙げて称賛した。ある者には貧窮を、ある者には自分の熱望を、何人かには危難〔訴訟〕と恥辱を、また多くの者にはスッラの勝利を思い出させたが、彼らにとってはそれはかの戦利品の源なのだった。全員の精神が奮い立ったのを見届けると、彼は自身の立候補を心に留めるように訴えて、会を解散した。

第二二章

当時、次のように言う人々がいた。カティリーナは演説の後、自分の犯罪の仲間たちに誓約を強いる際、人体の血を葡萄酒と混ぜたものを皿に入れて回した(1)。そして厳粛な儀式において習いとなっているように、呪詛(2)の後、全員がそれを味わった時、自らの計画を打ち明けた。これは、これほどの悪事の自覚を共有することによって彼らが互いにより忠実になるようにと、そうしたのだ、というのである。別の何人かは、この話や他の多くの話は、後に生じたキケロ(3)への敵意を(4)、罰を受けた者たちの犯罪のすさまじさによってやわらげ得ると信じた人々による創作だと考えた。我々にはこの件は、事の重大性に比してわずかしか知られていない。

第二三章

　ところで、この陰謀の一味にクィントゥス＝クリウス(1)がいた。彼は決して卑しい生まれではなかったが、非行と犯罪に埋もれ、監察官《ケンソル》(2)たちは彼を不品行のゆえに元老院から追放していた。この男には大胆さとそれに劣らぬ虚妄があり、聞いたことを黙っていず、自分自身の犯罪すら隠さず、さらには言うことにもすることにも全く無頓着なのだった。彼には門閥の婦人フルウィア(3)との間に昔からの不義の関係があった。手元不如意のゆえに気前良く浪費できなくなって彼女の愛も冷めかけていたところ、突然、自慢気に海をも山をも与えようと約束し始め、彼女が自分に従わないと剣で脅しさえし、要するに以前よりも、より粗暴に振舞うようになった。しかしフルウィアは、クリウスの傲岸不遜の原因を知ると、これほどの国家の危険を隠してはおかず、ただし誰から聞いたかは伏せて、カティリーナの陰謀について知ったことを聞いたとおりに複数の人々に話した。

　マルクス＝トゥッリウス＝キケロに執政官職を委ねようという人々の熱情に火を付けたのは、主としてこのことであった。というのは、これ以前は、大部分の門閥層《ノービリタス》(4)は嫉妬に燃えており、もしこの地位がたとえ優れた人だろうと「新人《ホモ・ノウス》」(5)の手に落ちるなら執政官職が汚されると信じていたのである。しかし危険が迫った時、嫉妬と傲慢は後ろに退いた。

第二四章

こうして民会《コミティア》が開かれて、マルクス＝トゥッリウス〔＝キケロ〕とガイウス＝アントニウスが執政官に選ばれた(1)。このことは最初、陰謀の一味に衝撃を与えた。しかしカティリーナの狂乱はおさまらず、日に日に、より多くを企てた。武器をイタリア中の要所要所に備え、彼自身か友人たちの信用で借りた金をファエスラエ(2)のマンリウス(3)なる人物に届けた。この男は後に最初に戦端を開いた者となった。その頃には彼〔カティリーナ〕はあらゆる種類の多数の男を味方につけていたといわれる――それに何人かの婦人さえも。彼女たちは初め、莫大な出費を売春によって支えていたのだが、後に年齢が彼女たちの浪費癖にではなくて収入にだけ制限を加えた時、借金が大いに嵩んだのである。カティリーナは彼女たちを通じて〔ローマ〕市内の奴隷たちをそそのかし、市に放火することもできる、彼女たちの夫を味方にするか、さもなくば始末することもできる、と信じた。

第二五章

さて、その女たちの中にセンプローニア(1)がおり、彼女はしばしば男のように大胆な所業を沢山やってのけていた。この婦人は生まれも容姿も、さらに夫にも子供たちにも充分恵まれていた。ギリシア、ラテンの文学に通じ、良家の子女に必要である以上に優美に琴を奏でたり踊ったりすることができ、その他にも、贅沢の小道具である多くのことを身につけていた。しかし彼女は常に、何よりも品位と貞潔を軽んじた。彼女が投げ捨てて顧みなかったのが金銭なのか評判なのかは容易に判別し難いであろう。その欲情は燃えさかり、男に言い寄られるよりも頻繁に彼女の方から求めるほどであった。また、これ以前にも、彼女はしばしば、信義を投げ捨て、借金の誓約を破り、殺人に関わったこともあった。贅沢と窮乏のために真っ逆さまに転落していたのである。しかし彼女の天分はなかなか、つまらぬものではなかった。詩を作ることも、警句を発することもでき、あるいは慎ましく、あるいはもの柔らかに、あるいは奔放に言葉をあやつることもできた。要するに非常に機知に富み魅力があったのである。

第二六章

これらの準備が整うと、それにもかかわらずカティリーナは、自分が次期執政官に選ばれれば思いのままにアントニウスを使うことが容易になるとの望みを抱いて、またもや翌年の執政官職[1]に立候補した。またその間も彼はおとなしくしていないで、あらゆる手段を講じてキケロに計略をしかけた[2]。しかしこちら〔キケロ〕にもそれを防ぐ巧知やたくらみが欠けてはいなかった。なぜなら彼は、その執政官就任の当初から、フルウィアを介して多くの約束をして、先述のクィントゥス＝クリウスがカティリーナの計画を自分に知らせるようにしてあったのである。その上彼は〔執政官在任の翌年に管轄することになっている〕属州を譲るとの協定によって[3]、同僚のアントニウスが国家に敵対する考えを起こさないように仕向け、自分の周囲には密かに、友人たちと庇護民からなる警護隊を設けていた。〔選挙〕民会の日が来て、カティリーナが立候補して求めた地位も、マルスの野で執政官たちにしかけた待ち伏せも期待はずれに終わった後[4]、彼〔カティリーナ」は戦争に訴えて究極のすべてを試みることを決意した。なぜなら彼が密かにやってみたことはみな、失望と不面目に終わったからである。

第二七章

そこで彼は、ガイウス＝マンリウスをファエスラエとその近郊のエトルリアへ、カメリヌムのセプティミウスなる者[1]をピケーヌム[2]の地へ、ガイウス＝ユリウス[3]をアプリア[4]へ派遣し、さらに他にも、どこであれ自分にとって役に立つだろうと思った場所へ別の人々を送った。その間、ローマにおいても同時に多くのことに努めた。執政官たち[5]に罠をしかけ、放火の準備をし、要所要所に武装した者たちを配置した。彼自身、武器を帯び、他の人々にも同様にするよう命じ、常に警戒して備えているように励まし、昼も夜もことを急ぎ、夜を徹した。そして不眠によっても労苦によっても疲れるということがなかった。ついに、大いに行動したのに何の成果もないので、彼は再び深夜、陰謀の首謀者たちをマルクス＝ポルキウス＝ラエカの家に招集した[6]。そこで、彼らの怠慢を大いに嘆きつつ、自分が既にマンリウスを、武器をとらせるべく用意しておいたあの大群衆に向かって先発させたこと、同様にいろいろな人を別々の好都合な場所へ戦争を開始させるべく送ったこと、自分も、もしまず始めにキケロを押さえたなら、軍勢のもとへ出発したいと思っていること、なぜならこの男が自分の計画の大きな障害になっているから、などと教えた。

第二八章

すると、他の人々が恐れためらう中で、ローマの騎士、ガイウス＝コルネリウスが助力を約束し、彼と共に元老院議員のルーキウス＝ワルグンテイウス[1]が、その夜少し後に[2]、武装した者たちを連れて、挨拶のための訪問のようにしてキケロの家に入り込み、自宅で無警戒でいるところを突然刺し殺すという決意を固めた。クリウスはどれほどの危険が執政官に迫っているかを知ると、急ぎフルウィアを通じてキケロに、準備されている詭計を打ち明けた。こうして彼ら〔暗殺者たち〕は戸口で阻止され、これほどの凶行の企ても空しく終わったのである。

この間マンリウスはエトルリアで平民を扇動していた。彼らはスッラの支配下で土地も財産もすべてなくしていたので、窮乏と、同時にまた不正への憤りのゆえに革命《レース・ノウァエ》を望んでいた。さらに、その地方に大勢いた各種の盗賊や、スッラによって植民された者の何人かをも扇動した。この植民者たちには、欲望と浪費のせいで、莫大な略奪品のうちもう何一つ残っていなかったのである。

第二九章

これらのことがキケロに告げられた時、彼は二重の危難に動転して——というのは個人的判断でこれ以上、都市〔ローマ〕をこれらの計略から守ることは不可能であったし、またマンリウスの軍勢の規模もどんな計画なのかも充分にはわかっていなかったから——既に民衆の噂の的であったこの件を元老院に諮った(1)。そこで、厳しい事態の際しばしばなされたように、元老院は、執政官たちが国家《レース・プブリカ》がいかなる損害も蒙らぬよう努力するべきであると決議した(2)。この権限《ポテスタス》はローマの慣習によれば、元老院を通じて政務官《マギストラートゥス》に至上のものとして授けられる。軍隊を準備すること、戦争を遂行すること、あらゆる方法で同盟国と〔ローマ〕市民に強制力(3)を行使すること、国内《ドミー》〔ローマ市壁内〕と戦地《ミーリティアエ》〔ローマ市の外〕における至高の命令権《インペリウム》と裁判権《ユーディキウム》を持つこと〔がそれである〕。これ以外の場合には、(4)人民《ポプルス》〔民会〕の命令によるのでなければ執政官にはこれらのうちのどの一つの権利《ユース》もないのである(5)。

第三〇章

数日後、元老院議員ルーキウス＝サエニウス(1)が元老院において、ファエスラエから自分に届けられたものだと言って手紙を読み上げたが、その中にはガイウス＝マンリウスが十月二十七日(2)に大軍をもって武装蜂起したと書かれていた。同時に、このような場合いつもそうであるように、ある者は前兆や怪異現象を告げ、他の者は集会がなされたとか、武器が運ばれたとか、カプアとアプリア(3)で奴隷戦争が起こったとか告げるのであった。そこで元老院の決議によって、クィントゥス＝マルキウス＝レックス(4)はファエスラエに、クィントゥス＝メテッルス＝クレティクス(5)はアプリアとその周辺地域に派遣された――この両人は、正しいことも恥ずべきこともすべて金次第である少数の者たちの誣告によって、凱旋式を挙行することを妨げられ、ローマ市の門前に「大将軍《インペラートル》」のままいたのである[6]——。またプラエトルであるクィントゥス＝ポンペイウス＝ルフス[7]はカプアに、クィントゥス＝メテッルス＝ケレル[8]はピケーヌムの地に派遣され、彼らには時機と危険に応じて軍を編制することが認められた。さらに、もし誰かが国家に対してなされた陰謀について通報したなら、報酬として、もし奴隷ならば自由と十万セステルティウスを、もし自由人ならばその件についての免罪と二十万セステルティウスを与えると定め、同時に剣闘士の集団がカプアやその他の自治市《ムニキピウム》に各都市の能力に応じて配分されるように[9]、またローマでは全市で夜警が配置され、それを下級の諸政務官[10]が統括するように定めた。

第三一章

これらのことによって社会全体《キウィタス》は震撼し、ローマ市の様相は一変した。長い平和がもたらしたこの上ない喜びと陽気さの中から、突然すべてにわたる悲しみが襲った。人々は慌てふためき、どんな場所をもどんな人をも充分には信頼せず、戦いをするでもなく平和にあるのでもなく、みな自己の恐れによって危険の度合いを計った。さらに、これまで国家の大いさのゆえに戦争の恐怖に襲われることが稀であった婦人たちは、悩み悲しみ、祈りの手を天にのべ、幼き子らの不幸を嘆き、あらゆることを問い尋ねつづけ、〈あらゆる噂に〉怯え、傲慢さや快楽もそっちのけで〈すべてにとびつき、〉自らをも祖国《パトリア》をも信用しないのだった。

しかしカティリーナの方では、〔陰謀に対する〕防衛が準備されつつあり、自身もルーキウス＝パウルス(1)によってプラウティウス法(2)で訴追されていたにもかかわらず、その残忍な精神はあの同じ企てを進めていた。ついに彼は偽装のためにか、あるいは身の潔白を証明するためにか、あたかも喧嘩を売られたのでもあるかのように、元老院にやって来た(3)。この時、執政官マルクス＝トゥッリウス〔＝キケロ〕は彼が同席していることを恐れてか、それとも怒りに駆られてか、輝かしく、また国家に有用な演説を行なった(4)。彼はそれを後に書いて公表した(5)。しかし彼が着席するとカティリーナは、すべてを偽装すべく用意していたので、視線を落とし、哀願するような声で、自分について言われたことを軽率に信じないでくれと議員たちに頼み始めた。〔自分は〕このような家から出ている、若い時からすべての良いことを将来に希望するように生活を律してきたのだ。貴族《パトリキウス》である自分——彼自身も父祖もローマ平民に最大の恩恵をなしてきたこの自分

――にとって国家の転覆が必要であり、その国家を救うのが外国生まれ《インクィリヌス》のローマの市民、マルクス＝トゥッリウスだ[6]、などとは考えないでくれ、〔と彼は言った。〕さらに他の悪口をつけ加えようとしたが、全員が騒ぎ立ち、彼を、敵だ、親殺し〔反逆者〕、と呼ばわった。すると彼は怒り狂って言った――「全く、こうも敵に取り囲まれて破滅させられるのだから、私を焼くこの火は〔何もかもの〕破壊で消してやるぞ[7]」。

第三二章

ついで彼は元老院議場から家に飛んで帰った。そこで自分でよくよく考えた末、執政官〔キケロ〕への計略はうまくいかなかったし、ローマ市は放火から徹夜の監視によって守られていることを理解したので、彼は、軍隊を増強して、軍団が召集されるより前に戦争に必要な多くのものを手に入れるのが最上の策だと考え、深夜、少数の者と共にマンリウスの陣営めざして出発した[1]。しかし彼は、ケテーグスやレントゥルスその他、その大胆さが常に準備できていることを知っていた何人かの者に、できる限りのことをして彼ら一党の勢力を固めるように、執政官への計略を急ぎ、殺人、放火、その他戦争の所業を準備するようにと指示し、彼自身はまもなく大軍と共にローマ市の門前にやって来るから、と告げた。

これらのことがローマで行なわれている間に、ガイウス＝マンリウスは、自分の手勢の中から使者たちを選び、次のような伝言を託してマルキウス＝レックスのもとに送った。

第三三章

「将軍《インペラートル》よ、神々と人間とを証人として、申し上げる。我々は武器を、祖国《パトリア》に対してとったのではなく、また他人に危険を及ぼそうとしてでもなく、ただ我らの身を不正から守るためにそうしたのである。我らは惨めにも窮乏し、金貸しどもの暴力と残忍さによって大部分の者が祖国を失い(1)、全員が名声と財産をなくしている。我々のうちの誰にも、父祖の慣習に従って、法を享受し、世襲財産を失った後にも身体の自由を確保することは許されていない(2)。金貸したちとプラエトルの残忍さ(3)はそれほどのものだったのである。あなた方の祖先は、しばしば、ローマの平民を憐れんで自らの決議によって彼らの困窮を救った。また最近では、我らの記憶するところ、借財の莫大さのゆえにすべての上流人士《ボニー》の同意によって銀〔の借金〕が銅で支払われた。(4) 平民たち自身もしばしば、あるいは支配欲に駆られ、あるいは政務官たちの傲慢さに怒って、武装して貴族たちのもとから退去した。(5) しかし我々は、支配権をも富をも求めるものではない――これらのものが人間たちの間の戦争や争いすべての原因であるのだが――。求めるのは自由である。いかなる善き人も生命とともにでなければそれ〔自由〕を手放さない。あなたと元老院に我々は請願する。どうか不幸な市民たちを顧みて、プラエトルの不公平さが奪い去った法の庇護を回復してほしい。そして我々に、どうすれば最も多く我々の血の代償を払わせて死んでゆけるだろうか、などと問う必要を課さないでほしい。」

第三四章

これに対して、クィントゥス＝マルキウス〔＝レックス〕は答えて言った――もし何か元老院に求めたいのなら、武器を放して嘆願者としてローマに赴くがよい。ローマ人民の元老院は常に寛大にして憐れみ深く、いまだかつて誰一人、そこに援助を求めて得られなかったことがない、と。

一方、カティリーナは旅の途上、ほとんどすべての執政官級の人々と貴顕の士《オプティムス》の誰彼に手紙を送った——自分は偽りの罪名に取り囲まれており、敵の党派に抗することができないので、運命に従う。マッシリアに亡命のため赴く(1)。しかしそれはそれほどの犯罪を犯した自覚があるからではなく、国家を静穏に保つため、また自分の係争から〔市民間の〕不和が起こらないようにするためである、と。これとは随分異なった手紙をクィントゥス＝カトゥルス(2)は元老院で朗読した。それはカティリーナの名で自分に宛てられたものだと彼は言っていた。以下に書き記したのがその写しである。

第三五章

「ルーキウス＝カティリーナよりクィントゥス＝カトゥルスへ。経験によって確かめられた(1)、そして私の大きな危機の際に本当に有難かったあなたの抜きんでた信義が、私の寄せるこの付託に確信を与えてくれます。それゆえ、この新たな企て(2)について私は自分を弁護しないことにしました。説明はしますが、それはいかなる罪の意識によるものでもなく、その〔説明の〕真実であることを、神かけて、あなたはきっとわかって下さるでしょう。我が労苦と勤勉の果実を奪われ(3)、威信ある地位を得られなかったので、不正と侮辱によって駆り立てられた私は、私の習慣に従って、惨めな人々の一般の大義を引き受けました。それは、私名義の借金を〔自己の〕持ちものでは返せないからではなく――たとえ他人名義の借金でも、オレスティッラの寛大さは、自分と娘の財産から充分支払ってくれるほどだったでしょう――、そうではなくて、それに値しない人たちが名誉ある公職で飾られるのを見たから、そして私が偽りの嫌疑によって遠ざけられたと感じたからなのです。この理由によって、私は残された威信を守るために、私の置かれた状況では充分名誉あるものである希望を追求したわけです。もっと書きたいのですが、私に対して武力が準備されたという報せを受けました。いまやオレスティッラを託し、あなたの信義に委ねます。あなたの子供たちの名にかけてお願いします。彼女を不正から守ってやって下さい。御機嫌よう。」

第三六章

しかし彼〔カティリーナ〕自身はアッレティウムの地のガイウス＝フラミニウス[1]のもとに数日間滞在し、以前誘っておいた近隣の人々に武器をあてがうと、ファスケス〔束桿〕その他の命令権《インペリウム》の標章とともにマンリウスの陣へと急いだ。これらのことがローマで知られると、元老院はカティリーナとマンリウスを公敵と宣言し、残りの多数の者については、頭格に関わる罪[2]で有罪とされている者は別として、その日までに武器を捨てれば罪に問われないという期限の日を定めた。さらに、執政官たちが徴兵を行なうべきこと、アントニウスが軍隊を率いて急ぎカティリーナを追討すること、キケロがローマ市の守備にあたることを決議した。

この時、ローマ人民の支配権《インペリウム》は全く悲惨さの極みにあったように私には思われる。日の昇る所から日の沈む所まですべてが武器によって征服されてこれに従属し、国内には、およそ人間が第一のものと考える閑暇と富とが満ち溢れていたというのに、頑迷な心をもって自らと国家《レース・プブリカ》を破滅させようとする市民たちがいたのである。なぜなら、二つの元老院決議(3)によっても、あれほどの大勢の中から、報酬に釣られて陰謀を暴露する者も出ず、またカティリーナの陣営から、誰一人抜け出す者もいなかったのである。病の力はそれほどひどく、あたかも疫病のように多くの市民の心を冒していたのだった。

第三七章

また、単に陰謀の加担者たちだけが乱心していたのではなく、全平民が丸ごと、革命《レース・ノウァエ》(1)への熱望のためにカティリーナの企てに賛成していた。彼らがそうしたのは全く彼らの習性に沿ったことだと思われた。というのは、社会《キウィタス》においては常に、何の財力もない者たちは、良き人士《ボニー》を妬み、悪い連中をもてはやし、古いものを憎み、新規なことを渇望し、自己の状態への嫌悪からすべてが変更されることを願うのであり、彼らは混乱や騒擾《そうじょう》にあっても苦もなく養われるのである。なぜなら、欠乏は失うところなしに維持されるから。しかしローマ市の平民は、多くの理由から本当に自暴自棄であった。まず第一に、どこであれ〔郷里において〕恥ずべき行ないや図々しさで断然人に抜きんでた者たち、同じくまた不名誉な行為によって世襲財産を失った者たち、さらにおよそ不品行や悪事のために故郷から放逐されたすべての者たちは、まるで下水溝に流れこむようにローマに合流して来ていた。次に、多くの者はスッラの勝利を覚えていて、一兵卒からある者は元老院議員となり、(2)ある者は富裕者となって王者のような暮らしぶりで年月を送っているのを目にしていたので、皆、自分も武器をとったなら、勝利によってかくもあろうかと希望を抱いていた。さらにその上に、田園で手間賃によって貧困に耐えていた若者たちは、公私の贈与(3)に惹きつけられ、厭わしい労働よりも都市の閑暇の方を選んでいた。彼らおよび他のすべての者を公の悪が扶養していた。それゆえ、この貧困なる、悪習に染まった、大望を抱いた連中が、国家をも自らをも同じように考えたのも驚くにはあたらないのである。これに加えて、スッラの勝利によって、その親たちは追放され、財産は奪い去られ、自由の権利は切り縮められた人々も、(4)戦いの結果を期待する点で全く同じ心であった。おまけに、元老院の党派(5)以外の党派《パルテース》に属する誰もが、自分たちの勢力がふるわぬよりは、国家が混乱する方がましだと思っていた。かくもはなはだしく、この害悪は多くの年月の後に市民団《キウィタス》に立ち戻ってきたのだった。(6)

第三八章

というのは、グナエウス＝ポンペイウスとマルクス＝クラッススが執政官であった時〔前七〇年〕に、護民官の職権《ポテスタス》が回復されて以来(1)、年齢も精神も猛々しい若年の人々がこの最高の職権を得て、元老院を糾弾することによって平民を扇動し始め、次に気前良く与え、約束することでますます炎をあおり始め、こうして自らを有名で有力な者とした。彼らに対抗してほとんどすべての門閥層が元老院のための見せかけで、自己の勢力拡大のために全力を尽くすようになった。なぜなら、数語をもって真実を明かせば、この時以来、国家を騒がせた人々は皆、立派な名目の下に、ある者はあたかも人民の権利を守るかのように見せかけ、別の者は元老院の権威《アウクトリタス》が最大になるようにと称して、公共の福利を装っていたが、〔実は〕誰もが自己の権力のために争っていたのである。彼らには闘争の節度も限度もなかった。双方が勝利を残酷に行使したのである。

第三九章

しかし、グナエウス＝ポンペイウスが海の戦い〔海賊討伐〕およびミトリダテス戦争に派遣された後、平民の力は縮小され、少数者[1]の権力は増大した。彼らは政務官職や属州や、その他すべてを保持し、自らは無傷で繁栄し、恐怖なく年月を送りながら、政務官職にある自分たちがより平穏に平民を取り扱えるようにと他の人々[2]を裁判によって脅かした。だが、不確かな状況によって革命の可能性が示されるやいなや、昔からの敵対が彼ら[3]の心を駆り立てた。それゆえ、もしカティリーナが最初の戦闘で優位に立つかあるいは引き分けになっていたら、必ずや大いなる破壊と災禍が国家にふりかかっていたことだろう。また勝利を得た者たちも永くそれを享受することはできず、彼らが疲弊し、消耗した時に、より強力な者[4]が支配権も自由も奪い去ったであろう。しかしながら、陰謀団の外にいながら最初からカティリーナのもとに赴いた者も何人かあった。その中の一人にフルウィウス[5]がいた。彼は元老院議員の息子であったが、旅の途中から連れ戻され、父が命じて殺させた[6]。

その頃、ローマではレントゥルスが、カティリーナが指示してあったとおりに、その性向や境遇のゆえに革命に向いていると思った者すべてを、自分自身であるいは人を介して勧誘していた。そしてそれは市民に対してだけではなく、戦いに役立ちさえすれば、どんな種類の人間に対してもなされたのであった。

第四〇章

そこで彼〔レントゥルス〕はプブリウス＝ウンブレーヌスなる者(1)に仕事を依頼し、アッロブロゲス族(2)の使者たちを捜して、もし可能なら、彼らをこの戦争の仲間に引き入れるようにさせた。それは彼が、彼らは公的にも私的にも借金に圧迫されていると(3)考えたからであり、さらにまた、ガリアの種族は生来好戦的だから彼らをこうした計画に引きこむのは容易だと考えたからであった。ウンブレーヌスはガリアで事業に携わっていたので、諸部族国家の第一人者《プリンキペス》たちの多くに知られており、また彼も彼らを見知っていた。それゆえ彼は暇どることなく広場《フォルム》(4)で使者たちを見つけるが早いか、彼らの部族《キウィタス》の状態について二、三問いただし、あたかもその没落を悲しむかのように、このような不幸からのどんな出口を望むかと尋ね始めた。彼ら〔使者たち〕が〔ローマの〕役人たちの貪欲を嘆き、元老院の中には何の助けも見出せないので元老院を非難し、自分たちの不幸の救済として死だけを待ち望んでいるのを見た後、彼〔ウンブレーヌス〕はこう言った。「それなら私が君たちに――もし君たちがただ雄々しくあることだけを望むというなら――、君らがこれほどの不幸から逃れられるような方策を示してあげよう」。こう彼が語った時、アッロブロゲス人たちは大きな希望に満たされて、ウンブレーヌスに自分たちに同情してくれるよう乞い願った。どんなことであっても、それが部族を借金から解放してくれるなら、彼らが大喜びで実行しようとしないほど危険すぎたり難しすぎたりはしない、と言いつつ。彼は彼らをデキムス＝ブルートゥスの家に連れて行った。それは広場《フォルム》の近くにあって、センプローニアがいたために、謀議にも都合が悪くなかった。というのは、その時ブルートゥスはローマを離れていたのである。さらに彼は話により大きな権威をもたせるためにガビーニウスを呼びにやった。その同席のもとで、彼〔ウンブレーヌス〕は陰謀を打ち明け、仲間の名を挙げ、その上、使者たちにもっと元気が出るようにと、あらゆる階層の無実の多くの人々の名も挙げた。そして彼らが助力を約束すると、家へ送り帰した。(5)

第四一章

しかしアッロブロゲス人たちは長い間、どの策をとるべきか迷っていた。一方には、借金があり、戦争への熱意があり、勝利による莫大な報酬の希望がある。そして他方には、より大きな資力があり、安全な策があり、不確実な希望の代わりに確実な褒美がある。彼らはこう考えこんだが、ついに国家《レース・プブリカ》の運が勝利を収めた。こうして彼らは部族がその保護《パトロキニウム》を特別に享受していたクィントゥス＝ファビウス＝サンガ(1)に、すべてのことを彼らが聞き知ったとおりに打ち明けた。キケロはサンガを通じて計画を知ると使者たちに対して、陰謀への烈しい熱意を装うように、他の人々〔陰謀の一味〕にも近づくように、そして気前良く約束して、彼ら〔の悪〕をできるだけはっきりと暴き出すよう努力するようにと指示した。

第四二章

それとほぼ同じ頃、近い方《キテリオル》と向こうの方《ウルテリオル》の両ガリア(1)、およびピケーヌムの地とブルッティウム(2)の地、そしてアプリアで動乱が起こった。なぜなら、先にカティリーナが派遣してあった者たちが軽率に、またあたかも狂気によるかのように、すべてを一斉に行ない始めたのである。夜間の集会や、防具と武器の運搬によって、またせわしなく動き、すべてを駆り立てることによって、彼らは危険をというより恐ろしげな様子を作り出した。この一味の中の何人かについては、プラエトルのクィントゥス＝メテッルス＝ケレルが元老院決議によってその件を裁き、獄に投じた。近い方のガリア「ガリア・キテリオル」(3)では、この属州を代理官として治めていたガイウス＝ムーレーナが同様のことを行なった。

第四三章

他方ローマでは、レントゥルスが、陰謀の中心人物であった他の人たちと共に彼らには大軍だと思われた人数を準備して、次のように取り決めていた。カティリーナが軍勢と共にアエフラヌム(1)の地に到着したら、護民官ルーキウス＝ベスティアが市民集会《コンティオー》を開いてキケロの行為について訴え、この最良《オプティムス》の執政官に由々しい戦ゆえの不人気を負わせること、それを合図にその直後の夜(2)、陰謀のその他大勢が各々自分の仕事を遂行すること、である。さてその分担は次のとおりであったと言われている。スタティリウスとガビーニウスは大勢の者と共に都市〔ローマ〕の適当な場所十二箇所に同時に火を付け、それによって混乱にまぎれて執政官〔キケロ〕やその他襲撃することにしている人々に近づきやすくなるようにする。ケテーグスはキケロの家の戸口を囲み、彼を武力で襲う。他の者もそれぞれまた別の人を襲い、いくつかの家庭の息子たち(3)――その大部分は門閥層の出だったが――は親たちを殺す。こうして殺人と放火によって全体がひっくり返ったら、皆カティリーナのもとへ脱出する、というものである。

　これらのことが準備され決定されている間、ケテーグスはいつも仲間たちの怠慢を嘆いていた。彼らは逡巡し、日延べをしては、絶好の機会を逃しているではないか、このような危機においては熟議より実行こそが必要なのだ、自分は、もしわずかの者でも加勢してくれるなら、他の者が手をこまねいていても元老院議場《クーリア》を攻撃してやる、と。彼は生来凶猛で激しく、すぐに手を下しがちであり、迅速さに最大の価値を置いていたのである。

第四四章

さてアッロブロゲス人たちはキケロの指図に従ってガビーニウスを通じて他の者たちに近づいた。そしてレントゥルス、ケテーグス、スタティリウス、およびカッシウスに同胞市民〔部族〕の所に持って行くための封印をほどこされた誓言[1]を要求した。そうでもしなければ、彼ら〔部族〕がこのような企てに簡単に引き入れられることはない、と言って。他の人々は何も疑うことなく〔誓言を〕与えたが、カッシウスは近いうちに彼自身そこ[2]へ行くからと約束し、使者たちより少し前にローマ市を出発した。レントゥルスは彼ら〔使者たち〕と共にクロトンのティトゥス＝ウォルトゥルキウス[3]なる人物を派遣し、アッロブロゲス人たちが故郷に行く前にカティリーナと信義をとり交わして同盟を固めるようにさせた。自らはウォルトゥルキウスにカティリーナ宛の手紙を託したが、その写し以下に記されたとおりである[4]。

「私が何者であるかは、私が貴君のもとに送った者から知られるであろう。貴君がいかなる逆境の中にあるか、心せられよ。そして男子たることも忘れるなかれ。貴君の利害が要求するところを熟慮されたし。援助をすべての者から、最底辺の者からでさえ、求めたまえ。」

さらに、彼〔レントゥルス〕は口頭の伝言も与えた。元老院によって敵と宣告されている時に、いかなる考えから奴隷たち[5]を拒むのか？　市内では彼〔カティリーナ〕が命じてあったことの準備がなされた、彼自身が〔ローマ市に〕接近するのに手間どることがないように、と。

第四五章

これらのことがこのようになされ、彼らが出発する夜も決められた時[1]、使者たちを通じてすべてを知らされていたキケロは、プラエトルであるルーキウス＝ワレリウス＝フラックス[2]とガイウス＝ポンプティヌス[3]に、ムルウィウス橋[4]上で待ち伏せしてアッロブロゲス人一行を捕えるようにと命じた。彼は彼らを何のために派遣するのかについてはすべてを打ち明けたが、その他のことは臨機応変にやるように委ねた。軍事に長けた彼らは、指示されたとおりに、物音も立てずに守備兵を配置し、密かに橋を囲んだ。その場所に使者たちとウォルトゥルキウスがさしかかって、両側から同時に鬨《とき》の声が上がると、ガリア人たちはすぐさま計画を見て取って、ただちにプラエトルたちに降伏した。ウォルトゥルキウスは初めは他の者たちを励ましつつ剣を取って大勢相手に防戦したが、使者たちに見捨てられると、まず、ポンプティヌスに――彼とは知り合いだったので――自身の安全について大いに懇願し、最後に怯えきって命にさえ絶望的になって、まるで敵に対してのように自らをプラエトルたちに引き渡した。

第四六章

これらのことがなし遂げられると、すべてはただちに急使によって執政官〔キケロ〕に伝えられた。だが彼を大きな心配と歓喜とが同時に襲った。すなわち、陰謀が露見して市民団が危険から救われたのを知って喜んだのであり、次に、しかしこれほど地位の高い市民たちが最大の犯罪を犯しているところを発見されたので、何をなすべきか迷って心を痛めたのである。彼らの処罰は彼自身の重荷となるが、(1)罰しなければ国家《レース・プブリカ》の破滅となると彼は信じた。そこで彼は心を決めると、レントゥルス、ケテーグス、スタテイリウス、ガビーニウス、それにテッラキナの人カエパリウス(2)なる人物——この者は奴隷を蜂起させるべくアプリアに出発する準備をしていた——を自分のもとに召喚するように命じた。他の者は遅滞なくやって来たが、カエパリウスはその少し前に家を出ていて、事の発覚を知ってローマ市から逃亡した。執政官はレントゥルスを、彼はプラエトルであったので、自ら手をつかんで元老院へ連行し、残りの者には護衛をつけてコンコルディア神殿(3)に来るよう命令した。そこ〔コンコルディア神殿〕で、彼は元老院を召集し、大変な人数の議員が集まったところで、ウォルトゥルキウスを使者たちと共に導き入れた。そしてプラエトルのフラックスに、使者たちから受け取った手紙の入った書類入れをその場に持って来るように命じた。

第四七章

ウォルトゥルキウスはその旅行について、手紙について、最後にどんな計画を何のために立てていたのかについて問いただされると、初めは他の話を作り上げて陰謀に関しては偽っていたが、公の信義〔による免罪の保証〕のもとで話すよう命じられると、万事をなされたとおりに告白し、自分は数日前にガビーニウスとカエパリウスによって仲間に入れられたので、〔ガリア人の〕使者たちが知っている以上のことは何も知らない、ただ、ガビーニウスから、プブリウス＝アウトゥロニウス、セルウィウス＝スッラ、ルーキウス＝ワルグンテイウスその他多数がこの陰謀に加わっているとは、いつも聞いていた、と告げた。ガリア人たちも同じことを告白し、偽ろうとするレントゥルスを手紙のみではなく、彼がいつも口にしていた言葉をも証拠として論破した。いわく、シビュラ(1)の書により、三人のコルネリウス(2)によるローマの支配《レグヌム》〔王政〕が予言されている。キンナ(3)とスッラは既に出た。彼自身が都市〔ローマ〕の主《あるじ》となることを予言された三人目なのだ。さらに、この年はカピトリウムの火災(4)から二十年目であり、これはしばしば前兆によって占い師たち(5)が内乱による流血の年であると回答してきた年なのだ、云々。かくして手紙類が通読され、全員が初めに各々の印章(6)を自分のものと認めていたので、元老院は、レントゥルスを政務官職〔プラエトル職〕から退任せしめた上で、同人及びその他の人々が自由拘禁下(7)に置かれるべきであると評決した。そこでレントゥルスは当時アエディリスであったプブリウス＝レントゥルス＝スピンテル(8)に、ケテーグスはクィントゥス＝コルニフィキウス(9)に、スタティリウスはガイウス＝カエサル(10)に、ガビーニウスはマルクス＝クラッスス(11)に、カエパリウスは――というのはこの男は少し前に逃亡から連れ戻されていたから――元老院議員グナエウス＝テレンティウス(12)にそれぞれ引き渡された。

第四八章

その間、平民たちは、陰謀が明るみに出されると、初めは革命への渇望から過剰に戦いに傾いていたのに、変心してカティリーナの計画を呪い、キケロを天まで持ち上げ、まるで奴隷状態から救出されたかのように嬉しがり歓喜した。なぜなら、他の戦争の悪行は損害というより獲物をもたらすが、放火は全く残酷であり、限度を越えており、自分たちにとって最もひどい災難だと彼らは考えたのであった。彼らの全財産は日々の必要品と身にまとう衣類からなっていたからである。

翌日[1]、ルーキウス＝タルクィニウス[2]という人物が元老院に連れて来られた。この男はカティリーナのもとに赴こうとしていたのを途中から連れ戻されたのだということだった。彼はもし公の信義〔による免罪の保証〕が与えられるなら陰謀について明かすと言い、執政官に知っていることを陳述するように命じられると、ウォルトゥルキウスとほぼ同様のことを、放火の準備について、上流の人々の殺害について、敵の進路について元老院に教えた。さらに、自分はマルクス＝クラッススによって派遣されたのであり、その目的は、カティリーナに、レントゥルス、ケテーグスその他の陰謀の一味の逮捕によって怯えてしまわないように伝え、残りの人々の気をとり直させて彼らがより容易に危険から救われるようにするべく大至急ローマ市に接近するようにと伝えるためだった、と話した。しかしタルクィニウスが、クラッススという、巨富の持ち主にして絶大な権力者である門閥の名を挙げた時、ある人々は信じ難いことと考え、何人かは、真実だとは思ったがこのような危機に際してはこの人物のこれほど大きな力はなだめられるべきでこそあれ、刺激されるべきではないとみなした。また大部分の者は、個人的な実務の上でクラッススに義務を負っていたので[3]、一斉にこの証言は偽りだと叫び、この件については元老院に諮る[4]ようにと要求した。そこで、キケロの諮問により、満場の元老院が、タルクィニウスの証言は虚偽であると思われる、彼は拘束され、何者の指示でかかる大事を偽ったのか言わない限り、これ以上〔証言の〕機会を与えられるべきではない、と評決した。当時、次のように考える人々もいた。すなわちこの証言は、クラッススの名を挙げることによって彼を危険を分かち合う仲間とし、残りの者を彼の権力によって、より容易にかばえるようにするため、プブリウス＝アウトゥロニウスによって考案された、というのである。また他の人々は、タルクィニウスはキケロによって送りこまれたのだ、それはクラッススがいつものやり口で悪人たちの弁護を引き受け[5]て国家を混乱させるのを防ぐためだったのだと言っていた。私は後に、クラッスス本人が、かくも大きなこの侮辱がキケロによって自分に加えられたと語るのを聞いた。

第四九章

しかし同じ頃、クィントゥス＝カトゥルスとガイウス＝ピーソー[1]は、代価によってまた恩恵によって(2)キケロに、アッロブロゲス人たちその他の証人の証言でガイウス＝カエサルの名が偽って挙げられるよう強いたが、成功しなかった。というのは、この両名と彼〔カエサル〕の間には深い敵対関係があったのである。すなわちピーソーはあるトランスパダニー人(3)を不法に処刑した廉《かど》で、不当搾取財返還訴訟の裁判において〔カエサルに〕攻撃されたからであり、カトゥルスは、〔大〕神祇官職(4)に立候補した際、大いに齢を重ねていて最高の公職も歴任していたのに(5)、若年のカエサルに敗れ去った(6)ため憎悪を募らせていたからである。事態は好機を提供しているように思われた。なぜなら彼〔カエサル〕は私的にはとび抜けた気前の良さにより、公的には最大の見世物提供(7)によって巨額の借金を負っていたからである。しかし執政官〔キケロ〕にこのような行為を強いることができなかったので、彼ら自身で個別的に、ウォルトゥルキウスやアッロブロゲス人たちから聞いたと称することを言いつくろったり偽って言ったりすることによって、彼〔カエサル〕に対する大きな敵意を煽り立てた。そのせいで、警備のために武器を帯びてコンコルディア神殿(8)の回りにいた何人かのローマ騎士は、危険の大きさに動かされてか、あるいは心の興奮しやすさのためにか、自らの国家に対する熱意をより鮮明にしようとして、元老院から出て来たカエサルを剣で脅かした(9)ほどである。

第五〇章

これらのことが元老院でなされ、アッロブロゲス人の使者たちとティトゥス＝ウォルトゥルキウスに対し、彼らの証言が確かめられたので、報酬が決議されている間に、レントゥルスの解放奴隷たちと数人の庇護民《クリエンテス》たちは幾手にも分かれて街区の職工や奴隷たちを彼〔レントゥルス〕の救出のために扇動し、(1)また一部の者は、代価を得て国家を騒がせることを常としている群集の指導者たちを探し求めていた。他方ケテーグスは使いを送って、自分の奴隷たちと選びぬかれ訓練された解放奴隷たちに、勇を鼓して隊を組み武器を持って自分の所まで突入してくるようにと頼んでいた。執政官〔キケロ〕は、それらが準備されていることを知ると、事態と時の要請に従って警護隊を配置し、元老院を召集して、(2)あの拘禁下へと移された人々をどうすべきか諮った。彼らについては少し前に満場の元老院が国家に反逆したものと判決を下していたのである。さて、今、デキムス＝ユーニウス＝シーラーヌス(3)は、この時、(5)次期執政官に選出されていたため最初に意見を問われて、(4)拘禁下に置かれている人々およびもし逮捕されたならルーキウス＝カッシウス、プブリウス＝フーリウス、プブリウス＝ウンブレーヌス、クィントゥス＝アンニウスについても死刑が執行されるべきだと判断した。後に彼はガイウス＝カエサルの演説に動かされて、自分はティベリウス＝ネロの提案に賛成するだろうと言った。というのは彼〔ネロ〕は、この件については護衛を増やした上で再審議すべきであると意見を述べたからである。さてカエサルは、彼の所に順番が回ってきて、執政官に意見を求められると、次のような言葉で語った。(6) (7) (8)

第五一章

「元老院議員諸兄よ、判断に迷う事柄について考えようとする者はすべて、憎悪、友情、怒り、および憐れみから自由でなければならない。これらのものが妨げる時、精神が真実を見ることは容易でなく、また万人のうちの誰一人、激情と効用に同時に仕えたためしはないのである。知力《インゲニウム》を傾ける時、〔精神は〕力を保つ。もし激情が座を占めれば、それが主人となり、精神は働かない。私には言及すべき沢山の例がある——議員諸兄よ——、諸々の王たちや諸国民が怒りあるいは憐れみに駆られて悪しき判断を下した多くの例が。しかし私はむしろ、我々の祖先がおのが心の激情に抗して、正しくまた整然と行なったことの方を語りたい。我々が王ペルセスと戦った、かのマケドニア戦争(1)において、大いなる壮大なロドス人の国家《キウィタス》は、ローマ人民の助力によって力を増したにもかかわらず、信義なくまた我らに敵対的であった(2)。しかるに戦いが終わってロドス人のことが論じられた時、我らの祖先は、〔ロドス人の〕不正のゆえではなく富のゆえに戦争をしかけたと言われないように、彼らを罰することなく(3)放免した。同様に全ポエニ戦争において、カルタゴ人たちはしばしば、平和時あるいは停戦中に多くの忌まわしい行為を行なったけれども、彼ら〔祖先たち〕は機会があっても決してそうしたことをなさなかった。相手に対して正当になし得ることを追求するよりも、自身の品位にふさわしいことを追求したのである。このことを同様にあなた方も心せらるべきである、議員諸兄よ。あなた方の〔心の〕中で、あなた方の品位よりもプブリウス＝レントゥルスその他の輩《やから》の悪行の方が力をふるうことがないように、またあなた方の名声よりも怒りの方に相談することのないように。何となれば、私は、もし彼らの所業にふさわしい罰が発見されるなら、新しい案に同意するが、しかしもし、犯罪の巨大さが万人の知力を圧倒するのなら、法に定められたところを用いるべきだと考えるのである。

私の前に意見を述べた方々の大多数は、整然とまた壮大に国家《レース・プブリカ》の窮状を嘆かれた。戦争の惨害はいかなるものであるか、敗者に何がふりかかるか数え挙げた。乙女らや少年らは凌辱される、子供らは親たちの抱擁から引き離される、一家の主婦は勝者の思いのままになる、神殿も家も略奪される、殺人・放火が行なわれる、つまるところ、武器、死体、血糊、悲嘆によってすべてが満たされる、等々と。しかし、不死の神々にかけて、これらの演説は一体何をめざしたものであるのか？　あなた方をして陰謀を敵視させるためか？　つまり、これほど大きなかくも残忍な事件に心動かされぬ者にさえ、演説でなら火がつけられるというのか。否、そうではない。いかなる人間にとっても、自身が受けた不正は小さくは見えぬもの、多くの者は公平を失してそれらをより重大とみなすものである。しかし、したいようにする自由《リケンティア》〔の度合い〕は人それぞれなのだ、元老院議員諸兄よ。下層の、世に知られぬ生活を送っている者たちが、怒りに駆られて誤りを犯しても、それを知る者はわずかである――彼らの評判と境遇は同程度なのである。大いなる支配権《インペリウム》を与えられ、高きにあって年月を送る者の場合、彼らのしたことはすべての人の知るところとなる。このように最上の境遇にあっては最小の自由勝手《リケンティア》がある。贔屓《ひいき》も憎悪もふさわしくない、怒りなどもってのほかである。他の者においては怒りと言われるものは、支配者の場合は傲慢、残忍と呼ばれるのである。私自身はといえば、議員諸兄、私はこう思う――いかなる責め苦も彼らの所業にくらべれば小さすぎると。しかし大多数の人間はできごとの結末しか記憶せず、瀆神の輩についても、もし刑罰が少しでも厳しすぎれば、彼らの犯罪を忘れて刑罰のことを云々するのである。

強くまた果敢な人物であるデキムス＝シーラーヌスが述べたことは、国家への熱情によってそう述べたのであることを私は確信している、また彼がかかる大事において情実や敵意を働かせているのでもないことを。この人のそういう性格を、またその節度を私はよく知っている。全く、彼の意見は私には残酷なものとは見えない――このような人々に対して何が残酷たりえようか。しかし我々の国家《レース・プブリカ》とは異質のものに見えるのである。なぜなら、シーラーヌスよ、確かに脅威なり受けた不正なりが次期執政官である貴君を駆り立てて新種の罰を提案させたに違いない。恐れについて論じるのは余計なことである、とりわけ、高名なる人物である執政官の精励によりこれほどの警護隊が武装しているからには。(4)刑罰については、私としてはこれに関することとして次のように言ってもよいと思う。悲嘆と不幸の中では死は苦難からの休息である、責め苦ではない、それは人間のあらゆる不幸を解消する、もはや心配の余地も喜びの余地もないのである、と。しかるに、不死の神々にかけて、なぜ貴君は、まず彼らを笞打ちによって懲らした上で、と意見につけ加えなかったのか？　ポルキウス法が禁じているからなのか？(5)　しかし他の諸法は同様に、有罪とされた市民に命は奪われずに亡命することが許されるべしと命じている。(6)では、笞打ちの方が死刑よりも重大だからなのか？　しかしこれほどの犯罪で咎められた人々に対し何が苛酷であり重すぎるであろうか？　もし〔笞打ちの方が〕より軽いと言うのなら、貴君が大きな件では法を無視しているのに、小さな件で法を畏れるとはどこに一貫性があろう？

またこう言うかもしれぬ――国家に対する裏切り者たちへの決議を誰が非難するであろうか、と。時が、日々が、運命《フォルトゥーナ》がである。その欲するままに諸種族が支配されるところの運命が、である。彼らには何が起ころうと自業自得であろう。しかし、議員諸兄よ、あなた方が彼ら以外の人々に対して何を定めたことになるのか考えてみられよ。すべての悪しき前例も良いことから生じてきた。しかし支配権がそれに不案内な、あるいは善良さのより少ない人々の手に渡る時、この新しい範例はそれに値し、〔このような刑に〕ふさわしい者たちから、それにはあたらない、〔刑に〕ふさわしくない人々へと移されるのである。ラケダイモン人たちは、アテナイ人たちを打ち負かすと、彼らの国家を処理するべく三十人の者を置いた。[7] 彼らは初め、最も悪く、誰からも嫌われていた者を裁判抜きで殺し始めた。それを〔アテナイ〕人民は喜び、罪にふさわしくなされたと言ったものである。後に、次第に自由勝手《リケンティア》が増すと、彼らは善い者も悪い者も一緒にして思いのままに殺害し、残りの者たちを恐怖で震え上がらせた。こうして市民団は奴隷状態の下に圧しつぶされ、愚かしい喜びの重い代償を支払ったのである。我々〔ローマ人〕の記憶するところでは、勝利者たるスッラが、国家の不幸によって勢いを増したダマシップス[8]およびそのたぐいの人々の殺害を命じた時、彼の行為を褒めそやさない者が誰かいただろうか？　暴動によって国家を壊乱させた、悪逆な、党派根性の連中が自業自得で殺されたのだと〔皆が〕断言していた。しかしこの事件は大虐殺の始まりであった。なぜなら誰もが、他人の家屋敷なり田園の別荘なり、ひいては器なり衣服なりが欲しいとなると、その人の名が財産被没収者名簿に載るように画策するようになったからである。こうしてダマシップスの死を喜んだ人々はほどなく彼ら自身引かれてゆき、殺戮はスッラが配下の者すべてを富で一杯にするまで果てることがなかった。私とて、こうしたことを、マルクス＝トゥッリウス〔＝キケロ〕に関して、また現在この時について恐れているのではない。しかし大いなる市民団には多種多様の天分が存在する。別の時代に別の人が執政官であって、同時に軍隊をも握っている時に、何かの偽りが真実として信じられることもあり得る。その時、執政官がこの範例により、元老院決議によって剣を抜いたとしたら、誰がそれを終わらせ、抑制することができようか。

議員諸兄よ、我々の祖先は熟慮にも果敢さにも欠けたところは決してなかった。そしてなお、彼らが異国の諸制度を、それらが立派なものであれば模倣することを、傲慢さが妨げることはなかったのである。彼らは攻守の武器をサムニテス人から、(9)政務官職の標章の大部分をトゥスキー人から(10)採用した。ついには、同盟国のもとにであれ、あるいは敵国にであれ、ふさわしいと思われるものが何かあれば、自国でもそれを熱狂的に追求した。良き人々を妬むよりは模倣する方を選んだのである。しかしその同じ時代に、彼らはギリシア人の習慣に倣って、市民に笞打ち刑を加え、有罪とされた者については極刑を用いるようになった。国家が成長し、市民数の多さのゆえに党派がはびこった末、無辜《むこ》の人々が追いつめられたり、その他そうしたことがなされるようになった時、ポルキウス法その他の法が用意され、それらの法によって有罪判決を受けた者に亡命が許された。議員諸兄よ、私はこの理由こそが、なぜ我々が新しい案を採るべきではないかを説明する最大の理由だと思うのである。確かに、これら、小さな資源をもってこれほどの支配を作り上げた人々には、立派に出来上がったものを維持するのがやっとの我々にまさる徳と叡智があったのだから。

それでは彼らを放免し、カティリーナの軍勢を増大させようという意見なのか? 断じて否。私は次のように考える。彼らの財産は没収されるべきである。彼ら自身は最も富強な自治諸都市において拘禁されるべきである。また今後、何ぴとといえども彼らに関して元老院に諮ってはならない、また民会に提案してはならない。これに反して行動した者に対しては、元老院は彼が国家と万人の安寧に逆らってなしたものとみなす。」

第五二章

カエサルが語り終わった後、他の人々は短い言葉で各自別々〔の意見〕に賛意を表した。しかしマルクス=ポルキウス=カトー(1)は、意見を求められると、次のような演説を行なった。

「元老院議員諸兄よ、私は、我々が直面する事態と危険とを考慮し、そして何人かの人たちの意見を自分でよく考えてみる時、〔皆とは〕存分違った感じを抱くのである。私には、発言者たちが議論したのは、自らの祖国、親たち、祭壇、竈《かまど》に対する戦争を準備した者たちの処罰をどうするかについてであるように思える。しかし事態は、彼らに対して何を決議するかを審議するより、彼らから身を守るようにと警告している。なぜなら他の悪事なら、それがなされた時に訴追するがよいが、この場合は、それが起こらないように前もって注意しなければ、起きてしまった時に裁判を求めても無駄なのである。都市が占領されれば、敗者には何も残されない。不死の神々にかけて、私はあなた方に呼びかける。あなた方、常に家屋敷を、別荘を、彫像を、そして絵画を国家《レース・プブリカ》よりも重んじてきた方々に。もし、あなた方の秘蔵の品々を、それらがどんなものであれ、持ち続けたいと思うなら、そして御自分たちの楽しみのために閑暇を振り向けたいと望むなら、今こそ目を醒まされよ、そして国事に取り組まれよ。貢租や同盟国が受けた不正が問題になっているのではない。我らの自由《リーベルタス》と生命が不確かとなっているのである。

　議員諸兄、私はたびたび、ここ元老院で多くの言を費やし、しばしば我が市民たちの贅沢と貪欲について嘆いて、そのために多くの人たちを敵に回している。自分にも自分の心にもいかなる過ちも許さなかった私は、他人の欲望に関しても容易に悪事を見逃がすことはできなかった。しかしそれらのことをあなた方が軽視していても、国家は不動であった。その富裕さゆえになおざりにされても耐えられたのである。しかしいまや問題は、我々が良き習俗によって生きるか悪しき習俗によって生きるかではない。またローマ人民の支配権がどれほど大きいか、どんなに偉大かということでもない。それらのものが――それがどんな風に見えようとも――我々のものであるか、それとも我々もろとも敵のものになるか、ということがかかっているのである。このような時に、――私にはそう聞こえたのだが――誰かが寛容と憐れみのことを言っているようである。全く、既に久しく、我々は事物の真の呼び名をなくしてしまっている。他人の財産を惜しみなく施すことが気前の良さと呼ばれ、悪事への大胆さが勇気と呼ばれるがゆえに、国家は極限状態に置かれたのである。よろしい。それが〔今の〕習俗なのだから、同盟国の財産を使って気前良くさせるがよい、また国庫の盗人どもに憐れみをかけさせるがよい(2)。しかし彼らに我々の血を惜しみなく与えさせてはならぬ、また少数の悪人を助命させる一方で、すべての善き人を破滅へと赴かせてはならぬ。

見事にまた整然と、ガイウス゠カエサルは、ついさっき、この集まりを前にして、生と死について論じた。どうやら彼は冥界について語られていることを信じてはおられないようだ(3)。悪人は善人とは別の道を辿り、おぞましい、見捨てられた、汚らわしい、恐ろしい場所に棲むのだ、などとは。それゆえ、彼は彼らの財産は没収されるべきであり、彼ら自身は自治都市ごとに監禁しておかれるべきであるとの意見を述べた。明らかに、もし彼らがローマに置かれたなら、あるいは陰謀の仲間によって、あるいは雇われた群集によって力ずくで奪回されることを恐れてである——まるで悪しき邪悪な人々がいるのは〔ローマ〕市内だけで、全イタリア中にいるのではないかのごとくに、また防ぐための人員がより少ない所でこそ大胆さがより大きな力を発揮するのではないかのごとくに。それゆえ、もし彼が彼らからの危険を恐れて〔言って〕いるのであれば、この案は空虚である。もし万人がかくも恐れているのに彼一人恐れていないのなら、それだけ、私が私とあなた方のために恐れるのには充分な理由があることになる(4)。それゆえ、あなた方がプブリウス＝レントゥルスその他の者について決定される時には、必ず、あなた方が同時にカティリーナの軍勢と陰謀者全員についても議決されるのであることに留意していただきたい。あなた方が注意深く事にあたればあたるほど、彼らの心は弱まるであろう。もし少しでもあなた方が弱気であると見たなら、たちまち彼ら全員が勢いづいてここに現れるであろう。

我々の祖先が武器によって国家を小なるものから大なるものにしたと考えてはならな

い。もしそうであったなら、我々ははるかに立派な国家を持っているはずである。我々には先祖にあったより多くの同盟国、市民、さらには武器、馬があるのだから。彼らを大ならしめたもの、そして我々には少しもないものは、それとは違ったものであった。すなわち、国内における勤勉、外における正しき支配《インペリウム》、事を企てるにあたって自由な、悪にも欲にも傾かない精神《アニムス》がそれである。それらの代わりに我々が持つものは、贅沢と貪欲であり、公的には欠乏、私的には豊富さである。我らは富を讃え、怠惰を追求する。善人と悪人の間に区別はなく徳が得るべきあらゆる報奨を野心が着服する。そして、驚くにはあたらない。あなた方が個々別々に自身のために思案し、家では欲望に、ここで(5)は金銭と恩恵に仕えている時、空っぽの国家に一撃が加えられるのは自然の成り行きである。

しかし私はこれらのことも脇へ措こう。最も高貴な市民たちが祖国に放火しようとの陰謀をたくらみ、ローマの名《ノーメン》にとって最も危険なガリア人の種族(6)を戦いへと招いているのである。敵の首領は軍隊と共に〔我らの〕頭上にある。(7)あなた方は今なお、躊躇し、防壁の中に捕えられた敵をどうしたらよいかと疑っておられるのか？　憐れみをかけよ、と私は勧める――若い人たちが野心のために過ちを犯したのだ――そして武器さえ持たせて放免したらどうか。(8) あなた方のその寛容と憐れみが、もし彼らが武器をとったら、あわれむべき事態へと変わるであろう。ご承知のとおり、事態は充分険悪なものである。しかしあなた方はそれを恐れてはおられない。いや実は大いに恐れている。しかし怠惰と心の薄弱さのゆえに互いに顔を見合わせてためらっておられる――明らかに、しばしばこの国家を最大の危険の中で加護したもうた不死の神々を信頼されてのことだ。〔神々への〕誓願や婦人めいた嘆願によっては、神々の援助は得られない。夜を徹することによって、行動によって、よく諮ることによってこそ、すべては首尾よく行くのである。自らを不活発と怠慢とに委ねておいて神々に懇願しても成果はない。神々は怒り、敵対せられる。

我らの父祖たちの時代に、アウルス＝マンリウス＝トルクァートゥスは、ガリア人との戦いにおいて、自分の息子が命令に反して敵と戦ったので、これを殺すように命じた。(9) そしてこの卓越した若者は並はずれた勇敢さの罪を死をもって購《あがな》ったのである。あなた方はこの残忍極まりない親殺し〔反逆者〕たちに関して何を決議しようかとためらわれるのか？　きっと彼らのこれまでの人生がこの犯罪の前に立ちふさがって〔彼らをかばって〕いるのだろう。もしレントゥルス自身が、慎みなり自己の評判なり、神々や人間の誰か一人でも惜しんだことがあるなら、レントゥルスをその高位(10)ゆえに惜しんで助けるがよい。もしケテーグスが祖国に戦争をしかけたのがこれで二度目(11)でないのなら、ケテーグスを若気のゆえと大目に見るがよい。何となれば、ガビーニウス、スタティリウス、カエパリウスの輩については私は何を話すことがあろうか。彼らが、かつて何か一つでも重んじたことがあったなら、国家に関するこのような計画を抱くことはなかったであろう。最後に、元老院議員諸兄よ、ヘルクレスにかけて、もしも過失を犯していられる余地があったなら、私は安んじてあなた方が事実そのものによって正されるのを見守るところなのだ、あなた方は言葉は軽視されるのだから。しかし我々は四方から包囲されている。カティリーナは軍を率いて喉元に迫っている。他の敵は城壁の内側、〔ローマ〕市の核心部にいる。なにごとも密かに準備したり相談したりすることはできない。それだけに一層急がなくてはならない。

それゆえ、私は次のように考える。悪逆なる市民たちの忌まわしい計画によって国家は最大の危険に立ち至っており、また彼らはティトゥス＝ウォルトゥルキウス及びアッロブロゲス人の使者たちの証言によって有罪であると立証され、同胞市民と祖国に対して殺人、放火、その他の恐るべき残忍な悪行を準備していたことが明白となったので、その明白となった者たちについて、死罪にあたる罪〔頭格罪〕の現場で押さえられた者のごとくに、(12)父祖の慣習に従って死刑が科されるべきである。(13)」

第五三章

カトーが席に着いた後、執政官《コンスル》級のすべての者と元老院の大部分は彼の意見を称賛し、その精神の勇気《ウィルトゥース》を天まで持ち上げ、お互いを咎めだてて臆病者と呼び合った。カトーは輝かしく偉大であるとされ、元老院の決議は彼の意見どおりとなった。

ところで私は、ローマ人民が国の内外で、また海で陸でなし遂げた輝かしい事績について多く読み、多く聞くうちに、いかなる事物がこれほどの事業を支えた最大の要因であるのか考えてみたくなった。私は彼らが何度も少数の手勢で敵の大軍団と張り合ったことを知るようになったし、わずかな資力で富強なる王たちと戦争したこと、さらにはしばしば運命の猛威に耐えたこと、雄弁ではギリシア人が、戦いの栄光ではガリア人がローマ人より立ち勝っていたことにも気づいていた。そして私は多くを考えぬいた末、少数の市民の卓越した徳《ウィルトゥース》がすべてをなし遂げたのであり、それによって貧困が富裕さを、少数が多数を圧倒するに至ったのだと確信するようになった。しかし贅沢と怠惰によって市民団《キウィタス》が堕落してしまった後は、逆に国家《レース・プブリカ》がその強大さによって将軍たちや政務官たちの悪徳を支えるようになり、あたかも出産で消耗してしまったかのごとく、長きにわたってローマでは誰一人、徳《ウィルトゥース》において偉大な者が出なかった。しかし私の記憶するところでは、性格は異にしながら、非凡な徳を備えた二人の人物、マルクス＝カトーとガイウス＝カエサルがいたのである。話題がこの二人に及んだからには、黙って素通りしたり、我が才能の能《あた》うかぎり、両者の天性と流儀を明らかにしないなどということは私の意図するところではない。

第五四章

さて、彼らは、家柄、年齢、雄弁の点で、ほとんど同等であり、(1)精神の偉大さも同じなら、栄光《グローリア》もまた然りであったが、そのあり方は各々違っていた。カエサルは慈善と気前の良さによって大とされたのに対し、カトーは生き方の高潔さによってであった。前者は寛容と憐れみによって名を輝かし、後者にあっては厳格さが威厳を加えていた。カエサルは与えること、助けおこすこと、赦すことによって、カトーは決して贈賄しないことによって栄光を獲得した。一方には惨めな者たちの避難所があり、他方には悪しき者どもの破滅があった。前者の気安さ《ファキリタス》と後者の節操《コンスタンティア》が讃えられた。最後に、カエサルは働くこと、夜を徹することを心に決めていた。友人の仕事にかかりきって自分のことは放っておき、与えるにふさわしいものは何一つ拒まなかった。自分のためには、大いなる命令権、軍隊、武勇を輝かすことのできる新規の戦争[3]を喝望していた。これに対し、カトーには、節度と品位と、とりわけ厳格さへの熱中があった。彼は富める者と富において、党派的な者と党派において競うのではなく、活発な者と勇気において、節度ある者と廉恥心において、無垢の者と清廉さにおいて争ったのだった。彼は善くみえることよりも善くあることの方を選んだ。かくて栄光を求めることが少ない分だけ、余計に栄光が彼を追いかけたのである。

第五五章

先述のように、元老院がカトーの意見に賛同した後[1]、執政官〔キケロ〕は迫りつつある夜の間に新たな動きが起こらないように夜に先んずることが最善であると考えて、三人役(2)に、処刑に必要なものを用意するように命じ、警護隊を配置すると、彼自らレントゥルスを獄《カルケル》へ連れて行った。同じことが他の者たちに対してプラエトルたちによってなされた。牢獄の中には、左手に少し上ると、地表からは十二ペース(3)ほど低くなった所にトゥッリアーヌムと呼ばれる場所がある(4)。そこは諸方を壁が囲み、その上に石の穹窿《きゅうりゅう》のある部屋がついている。しかし、荒れ果て、暗黒であり、悪臭のゆえに厭わしく見るも恐ろしい。レントゥルスはこの場所に投じられた後、命令を受けた死刑執行吏たちがその喉を輪縄で絞めて殺した。こうして、この、コルネリウス氏という最も光輝ある氏族出身の貴族《パトリキウス》は、ローマにおいて執政官の命令権を保持したことがあったにもかかわらず、彼の性格と行為にふさわしい最期を遂げたのである。ケテーグス、スタティリウス、ガビーニウス、カエパリウスにも同様に死刑が執行された(5)。

第五六章

これらのことがローマで行なわれている間に、カティリーナは自ら率いてきたものと、マンリウスが持っていたものの全兵力の中から、二つの軍団を作り上げ、兵士の数に応じて各大隊に(1)〔人員を〕配置した。次に、誰であれ志願して、あるいは仲間の中から陣営にやって来た者たちを均等に配分し、最初は二千人より多くの数は持っていなかったにもかかわらず短期間のうちに両軍団に人員を満たし終えた。(2)しかし全兵力のうち軍隊の武器で武装していたのは四分の一ほどであった。残りの者は、偶然が各々の身に帯びさせたままに、あるいは猟槍《スパルス》や軽槍《ランケア》を携え、他の者は、先を尖らせた杭を持っていた。しかし、アントニウスが軍勢と共に近づいて来ると、カティリーナは山々を通って行軍し、ある時はローマ市に向かって、ある時はガリアに向かって陣地を移動して、敵に戦闘の機会を与えなかった。もしローマで仲間たちが企てを決行したなら、日をおかずして大軍を持つことになるだろうと期待していたのである。その間、彼は陰謀の力を信頼して、また同時に市民の大義が逃亡奴隷と共有されているように見られるのは自分の本意ではないと考えて、当初、奴隷の大軍が彼のもとに駆せ参じていたにもかかわらず、奴隷たちを拒絶した。

第五七章

しかし、ローマで陰謀が発覚し、レントゥルス、ケテーグスその他先に記した者たちが処刑されたとの報せが陣営に届くと、略奪への期待や革命への熱望に駆られて戦いに誘われていた人々の大部分は散り散りになった。残った者たちをカティリーナは険しい山々を通って強行軍でピストリア(1)の地まで導いた。間道をつたって密かにガリア・トランサルピナ〔アルプスの向こうのガリア〕に逃れようという考えであった。しかしクィントゥス＝メテッルス＝ケレルは、敵の窮状から、今述べたのとまさに同じことをカティリーナがするだろうと考えて、三個軍団をもってピケーヌムの地で守備していた。それゆえ彼は相手の進路を脱走者の口から知ると、急ぎ陣営を移動し、山々の裾野の、ガリアへ急ぐ場合の降り道がある所の下に陣取った。他方、アントニウスも遠く離れてはいず、大軍をもってしかし軽装備で(2)、より平坦な土地を通って、逃げる者を追って来た。しかしカティリーナは自分が山々と敵勢に囲まれたのを見、ローマ市でも事は失敗し、逃亡にも援軍にも望みはないと見て取ると、このような場合には、戦いの運を試すのが最善だと考えて、ただちにアントニウスと戦うことを決意した。かくて、集会《コンティオー》を開いて次のような演説を行なった。

第五八章

「兵士諸君、私は、言葉が武勇を強めるのではないこと、また司令官の演説によって士気のない軍隊が意気軒昂になるわけでも臆病なものが勇敢になるわけでもないことをよく知っている。天性ないしは習慣によって各人の心に内在する分だけの大胆さ《アウダキア》が戦いにおいて露《あら》わになるのが常なのである。栄光によっても危険によっても駆り立てられない者を励ましてみても無駄である。心の怯えは、耳を塞いでしまう。しかし私が諸君を呼び集めたのは、二、三、忠告するため、そして同時に私のこの決断の理由を明らかにするためである。

兵士諸君、君たちは、レントゥルスの無気力と臆病とが彼自身および我々にどれほどの打撃を与えたか、また、ローマ市からの援軍を待つ間、いかに私がガリアへ出発することができずにいたかを充分知っている。そしていまや、我々の状況がいかなるところに立ち至っているか、私と共に諸君全員が理解している。二つの敵軍があり、一つはローマ市から、(1)もう一つはガリアから(2)我々を遮断している。これ以上この場所に留まることは、どんなに切望しようと、穀物や他の物資の欠乏のため不可能である。どこに向かうことに決めようと、道は剣によって切り拓かねばならない。それゆえ、諸君に忠告する。強い、用意のできた心でいるように。そして戦闘に入ったなら、君たちが右手に富(3)と名誉と栄光と、さらには自由と祖国をも携えていることを忘れないように。もし我々が勝てば、我々にとってすべては安全である。補給も豊富に得られ、自治市も植民市も門を開くであろう。しかしもし我らが恐怖のため退くなら、これらすべては逆になる。いかなる場所も友人も、武器が守ることができなかった者を守ってはくれないであろう。さらには、兵士諸君、我々と彼らが直面する必要性は同じではない。我らは祖国のため、自由のため、生命のために戦う。彼らにとっては、少数者の権力のために戦うことなど、全く無用なことである。それゆえ、以前の武勇を心に留めて、より勇敢に攻めかかって行け。諸君は、最大の汚名とともに亡命のうちに年月を送ることもできた。また何人かの者はローマにおいて、財産をなくした後に他人の援助を待つことも可能だった。そうすることが見苦しく男子には耐え難いものと見えたからこそ、諸君はこの道をとることを決意したのである。もしこの道から離れることを望んでいるなら、大胆さが必要である。勝者となることなしには誰一人戦いを平和に置き換えたためしはない。なぜなら、諸君がそれによって身を護っている武器を敵から背けておいて、逃亡の中に安全を求めるのは全くもって狂気の沙汰である。合戦においては常に、最も恐れる者に最も危険が大きい。大胆さこそが防壁である。

兵士諸君、私は諸君について考え、諸君のなし遂げたことを思う時、大いなる勝利の希望にとらえられる。諸君の精神、年齢、武勇が私を励ます。さらには臆病者をさえ強くする〔切迫した〕必要が。実際、この場所の狭隘さが、敵の大軍が包囲することを不可能にしている。しかしもし運命が諸君の武勇に微笑まなかったなら、復讐することなしに命を失わないよう心せよ。そして捕えられて家畜のように屠殺されるよりは、男らしく戦って、敵に血みどろの悲嘆にみちた勝利を残してやるのだ。」

第五九章

こう語ると彼は、ほんの少しの間待った後、合図〔のラッパ〕を鳴らすよう命じ、戦闘隊形をとった兵列を平地に誘導した。ついで、兵士たちにとっての危険を平等にすることで士気を高めるために全員の馬を遠ざけ、自分も徒歩で、軍隊を場所と兵力に応じて整列させた。すなわち、その平地が左手の山々と右手の険しい崖との間にあったので、八個大隊を前面に配置し、残りの部隊(1)を後備軍としてより密集して並べた。これらの中から彼は、百人隊長たち、すべての精兵と召集兵〔退役兵〕(2)と、さらには一般の兵卒の中からも最もよく武装している者たちを選んで第一列に移した。彼はガイウス＝マンリウスに右翼を、あるファエスラエ人に左翼を指揮するように命じた。彼自身は、解放奴隷たちと植民者《コローニー》(3)たちと共に鷲の軍団章(4)の傍らに陣取った。この軍団章はキンブリー戦争(5)の際にガイウス＝マリウスが軍中で持っていたものだといわれていた。もう一方の側では、ガイウス＝アントニウスが、足を患っていて戦闘に参加することができなかったので、副官のマルクス＝ペトレイウス(6)に軍隊を任せた。彼〔ペトレイウス〕は、この騒乱(7)のために召集してあった古参兵の大隊を前面に、その後ろに他の軍勢を後備軍として配置した。自らは馬を乗り回しつつ、一人一人を名を挙げて呼び、激励し、彼らは武器もない盗賊どもを相手に、自らの祖国のため、子供らのため、祭壇と竈のために戦っているのであることを忘れないでくれと頼んだ。彼は根っからの武人であり、三十年以上にもわたって高級将校、隊長《プラエフェクトゥス》、副官、プラエトルとして大いなる名声をもって従軍していたので、自分の部下たちの大部分と彼らの勇ましい手柄をよく知っていた。彼はそれらを思い出させることによって兵士たちの士気をかき立てたのである。

第六〇章

すべてのことを吟味し終えると、ペトレイウスはラッパで合図を与え、諸大隊に漸次前進するよう命じた。敵軍も同じようにした。軽装兵(1)による交戦が可能な地点に至った後、〔両軍は〕大喊声《だいかんせい》を上げ、互いに軍旗をかざしつつ突進した。槍が投ぜられ、剣が振るわれた。以前の武勇を覚えている古参兵たちは敵に激しく肉薄し、相手もまた決して臆せず抵抗し、全力での戦いが行なわれた。その間カティリーナは軽装備兵と共に第一線に在り、苦戦している者たちを救援し、負傷した者の代わりに新手の者を呼び、すべてを配慮し、自らも大いに戦い、しばしば敵を切り倒した。屈強の兵士と良き将軍の務めを同時に果たしていたのである。ペトレイウスは、カティリーナが予想に反して善戦しているのを見ると、親衛隊(2)を敵の真っただ中に投入し、彼らを混乱に陥れ、あちらこちらで抵抗する者を殺戮した。次に他の者たちを両側面から攻撃した。マンリウスとかのファエスラエ人(3)は最前列で戦いつつ斃《たお》れた。カティリーナは、軍勢が壊滅し、自分が少数の者と共に残されたのを見ると、家系と自己の以前の高い地位を忘れずに、最も密集した敵の中に突入し、そこで戦いながら刺し貫かれた。

第六一章

しかし戦いが終わってみると、カティリーナの軍隊にどれほどの大胆さ《アウダキア》とどれほどの精神力があったのか識別することができた。なぜなら、ほとんどの者が、戦いのさなかで占めていた場所を、命を失った後は屍《しかばね》をもって蔽っていた。中央の、親衛隊に蹴散らされた少数の者は、少し離れて〈それぞれ違う場所に〉、しかし全員が前面に傷を受けて倒れていた。カティリーナは自軍から遠く離れて、敵の死骸の間で発見された。かすかに息があって、生きている時の心の猛々しさを顔に残していた。

結局、全軍勢の中で、生まれながらの市民で捕虜となった者は、戦闘中にも逃走中にも一人もなかった。このように全員が、敵の命同様自分の命も惜しまなかったのである。

しかしローマ人民の軍隊も喜ばしい無血の勝利を得たのではなかった。なぜなら、最も勇敢な者たちはすべて戦闘で斃れたか、重傷を負っていたのである。他方、陣営から検分のために、あるいは略奪のために出かけた多くの者は、敵の死骸をひっくり返している時に、ある者は友人を、ある者は客人や親戚の者を発見した。同時に、自分の〔個人的な〕敵を見出した人々もいた。かくて全軍を通じて様々に、喜悦が、慟哭が、悲嘆が、歓喜が渦巻くのだった。

訳　註

ユグルタ戦争

第一章

(1)　武勇、武徳の意味も含む語。

(2)　資質、知力。次章以下の「才能」「天分」等も同じ。

第三章

(1)　政務官職《マギストラートゥス》とは、共和政時代、ローマの民会で選出された多くは一年任期、同僚制の公職を指し、主な常設の政務官としてコンスル(執政官)、プラエトル(法務官と訳されることがあるが、職務はより包括的)、ケンソル(監察官)、アエディリス(按察官。市場監督、警察等をつかさどる)、クアエストル(財務官)等があった。これらのうち、コンスル、プラエトル、また非常の際に設けられるディクタトル(独裁官)等は、軍事指揮権および法の解釈・執行権を含むローマ国家の至上権である命令権《インペリウム》を有した。

（2）カエサル暗殺後に行なわれた、アントニウス、レピドゥス、オクタウィアヌスの三人による三頭政治の時代（いわゆる「第二回」三頭政治。前四三―前三三年）を指す。

（3）「力によって祖国と同胞を治める」の一節をカエサルへの言及であるとする説がある。また「少数者の権力に」以下の記述は元老院・寡頭政を擁護したキケロへの皮肉とも、あるいは第二回三頭政治に奉仕する人々への皮肉ともされる。

第四章

（1）いずれも民会（成年男子市民全員による集会）での投票によって高位の政務官に選出されるための選挙運動《アンビトゥス》である。

（2）サルスティウスが護民官《トリブーヌス・プレビス》となり、有徳の人として知られる小カトーが翌年の執政官選挙に落選した前五二年か、あるいはサルスティウスが財務官《クアエストル》となり（これには異説もある）、小カトーがその年のプラエトル職を得られなかった前五五年を指すと思われる。

（3）クィントゥス＝ファビウス＝マクシムス（クンクタトルすなわち「引き延ばし屋」の異名のある）とプブリウス＝コルネリウス＝スキピオ（いわゆる大スキピオ、大アフリカヌス）は、いずれもローマとカルタゴの間の第二次ポエニ戦争でハンニバル相手に奮戦した。

（4）高位政務官であった父祖を持つローマ人は彼らの蠟製のマスクを作る権利を有し、それを家のアトリウムに飾り、葬儀等の際、公衆に顕示した。

（5）共和政期の政務官職は民会選挙によったが、立候補資格が事実上、有産層に限られ、選挙民会の構成や票の配分も上層市民に有利であったため、先祖に政務官に就任した者がいない「新人《ホモ・ノウス》」の当選は稀であった。執政官《コンスル》を先祖に持つノービレス（門閥貴族。「著名人士」の意）が政務官のうちの多数を占め、政務官経験者の集まりである元老院においても常に中核をなしていた。

（6）執政官につぐ高官。第三章註（1）参照。

第五章

（1）現在のアルジェリアとチュニジアの北部にいた古代民族。集団名はヌミダエ（複数形。単数ではヌミダ。本訳ではヌミダエ（人）で統一）、地域名としてはヌミディアとなる。詳しくは本文第一八章参照。

（2）ヌミダエ人の言語であるリビア語（古代のベルベル語）では 'y-ugur-ten' であり、「彼は彼らを抜き去る」の意であるという。

（3）フェニキア人が現在のチュニジア北部に建設したカルタゴ市は、西地中海全体に勢力をふるう海上帝国であった。このカルタゴとローマの間の戦争をポエニ戦争と呼ぶ（第一次＝前二六四－前二四一年、第二次＝前二一八－前二〇一年、第三次＝前一四九－前一四六年)。第三次ポエニ戦争の結果カルタゴは滅亡した。

(4) マッシニッサともいい、ヌミディア王としての在位は前二〇三―前一四八年。ヌミディア東部のカルタゴ領に隣接する地方の種族マッシュリー人の王族であったが、第二次ポエニ戦争中に大スキピオ率いるローマ軍と協力して、カルタゴの同盟者であったヌミディア西部のマサエシュリー人の王シュパックスを破り、その領土を併合してヌミディア全土の王となった。

(5) プブリウス＝コルネリウス＝スキピオ＝アフリカヌス(前二三六―前一八三年)。いわゆる大スキピオ(大アフリカヌス)。第二次ポエニ戦争中、父と叔父が戦死したヒスパニアでの戦いを引き継いで勝利を収めた後、執政官としてシチリア、ついでアフリカに進攻し、イタリアから本国防衛のため呼び戻されたハンニバルをザマの戦い(前二〇二年)で破って、カルタゴを講和に追いこんだ。

(6) 註(4)(5)参照。シュパックスのマサエシュリー王国は最盛期にはマッシュリー王国を圧倒し、その領土はアムプサガ川(現在のアルジェリア東部、コンスタンティーヌ市付近)からムルッカ川(現在のアルジェリア西部、モロッコとの国境付近のムルイア川)にまで達した。なお、マッシュリー、マサエシュリー等の種族名はリウィウス等の歴史書に見られるが、サルスティウスの記述にはない。

(7) 前一四八年、死を目前にしたマシニッサが、スキピオ＝アエミリアヌス(小スキピオ、小アフリカヌス)に王位継承の調停を委ね、その結果、数多くの息子たちのうちミキプサ、グルッサ、マスタナバルの三人が即位して職務を分掌した。ユグルタの父であるマスタナバルはギリシア語を能《よ》くし、またアテナイのパンアテナイア祭の戦車競技で優勝している(前一六六/一六五年か一五八年)。ミキプサ単独の統治は、ドゥッガ出土のマシニッサ神殿の碑文から遅くとも前一三九年には始まっていたとする説がある。

第六章

(1) ヌミダエ人は騎兵として有名である。

(2) 古代にはアフリカ大陸のサハラ砂漠以北にもライオンが生息していた。

第七章

(1) ヌマンティアはイベリア半島(ヒスパニア)のケルト・イベリア人の都市。前二世紀中葉にこの市を拠点として戦われた先住民族のローマに対する抵抗戦争をこう呼ぶ。戦争は長期化してローマ軍は苦戦した。ヌマンティア勢によって隘路に閉じこめられたローマ全軍の救出交渉にあたったのが後の改革者ティベリウス＝グラックスである。

(2) 戦時に同盟国からローマに提供される援軍。

(3) プブリウス＝コルネリウス＝スキピオ＝アエミリアヌス＝アフリカヌス(前一八五/

四—前一二九年)。いわゆる小スキピオ(小アフリカヌス)。アエミリウス=パウルスの子で、スキピオ家の養子となり、第三次ポエニ戦争でカルタゴを滅亡させた。ヌミディア王家との関係については第五章註(7)参照。

第八章

(1) ヌマンティア市は八カ月にわたる攻囲戦の末、前一三三年夏に陥落した。

(2) ヌミディア王国のようにローマに事実上従属する国々の君主はローマ元老院によって「ローマ人民の友にして同盟者」と宣せられる場合が多かった。ローマとこのような国々の関係をローマ人はアミーキティア(友情、友好関係)と呼ぶ。第五章のマシニッサとローマの友情についての記述を参照。

第九章

(1) スキピオ=アエミリアヌスのローマへの帰国は前一三二年前半であるので、ユグルタのヌミディア帰還もその前後か。

(2) 後年、ミキプサの死後(前一一八年)にユグルタとミキプサの息子たちの間で王位継承問題が発生した際、ユグルタが養子とされたのは「最近の三年間」のことと主張されているのと矛盾する記述である。第一一章参照。

(3)　この記述も正確ではない。前註参照。

第一〇章

(1)　ユグルタの右手をとって忠誠を誓わせたものか。

第一一章

(1)　前一一八年。

(2)　アルジェリアのコンスタンティーヌ市近郊のエル・クルーブにあるエッ・スマア(Es Soumâa)と呼ばれる墓廟がミキプサの墓とされる。

(3)　第九章註(2)参照。

第一二章

(1)　本来は領地は分割せず、マシニッサ死後のミキプサら三人の王のように共同統治するはずだったのであろう。第五章註(7)参照。

(2)　現在のチュニジアにあった古代のティミダ・ブレ(ティムブレ)市かティミダ・レギア市のことか。

(3)　ローマの政務官の先導吏《リクトル》になぞらえてヌミディア王の随員をこう呼んでいる。

（4）　リウィウスの摘要には「ユグルタは弟ヒエムプサルを戦いで攻め」とある。

第一三章

（1）　前一四六年に滅亡したカルタゴの領土（現在のチュニジア北東部）がほぼそのままローマの属州とされていた。
（2）　賓客関係《ホスピティウム》とはローマ人の一家と外国人の一家との間に結ばれる相互のもてなしと友情を規定した関係。ヌミディア王家は何人かの元老院の有力者との間にこのような関係を築いていたであろうし、ユグルタ自身がヌマンティアで新たに結んだ関係もあったであろう。

第一四章

（1）　リウィウスが伝えるマシニッサの息子マスガバのローマ元老院での演説にこれと類似した表現が見られる。
（2）　ローマとヌミディア王家の間にある庇護関係《クリエンテーラ》の論理に沿ってパトローヌス（保護者）であるローマからの恩顧《ベネフィキウム》を懇請しているのである。ただしローマとヌミディアの関係はローマ人自身の表現の中では常に友好関係《アミーキティア》と呼ばれ、ヌミディア側の従属性を示すクリエンテーラ、クリエンス（庇護民）の語が使われることはない。第八章註（2）参照。
（3）　第五章註（4）（5）（6）参照。ヌミディア王家は、カルタゴ領の大半は本来、先住者であるヌミダエ人の父祖の土地であったとの主張に基づいて第二ポエニ戦争後もカルタゴ領に進攻し、これが第三次ポエニ戦争につながった。

(4)　たとえばヌマンティア戦争のような。

(5)　マシニッサ、ミキプサ時代にヌミディア軍がローマの補助軍として派遣され、ローマによる地中海世界征服、とりわけギリシア・ヘレニズム諸国との戦争に協力したことを指すと思われる。次の文も同様の文脈であろう。

第一五章

(1)　後にユグルタを教唆した罪でマミリウス法(第四〇章参照)によって訴追されたガイウス＝スルピキウス＝ガルバ、ガイウス＝ポルキウス＝カトー(小カトーとは別人)などの人々であろうか。

(2)　マルクス＝アエミリウス＝スカウルス(前一六二―前八九年頃)。パトリキ(ローマ古来の貴族)出身の元老院の大物。門閥貴族の代表的家系であるカエキリウス＝メテッルス家と結びついて、筆頭元老院議員として長く権勢をふるい、「その頷《うなず》きによって全世界を支配した」と評されるほどであった。

第一六章

（1） 使節団の派遣は前一一七年ないし一一六年。

（2） ルーキウス＝オピーミウスは、本文にあるとおり、執政官であった前一二一年、ガイウス＝グラックスらを厳しく弾圧し、前一三三年以来のいわゆるグラックス兄弟による改革を終息させたことで知られる。ユグルタに買収され協力した罪で、マミリウス法により有罪とされ、亡命先のデュラキウムで死んだ。

（3） ガイウス＝センプローニウス＝グラックスは、志半ばにして殺害された兄ティベリウス＝グラックスの土地改革事業（公有地上の占有地の一人あたり五百ユゲラを越える分を没収し、貧困市民に再分配する）を引き継ぎ、前一二三年以降、護民官として一連の平民寄りの改革法を通した。同僚で執政官経験者のマルクス＝フルウィウス＝フラックスはこの改革運動の古くからの賛同者であった。元老院の多数からなる反改革派は前一二一年、執政官オピーミウスを先頭に立てて、改革諸法を廃止しようとし、フラックス及びガイウス＝グラックスの一派とローマ市内で衝突。アウェンティヌスの丘に立て籠もったガイウスとフラックスは三千人の支持者と共に殺害（ガイウスは自殺とも）された。殺された市民の中には「追放者リスト」に従って処刑された者も多くいた。この事件の際、オピーミウスは、いわゆる元老院最終決議によって、法手続き抜きで「国家の敵」を処断する権限を付与されたという。

（4）「敵のうちに数えていた」とする説(オックスフォード版他)もあるがトイプナー版(Kurfess)に従う。
（5）ヌミディアの西部。
（6）ヌミディアの東部。ただしヌミディア西部(旧シュパックス領)の方が土地も人口も豊かであり、東部は見かけ倒しだとするサルスティウスの主張の当否については議論の余地があり、たとえばマシニッサの一族マッシュリーの故地は旧カルタゴ領に隣接するヌミディア東部であったことがカンプス(G. Camps)らの現代の諸研究で明らかにされている。

第一七章

（1）ヘロドトスもイオニアの地理学者の世界三分法を批判して、ヨーロッパはアジア、アフリカとは比較にならぬほど大きいとしている(『歴史』第二巻、一六・一、第四巻、四二・一)。
（2）ジブラルタル海峡。古代には「ヘラクレスの柱」と呼ばれた。
（3）現在のリビアのキレナイカ地方とエジプトの間のアカバ・エル・ケビール。古代の著述家の多くはエジプトをアフリカではなくアジアの一部とし、サルスティウスもこれに従っている。
（4）「王ヒエムプサルが書いたポエニ語の書物」とも「王ヒエムプサルのものであったポ

エニ人(カルタゴ人)の書物」とも解し得る箇所。「王ヒエムプサル」は本書第一一―一二章に登場するヒエムプサル(一世)というよりは、ユグルタ戦争後に即位したユグルタの兄弟ガウダの子で、同じくヌミディア王となったヒエムプサル二世(在位前八八年頃―前五〇年頃)である可能性が高い。

第一八章

(1) ガエトゥリー人は古代の著作ではヌミディア及びマウレタニアの南方にいるとされている例が多い。またリビュエース人とはリビュア人、つまり「アフリカ人」を指すギリシア語であり、カルタゴが健在だった頃のカルタゴ領内の従属先住民を指す場合(ポリュビオス等)がある。

(2) ヒスパニアはスペインの語源であるが、古代には現在のポルトガルも含むイベリア半島全体を指す。

(3) ギリシア神話のヘラクレス(ラテン語ではヘルクレス)はスペインではなくテッサリア地方のオイテー山で死んだとされる。ここでは何らかのアフリカの神ないし半神をヘルクレスと言い換えているのであろう。ギリシア・ローマ世界ではフェニキアのメルカルト神のこともヘラクレス(ヘルクレス)と呼ぶ。

(4) メディア、ペルシア、アルメニアはいずれもアケメネス朝ペルシア帝国及びその周辺の地名のギリシア語形。

（5）　アフリカ大西洋岸。ただし古代人が考えるアフリカ大陸の形は現在の認識とは違う。

（6）　トイプナー版（Kurfess）に従って'Numidas'（「ヌミダ」の複数対格形）と読むが、オックスフォード版（Reynolds）は'Nomadas'を採り、その場合は「遊牧民《ノマド》」の意のギリシア語ということになる。写本が二通りに分かれている。

（7）　地中海西部。

（8）　「マウリー人」の住む地がマウレタニアである。

（9）　大洋（大西洋）の近く（南方）にあった「ペルサエ人の国」から、地中海岸に進出したとの意か。

（10）　大洋の近くの「ペルサエ人」とカルタゴのすぐ隣を占めた「ヌミダエ人」。

第一九章

（1）　原語は'novae res'で、「新奇なこと」。変革、革命の意であるが語感は否定的。

（2）　ヒッポはおそらくヒッポ・レギウスではなくヒッポ・ディアリュトゥス、ハドゥルメトゥムは現在のスース、レプティスはレプティス・ミノルを指すと思われるが、レプティス（レプキス）・マグナ（現在のリビアの地中海岸のレブダ市）である可能性もある。

（3）　テラはエーゲ海のキクラデス諸島のテラ島（現在のサントリーニ島）にあったドーリア

系ギリシア人のポリス。前六三〇年頃、バットスに率いられたテラからの植民者がアフリカ北岸にキュレネ市を建設した(現在のリビアのキレナイカ地方の語源)。
(4) 現在のシルト(シドラ)湾(大シュルティス)とガベス湾(小シュルティス)。両シュルティス湾については詳しくは第七八章参照。
(5) レプティス・マグナ市。第七八章参照。
(6) ここではピラエニーの祭壇がレプティス(・マグナ)市の西にあるように読めるが、実際は東にある。ピラエニー兄弟については第七九章参照。
(7) 「ポエニ(Punicus)」は、通常「カルタゴ(人)の」「カルタゴ人」を指す語とされるが、より広く、カルタゴ人をはじめとするフェニキア人一般を指すとも考えられる。ただしサルスティウスは「フェニキア人」(本章冒頭)という語と「ポエニ」という語を使い分けているようにも見える。
(8) 現在のエティオピアだけでなく広くアフリカのサハラ砂漠北辺一帯の住民を指す。
(9) 属州アフリカのこと。
(10) ムルカ川とも。現在のムルイア川。この川が地中海に注ぐ河口のやや東に現在のアルジェリアとモロッコの国境がある。
(11) ボックス(一世)。第八〇章以下に詳述がある。後のカエサルとポンペイウスの内戦の頃の二人のマウレタニアの王、ボックス(二世)とボグドもおそらく同じ王統に属したらしい。

第二〇章

(1) おそらく前一一二年春。

(2) 第一三章参照。

第二一章

(1) 現在のアルジェリアのコンスタンティーヌ市。ミキプサ時代のヌミディア王国の首都。

(2) ローマ人たちないしイタリア人たちを意味する。トガはローマ人を含むラテン人の衣服で、ローマ市民の正装。このイタリア人たちはおそらく商用でキルタにいたのであろう。第二六章参照。

(3) 原語は'vinea'(葡萄棚)。城壁を攻撃する際に、兵士が石や投げ槍を避けるための屋根付きの移動式小屋。

(4) これも攻城用具である。

(5) このような装置はオリエント、地中海世界では古くから見られたが、ローマ軍もこれらを多用した。ユグルタはヌマンティア攻囲戦でこうした技術を学んだのかもしれない。

(6) この箇所は二、三の遅い時期の写本にしかないが、トイプナー版もオックスフォード版もこれを採用している。

第二二章

（1） 小スキピオのこと。

（2） 戦争、外交、捕虜等について諸民族の間で認められている一般的慣行。一種の国際法。

第二三章

（1） コンスタンティーヌ市（キルタ）はウェド（ワディ）・ルメル川（古代のアムプサガ川）の渓谷を臨む断崖の上にある。

（2） 内陸にあるコンスタンティーヌ市（キルタ）から北に約六十五キロの距離に、地中海岸のスキクダ市（古代のルシカデ）がある。

第二四章

（1） 第一四章のアドヘルバルの演説の冒頭を見よ。

第二五章

（1） 第一五章註（2）参照。

（2）ローマ領である属州アフリカの首府。ローマからアフリカまではおおむね三日前後の航海で到達できる。

第二六章

（1）第二一章註（2）参照。「トガを着た人々」がここでは「イタリア人たち」と言い換えられている。当時はまだローマ市民権がイタリア半島全体に普及する以前であるので、このイタリア人たちの多くの出身地はローマの同盟市その他であったはずであり、とすれば法的にはローマ人ではなく外国人ということになる。ただし「イタリア人たち」という語は地理概念としてはラテン人やローマ人自体も含み得る。このイタリア人たちはヌミディアで活動していた事業家（negotiatores）だったのであり（註（3）参照）、事実、北アフリカのいくつかの遺跡からこの時期のイタリアとの交易を示すカンパニア式の陶器が出土している。

（2）'magnitudo' の訳。'maiestas' と同義か。

（3）ラテン語でネゴーティアトーレスと呼ばれたこれらの人々は、ローマの属州や従属諸国を活動の場として、狭義の商業のみならず、海運業、金融、徴税請負、土地経営等に広く携わったが、その貪欲のゆえに現地では憎悪の的でもあり、前一世紀のミトリダテス戦争（ポントス王ミトリダテス六世とローマの間の戦争）の際にも小アジア各地で殺害された。

第二七章

(1) ガイウス＝メンミウスはこの時、前一一一年の護民官に既に選出されていたのでこう呼ばれる。ヌマンティア戦争に高級将校《トリブーヌス・ミーリトゥム》として従軍し、小スキピオと対立したとの伝承もある。ユグルタに買収されたとされるベスティア(註(5)参照)を告発する(前一〇九年)などしたが、前一〇〇年、執政官選挙に立候補中に、対立候補派(サトゥルニヌス、グラウキア)の暴徒によって虐殺された。

(2) ガイウス＝センプローニウス＝グラックスが護民官の時(前一二三年)に成立させた諸法の一つ。毎年の執政官二名に割り当てられる職務管轄を執政官選挙の前にあらかじめ決めておくようにすることによって、恣意的な割り当てを防止する内容。

(3) 執政官その他の政務官が担当する職務管轄《プロウィンキア》は、いわゆる属州の統治以外にも様々な職務であり得る。この場合はヌミディアでの戦争遂行とイタリアでの行政がそれぞれ一つのプロウィンキアとして、これから選出される前一一一年の執政官二名のために指定されたのである。

(4) この人物は前一三三年にティベリウス＝グラックス殺害を主導したプブリウス＝スキピオ＝ナーシカ＝セラーピオーの息子である。

(5) ルーキウス＝カルプルニウス＝ベスティアのこと(名前の順が入れ替わっている)。グラックス兄弟の土地改革事業の一環であるアフリカでの土地分配に委員として参加。護民官の時(前一二二年か前一二〇年)ガイウス＝グラックスによって追放されていたポピッリウス＝ラエナスを帰還させている。このラエナスは前一三二年に執政官の一人としてティベリウス＝グラックスの支持者たちを厳しく弾圧した人物である。

第二八章

(1) ユグルタには複数の息子があり、うち一人の名はオクシュンタスといった。

(2) 軍の指揮官や属州総督として赴任する政務官には元老院議員の中から選ばれた二、三人の副官《レーガートゥス》が付き、指揮を補助し、また助言した。

(3) 複数形であるので二軍団以上。一軍団は通常六千(ポリュビオスによれば四二〇〇から五千)人のローマ市民兵(歩兵)からなり、これにローマ騎兵三百が加わる。

(4) イタリア半島南端の現在のレッジョ・ディ・カラブリア市。

(5) シチリア島。

(6) ローマ領である属州アフリカからヌミディア王国内へ侵入したのである。前一一一年五月頃か。

第二九章

(1) 前一一一年の財務官の一人でカルプルニウス付き。

（2）現在のチュニジアのベジャ市。
（3）休戦を乞う場合、相手の軍に食糧を供給することがある。
（4）軍評議会は通常、副官、高級将校、首席百人隊長たちから構成され、指揮官に助言する。この場合はユグルタの降伏について。
（5）降伏の諸前提、諸局面について個別に採決するのではなく、一括して採決したものか。
（6）翌年（前一一〇年）の政務官選出のための選挙。十月か十一月に行なわれる。
（7）ユグルタのみせかけの降伏による偽りの平和、という皮肉。

第三〇章

（1）元老院は指揮官の和戦に関する決定を覆すこともできる。
（2）第二七章および同章註（1）参照。メンミウスはこの時点でまだ前一一一年の護民官在任中。

第三一章

（1）ガイウス＝グラックスの改革の敗北（前一二一年）以降の反動期のことを指すのかもしれぬが、メンミウスのこの演説が前一一一年末だとすると年数が合わない。兄ティベリウス＝グラックスの殺害（前一三三年）以降のことを漠然と「二十年間」と書いたものが「十五年間」と誤写された可能性もある。
(2)グラックス兄弟とその支持者たち。
(3)'factio' すなわち門閥貴族層の党派、派閥。
(4)この一節からメンミウスの父も平民の権利の擁護者であったとする説もある。
(5)共和政初期のいわゆる身分闘争の際の平民の闘い方に言及している。退去《セケッシオー》とは平民全員がローマの聖なる市域の境界(ポメリウム)の外の丘に引き揚げ、軍務を含むいっさいの公務から手を引くことによって貴族に圧力をかける闘争方式。字義どおりには「分離」。
(6)ティベリウス＝センプローニウス＝グラックスはガイウス＝グラックスの兄でグラックス改革を開始した人物。ヌマンティア戦争に従軍後、ローマ市民団の中核たるべき中小農民層の没落とその結果としてのローマ軍の弱体化という問題に目覚め、前一三三年、護民官として貧困市民への土地分配を試みたが、元老院の主流である反対派によって支持者らと共に殺害された。前一三二年の両執政官がティベリウス支持の市民らを糾問した。第二七章註(4)(5)参照。
(7)第一六章註(3)参照。
(8)国庫からの横領。
(9)註(5)参照。伝承によれば、平民たちが市外退去した際に占拠した丘は、第一回退去(前四九四年)の時はモンス・サケル(聖山)かあるいはアウェンティヌス丘、第二回(前四四九年)の時はアウェンティヌス丘、第三回(前二八七年)の時はヤニクルム丘。アウェンティヌス丘はローマの七丘の一つで、ローマ市南端にあり、平民の結束のシンボルであるケレスとリーベル、リーベラ諸神の神殿もここにあった。

(10) 第二九章参照。

(11) いわゆる属州民のこともローマ人は同盟者と呼ぶ。属州総督による任期中の搾取は退任後に不当搾取財返還訴訟によって追及されることがままあった。

第三二章

(1) トイプナー版(Kurfess)による補い。集会《コンティオー》はローマ市民全体の集会であるが、全市民がケントゥリアやトリブス等の区分ごとに整列して集まる民会《コミティア》とは違って選挙や法の制定はできず、もっぱら政務官が市民を説得する場であった。

(2) ルーキウス=カッシウス=ロンギヌス。前一一一年のプラエトル。前一〇七年にはマリウスの同僚執政官。ティグリーニー族(現在のスイスにいた種族)との戦いで戦死。

(3) ローマ領である属州アフリカの人々、あるいはベスティア軍の占領下にあるヌミディア王国領内の人々。

(4) 本章に現れる「公の保護誓約(信義)」、カッシウス個人の誓約(信義)はいずれもユグルタに身の安全を保証して、ローマ市への出頭を促すもの。ユグルタは既にベスティアとの間の取り決めによって降伏してしまっている(第二九章)ので、出頭は義務でもある。

第三三章

(1) 前一一一年の護民官。本章及び次章の記述以外では知られていない。
(2) ユグルタのこと。
(3) すなわち笞打ちの後、死刑にすること。

第三五章

(1) 第一三章、第二〇―二六章参照。
(2) 前一一〇年の執政官。スプーリウス＝ポストゥミウス＝アルビーヌス。
(3) 正しくはマルクス＝ミヌキウス＝ルーフス。クィントゥスは彼の弟で、前一一〇年からの兄マルクスのマケドニアにおけるスコルディスキー人との戦いに副官として同行しているので、混同されたのであろう。
(4) 第二二章註(2)参照。
(5) このボミルカル裁判の公判の態様、形式がいかなるものであったかについては諸説ある。
(6) 被告が出廷しなかった場合、保証人たちが罰金を払う。

（7） リウィウスの摘要、フロールス、アッピアノスらもこのユグルタの同じ言葉に言及している。

第三六章

（1） 翌年の執政官選挙は前年の十一月頃に行なわれる。

（2） 実際、アルビーヌスはマミリウスの法による裁判（第四〇章）によって有罪とされた。

第三七章

（1） 前一一〇年の護民官、二人ともこの箇所以外では知られていない。

（2） 前一〇九年の一月。ただし、第三九章でアウルスの兄アルビーヌスがなお執政官在任中である（前一一〇年末以前である）ように叙述されているのとは矛盾する記事である。

（3） この地名はこの箇所以外では不出。両軍の合戦は古代のカラマ（現在のゲルマ）で行なわれたともいう。

第三八章

（1） 第三六章末尾に登場したアルビーヌスの兄弟アウルスのこと。

（2） ローマ軍団の下部組織の最小単位である百人隊の隊長。

（3）ローマ騎兵隊の最小単位トゥルマ（分隊）は三十騎ほどの騎兵から成るが、ここではむしろ同盟国から提供された騎兵の分隊を指すようである。
（4）南フランスから北イタリアのポー川（古代のパドゥス川）付近にかけて分布していた古代民族。ユグルタ戦争直前の前一一七年にローマによって制圧された。
（5）コホルスとはローマ市民から成る軍団の大隊（十大隊で一軍団）の意であるが、ここではリグリア人というローマ市民以外からの補助軍部隊の単位。
（6）現在のブルガリア付近にいた古代民族。
（7）グレガリウスは隊伍を構成している通常の軍団兵で、歩兵である。
（8）字句どおり訳せば条約（foedus）であるが、元老院と民会が承認しなければ正式なものとはならない。次章を見よ。
（9）降参した敵軍に対する辱めである。かつて（前三二一年）アルビーヌスとアウルスの先祖スプーリウス＝アルビーヌスがサムニテス（サムニウム）人にカウディウムの谷で敗北し、同様の屈辱を受けたとされる。

第三九章

（1）すなわちローマが独立を喪失するの意。
（2）負傷兵や老兵と交代させるための補充部隊。

（3） イタリア半島の同盟諸市《ソキイ》などを指す。
（4） 前一一〇年十二月に就任した前一〇九年の護民官たちか。

第四〇章

（1） 前一〇九年の護民官の一人。土地の境界についての法の制定者でもあるので、リメターヌス（リメスはラテン語で境界の意）との添え名を得た。
（2） キケロ（『ブルートゥス』一二八）はマミリウス法によって有罪とされた者として、ガイウス＝ガルバ、ルーキウス＝ベスティア、ガイウス＝カトー、スプーリウス＝アルビーヌス、ルーキウス＝オピーミウスの名を挙げている。これはおそらく断罪された人々のうちの主要な者のみを挙げたのであろう。ガルバとカトーがいつどのようにユグルタを利したのかについては詳細不明。ベスティア、アルビーヌス、オピーミウスについては本書に既述されている。
（3） ローマ市民団の中にある'partes'（部分＝党派）の間の対立、敵意のこと。以下本文にあるとおり具体的には門閥貴族層とそれ以外の一般の市民（「平民」）の間の対立を指している。
（4） 「ラテン種族の人々」（ラテン人）もイタリアの同盟諸市市民もローマ市民権は有さず、したがってローマから見れば法的には外国人である。ラテン人は本来イタリア半島中部のラティウム地方の住民でいくつかの都市国家を形成していた(ローマもその一つ)が、言語(ラテン語)、宗教を共有し、同族意識で結ばれていた。ローマの強大化によりラテン人諸市はローマに従属したが、ローマとの近縁性のゆえに他のイタリアの同盟《ソキイ》市とは区別され、ローマとの通婚権・通商権を保持し、ローマがイタリア各地で行なった植民市建設にも参加した(ラテン植民市)。ここで言う「ラテン種族の人々(ラテンの名の人々)」はラティウム地方住民のみならずこのようなイタリア各地のラテン植民市市民をも指す。

(5) 第二八章、第一五章註(2)参照。

第四一章

(1) 第三次ポエニ戦争の結果、カルタゴがローマによって破壊された前一四六年以前。第五章註(3)参照。

(2) すなわち門閥貴族層と「平民」の二つの「部分《パルテース》」(階層)にである。第四〇章註(3)参照。

(3) この「派閥」(党派)は前註にある二大党派(階層)ではなく、門閥貴族層内部の政治的人脈(ファクティオー)である。本章冒頭の「派閥《ファクティオーネス》」も同じ。第三一章註(3)参照。「党派」も「派閥」ももちろん、近代社会の政党とは異なる。

(4) 政務官の職務の対象であるプロウィンキア。「属州」と訳されることが多い。第二七章註(3)参照。

(5) 次章にあるグラックス兄弟らを指す。

第四二章

(1) ティベリウスおよびガイウス＝グラックス(グラックス兄弟)の母方の祖父は第二次ポエニ戦争の勝者スキピオ＝アフリカヌス(大スキピオ)。父もヒスパニア、サルディニアの戦役で勝利。

(2) 第四〇章註(4)参照。

(3) 騎士身分とは、古くはローマ共和政期の市民軍に通常の市民のように歩兵としてではなく騎兵として従軍した(官給馬騎士。後には私費の騎士も加わった)、一定額以上の財産を持つ上層市民層全体を指したが、前二世紀後半には元老院議員が騎士身分から区別され始め、以後、上層市民のうち元老院に入らず、経済活動に専念する人々を指す狭義の騎士身分概念が成立した。ここではその狭義の騎士身分のことを述べている。ガイウス＝グラックスの方も騎士身分を味方につけるために不当搾取財返還訴訟の法廷を騎士身分に委ねるなどした。

(4) ガイウス＝グラックスは、改革の一環として没落市民への土地の再分配と彼らを入植させるためのカルタゴの跡地等への植民市建設を試み、自らその任にあたった。

(5) 第三一章註(6)、第一六章註(3)及び第三一章のメンミウスの演説等を参照。

(6) 「善き者《ボヌス》」は、ここでは単数形であるが、複数形(boni)では「上流人士」(門閥層)を指す場合がある。ただしこの一節の文意については諸説ある。

第四三章

(1) クィントゥス＝カエキリウス＝メテッルス＝ヌミディクス。前一〇九年の執政官。対ユグルタ戦争を指揮した功で前一〇六年に凱旋式の挙行を許され、ヌミディクスの添え名を得た。後にマリウスの手先のサトゥルニヌスと対立し、前一〇〇年、ついに亡命を余儀なくされる。メテッルス家は門閥貴族の代表的一門。

(2) マルクス＝ユーニウス＝シーラーヌス。同じく前一〇九年の執政官。ローマ領を脅かしつつあったキンブリー族と戦うべくアルプスの北のガリアに出兵したが、敗北。

(3) ローマの同盟国の王たち。

第四四章

(1) ローマ軍が冬営している属州アフリカの住民をこう呼んでいる。

(2) 前一〇九年就任の執政官選挙は通常なら前一一〇年十月か十一月に行なわれるべきであったが、十二月中旬以降まで持ちこされたと推定される。メテッルスのアフリカ到着は前一〇九年の五、六月か。

(3) 前年(前一一〇年)の執政官。第三九章参照。

(4) ローマ軍の厳密な歩哨システムについてはポリュビオス(『歴史』第六巻第三五章以下)に詳述されている。

(5) 当時の軍団の最小戦術単位であるマニプルス(中隊)の隊章か。その形状は棒の先に干し草の束を付けたものだったとも、手の形を模したものだったともされる。

(6) 軍に随行して兵士たちに調理した食事等を売る小商人。

(7) 酒保商人とは別のメルカトーレスと呼ばれる商人たち。ネゴーティアトーレス(事業家)よりは小規模。第二六章註(3)参照。

(8) 軍団兵に毎月支給される三モディウス(約二十六リットル)の穀物。兵士は本来これを食すべきで、酒保商人から焼き上がったパンを買うのは規律違反。

第四五章

(1) 原義は槍兵。共和政中期には重装歩兵の三戦列のうちの第一戦列を指したが、ここでは戦列を構成する一般兵士《グレガリウス》から区別される意味での百人隊長らを指すのであろう。

(2) 通常、兵士は各々、十七日分の食糧と野営地を防御するための数本の杭を運ぶ。

第四六章

(1)　カルプルニウス＝ベスティアとの間で取り決めた降伏は偽りであったが、との意。第二九章参照。
(2)　第一九章註(1)参照。
(3)　マパーリアについては第一八章の記述参照。
(4)　おそらく同盟国からの援軍部隊である。第三八章註(5)参照。
(5)　投石兵はバレアレス諸島から、弓兵はクレタ島から集められた。
(6)　後に民衆派の巨頭となり、軍制改革等を通じて共和政末期に至る政治の激動の端緒となった人物(前一五七年頃―前八六年)。第六三章以下の記述を見よ。
(7)　これも同盟国から提供される。補助軍の騎兵としてはヌミディア騎兵が有名だが、この場合はヌミディアとの戦争であるので、トラキア騎兵等が用いられたであろう。第三八章参照。
(8)　ウェリテスと呼ばれ、若く貧しい(ゆえに重装歩兵になれない)市民から選ばれた。ローマ市民からなる軍団の構成要素の一つ。

第四七章

(1)　ワガ市については第二九章とその註(2)参照。

（2）　第二六章註（1）（3）参照。

第四八章

（1）　現在のウェド・メレグというワディ（乾期には涸れる川）のことか。この川はワガの少し西でこの地方最大の川であるメジェルダ川（古代のバグラダス川）に合流する。

（2）　古代ローマの長さの単位。一パッススは一四八センチメートル、一〇〇〇パッススが一ローマ・マイル（一四八〇メートル）となる。

（3）　オリーヴ、イチジク、ブドウ等の栽培種か。

第四九章

（1）　アウルスの軍勢を破った時のこと。第三八章を見よ。

（2）　Budé 版（Ernout）、Loeb 版（Rolfe）等の訳に従うが、ローマ軍の基本隊形である「三重の戦列」（ハスターティー、プリンキペス、トゥリアリイの三列からなる）の言い換えと見る説（G. M. Paul）もあり、その場合は「右側面に向けて三重の戦列で戦闘隊形を作り」のような訳となる。

第五〇章

（1）　前一一八年頃のプラエトルで前一〇五年には執政官となるプブリウス＝ルティリウス＝ルーフス。ギリシア哲学や弁論術を学び、ヌマンティアの戦いにも従軍。メテッルスの下でマリウスと共に副官を務めるが、マリウスとは対立。後に属州アシアでローマの徴税請負人らを厳正に取り締まったため、不当搾取財返還訴訟で告訴され有罪となり、亡命先のスミルナで自伝的な同時代史を書いた。この本がサルスティウスの本書執筆の際の典拠の一つとなったと推定されている。

第五一章

（1）「軍団の四コホルス隊」。同盟国からの補助軍部隊のコホルス隊との混同を避けるために、こう表現されている。第三八章註（5）参照。

第五四章

（1）　属州アフリカとヌミディア王国の国境からムトゥル川までの間のヌミディア東部地方を指すか。この地方は、古代の穀倉地帯として知られるバグラダス川（現在のメジェルダ川）中下流域（大平原《マグニー・カンピー》）を擁している。第一六章註（6）参照。

第五五章

（1）　元老院の決議によって行なわれる国家的戦勝感謝礼拝。数日間にわたりローマ市内の全神殿の扉が開放され、参拝者の供物のために公費が支出される。

第五六章

（1）　後にヌミディア王ユバ一世の首都となったザマ・レギアのことか。ザマの位置については複数の説があり、いくつかの候補地では発掘も行なわれているが、いまだ決着がついていない。現在のジャマが比較的有力視されている（巻末地図2参照）。

（2）　ローマ軍の脱走兵は捕まれば磔刑、野獣刑等の厳罰に処せられる。

（3）　現在のチュニジアのル・ケフ市。ローマ期のシッカ・ウェネリア。

（4）　すなわちムトゥルの戦い（第四八―五三章）の後。

第五七章

（1）　鉛製の、多くは楕円形の投擲物《とうてきぶつ》。

第五八章

（1）　ザマの攻略のこと。

第五九章

(1) Budé版(Ernout)、Loeb版(Rolfe)等に従って'Numidae'を複数主格ととり、以下の騎兵と歩兵を組み合わせた戦法もヌミダエ軍の戦法ととる。ポール(G. M. Paul)はこの多数説に反対して'Numidae'を単数与格とする。この場合は主語はローマ側となり、「しかし彼ら(ローマ軍)は、もし騎兵に混じった歩兵が合戦で大損害を与えなかったなら、長くはこのヌミダエ人(ユグルタ)に抵抗できなかったことであろう」という訳となり、本章の最後に至るまで主語である「彼ら」はローマ軍を意味することになる。

第六〇章

(1) 前章で描写されているローマ軍陣営前の騎兵戦。

第六一章

(1) 前一〇九年の秋。
(2) 王の側近、取り巻きたちのこと。
(3) 第三五章参照。

第六二章

(1) 銀二十万重量《ポンド》はローマ貨に換算すると六七二〇万セステルティウス。ローマの一ポンド(リブラ)は三二七・四五グラム。

(2) 第一九章参照。現在のアルジェリアとモロッコの国境を流れるムルイア川(古代のムルッカ川)が古代にもヌミディアとマウレタニアの本来の境界であったらしい。

(3) ティシドゥウム(現在のチュニジアのクリシュ・エル・ウェド)のこと。属州アフリカ内のバグラダス川(現在のメジェルダ川)右岸にある。ここにローマ軍の冬営地の一つがあったのであろう。

(4) すなわちメテッルスは前執政官《プロ・コンスル》(執政官相当官)として引き続きヌミディアでの戦争を管轄する。

第六三章

(1) 滅亡したカルタゴ市の近郊、現在のチュニス市の北西にあった属州アフリカの中心的都市。ローマから派遣される総督の座所がここにあったとされる。

(2) イタリア半島中部の都市。現在のアルピーノ。キケロもこの都市の領域の出身。マリウスの生没年は前一五七年頃—前八六年。

(3) 小スキピオの指揮下でヌマンティア攻囲戦にも従軍している。ローマの兵役年齢は十七歳かもっと若年から。

(4)　高級将校《トリブーヌス・ミーリトゥム》は各軍団に六名ずつ配置され、そのうち最初の四軍団用の将校は民会選挙で選ばれる。トリブスはこの民会の投票単位。通常、高級将校に立候補するためには五年以上の軍務の経験が必要とされた。

(5)　前一一九年に護民官、前一一五年にプラエトルに選出されている。

(6)　第四章註(5)参照。

第六四章

(1)　クィントゥス＝カエキリウス＝メテッルス＝ピウスのこと。執政官に立候補するのは普通四十三歳以上であるので、前一〇九／一〇八年当時二十歳位のこの息子の立候補は二十数年後となり、その頃にはマリウスは優に七十歳を越えている。

(2)　司令官の私的な幕僚。上流の子弟からなる。

(3)　第二六章註(3)参照。ウティカにローマ市民の居留民団《コンウェントゥス》が存在したことは、キケロ等の他の史料によっても裏付けられる。

第六五章

(1)　ユグルタの、おそらく腹違いの兄弟。ユグルタ戦争終結後に実際にヌミディア王となった。ヒエムプサル二世(第一七章註(4))の父。
(2) 第一位の相続人たちが死ぬか辞退した場合、相続権は第二位の相続人たちに移る。
(3) 第八章註(2)参照。
(4) ローマの騎士身分については第四二章註(3)参照。
(5) 第四〇章参照。

第六六章

(1) 第四七章参照。
(2) 最有力者たち。貴族(ノービリタス)。
(3) 第一九章註(1)参照。
(4) ケレレス(穀物女神たち)の祭りともカエレスティス(月神、カルタゴのタニト女神)の祭りとも推測されているが確かではない。いずれにせよ、この事件が起きたのは前一〇九/一〇八年の冬の間である。
(5) 原語は'praefectus oppidi'であるが、この「プラエフェクトゥス」はワガ駐屯軍の隊長とも、同盟国(この場合はラテン人の?)からの援軍の隊長ともとれる。プルタルコス『対比列伝』(以下略す)「マリウス伝」第八章にはこの人物は「技師長」とあり、とすればラテン語で'praefectus fabrum'と呼ばれる一種の参謀将校であったことになる。

第六七章

（1）　プルタルコス（「マリウス伝」第八章）は、ワガ市民がトゥルピリウスを助けたのは、ワガ市を任されていた彼が市民に悪事を働かず、むしろ親切に人間的に接していたからだと述べている。

第六八章

（1）　日の出から日没までを十二等分したうちの第三時。したがって季節によって異なるが、十二月から一月には午前九時半頃。

第六九章

（1）　プルタルコス（「マリウス伝」第八章）は、トゥルピリウスは無罪であったのに軍評議会でのマリウスの強硬な主張によって死刑となったと述べる。トゥルピリウスは本来メテッルスの賓客《クセノス》であったので、その彼をメテッルスに処刑させることで、メテッルスに保護者としての信義違反の責めを負わせようとしたのだという。

（2）　「ラティウム地方出身のローマ市民」の意か、「ラテン市民（ラテンの名の人）」の意かで論が分かれる。第四〇章註（4）参照。

第七〇章

（1）この人物は他の史料では知られていない。

第七一章

（1）原語は'cliens'.「秘書」との間に存在したヌミディア社会の何らかの庇護関係が、ローマ社会のパトローヌス（保護者）とクリエンス（庇護民）の関係になぞらえられて叙述されている。

第七三章

（1）実際には、アルピヌム（現アルピーノ）の出身とはいえ、騎士身分に属したらしい。
（2）護民官たちのことを指す。
（3）「頭格罪」とは、有罪となれば極刑か追放になり、市民権（頭《カプト》）を失うことになるような重罪。
（4）マリウスが前一〇七年の執政官に選出されたことをいう。もう一人の執政官はルーキウス＝カッシウス＝ロンギヌス（第三二章註（2））。
（5）前一〇七年の護民官の一人。
（6）民会で決定したとの意。

（7）　元老院はメテッルスに引き続き対ユグルタ戦争を担当させるために、ヌミディアを前一〇七年の両執政官の職務管轄としては挙げないでおいたのであろう。この箇所（本文の〈　〉内）はトイプナー版（Kurfess）にはないが、オックスフォード版（Reynolds）他の補いに従う。

第七四章

（1）　マウレタニア王、第一九章、第六二章参照。

第七五章

（1）　ウェド・メレグ川（古代のムトゥル川）の支流の近くにある現在のタラ市のことかどうかについては議論がある。グセル（S. Gsell）は'Thala'はベルベル語で泉を意味し、よくある地名だとして、この箇所のタラが周囲を砂漠に囲まれたオアシスであった可能性を指摘する。とすればより南方のカプサに近いあたりか。

（2）　第二八章註（1）参照。

第七七章

（1）　レプティス（レプキス）・マグナ。現在のリビア海岸のレブダ市。

（2） 彼ら（レプティス市民たち）は安寧を、ローマ人たちはその同盟者たるレプティス市を失う危険がある、との意。
（3） すなわち前一一一年に。
（4） 前一二八年の執政官の息子かもしれないが詳細不明。

第七八章

（1） シドンはフェニキア（現レバノン付近）の都市。現在のサイダー。レプティスを建設したのは正確にはシドン人ではなく、同じフェニキアのティルス市の人々ともいわれるが、ここでは「シドン人」という語を「フェニキア人」と同義に使っているのかもしれない。
（2） 第一九章註（4）を見よ。
（3） アフリカの東の「果て」、すなわちエジプトとの境界。第一七章にある「カタバトゥモス」付近。
（4） ギリシア語で「浚う」「引く」を意味する σύρω という動詞から来ているという語源解釈。実際には「シュルティス」はフェニキア語ないしリビア語起源かもしれない。
（5） 本来はフェニキア語を使っていたのが、ヌミダエ人の言葉であるいわゆるリビア語を使うようになったとの意か。リビア語は現在のベルベル（アマジグ）人の言語の祖といわれ、ヌミディア王国時代にはこの言語を表記する固有のアルファベット（リビア文字）も使用された。

（6）たとえば、第七七章のハミルカルという人名もフェニキア（カルタゴ）系の名前である。

（7）ヌミディア王権のこと。

第七九章

（1）リビア海岸にあったギリシア人植民市。第一九章註（3）参照。

（2）この祭壇については、ポリュビオス（『歴史』第三巻第三九章）等、他の古典史料にも記述がある。

第八〇章

（1）第一八章註（1）参照。

（2）多くの写本ではこうなっており、トイプナー版（Kurfess）もこれに従うが、「ボックスの娘がユグルタのもとに」となる写本もあり、オックスフォード版（Reynolds）はそちらを採用している。プルタルコスもユグルタをボックスの婿としている（「スッラ伝」第三章）。

第八一章

（1）マケドニア王（在位前一七九―前一六八年）。ギリシア各地に勢力を広げたことが、ローマの介入を招いて第三次マケドニア戦争となり、前一六八年、ピュドナの戦いで敗れた。

（2）原文の 'Metellus' の前の語を 'ibique'（訳文のこの箇所に続く「またここに」）とする写本を採用すると、この箇所に欠落（lacuna）を想定し得ることになる（トイプナー版）。'ibique' ではなく 'ibi Q.' とする写本に従えば欠落を想定する余地はなく（オックスフォード版）、その場合は「それは、ここにQ（クィントゥス）・メテッルスが戦利品と（以下同じ）」のような訳となる。

（3）キルタがいつの間にローマ側の手に落ちたのかについて、本書には記述がない。

第八二章

（1）第七三章を見よ。

第八四章

（1）負傷者や退役兵と交代させるための。

（2）すなわち従軍を促す目的で。

第八五章

（1）パトローヌス（保護者）とクリエンス（庇護民）の間のクリエンテーラと呼ばれる関係。ここではローマ市民間のそのような関係を指す。門閥貴族は各々、多くは世襲的な庇護民を市民の中に持ち、裁判等の際、助力するとともに、民会での投票のために動員したりもした。

（2）官職に就くことよりもその職務を遂行することの方が後であるが、職務遂行のための経験や資質は官職就任の前提として先にあるべきだ、のような意か。

（3）第四章註（5）参照。

（4）第四章註（4）参照。

（5）自分は執政官職にふさわしくないという自覚のこと。

（6）「槍」はハスタ・プーラと呼ばれる未使用の槍。「旗」は一種の旗印、「勲功章」は金属製の円形の飾りで胸当てや馬具に付ける。敵を傷つけた者には槍が、殺して武具を剝ぎとった者には楯（歩兵の場合）か槍と勲功章（騎兵の場合）が、賞として与えられた。

（7）前段の「敵を撃ち倒すこと……」以下の「善いこと」。

（8）農場差配《ウィリクス》も役者も料理人も多くの場合、奴隷である。

（9）「善き人々（boni）」という語には「上流人士」のニュアンスもあるので、ここにはおそらく皮肉が込められている。

(10) これまでの対ユグルタ戦争の指揮官であった門閥出身の将軍たちの貪欲、無知、傲慢。

(11) 十七歳以上四十六歳以下。

第八六章

(1) 第七三章に登場する護民官ティトゥス＝マンリウス＝マンキヌスと関係のある人物かもしれない。

(2) ローマ市民は戸口調査《ケンスス》の際の財産額に応じて、騎士は別として五つの階級《クラッシス》に区分され、各階級ごとに従軍の際の装備(これらは自弁である)が決められていた。第五階級の最低財産額にも達しない市民はひとまとめに'capite censi'(「頭数だけで数えられる者たち」)と呼ばれて、大動乱の場合を除き従軍義務を免ぜられていた。この階級制は、伝承では王政期のセルウィウス＝トゥッリウス王がケントゥリア制と同時に創設したものとされ、各階級に各々決まった数のケントゥリア(百人隊)が置かれたが、「カピテ・ケンスィー」はいかに多人数でも一ケントゥリアにしか数えられなかった。これらのケントゥリアが共和政期のケントゥリア民会の投票単位ともなっている。ユグルタ戦争の時代には第五階級の最低財産額は一五〇〇アス。「カピテ・ケンスィー」は無産者を意味する「プロレタリイ」とほぼ同義。

(3) 前一〇七年の春。

第八七章

(1)　この「軍団」も複数形であるので二軍団以上。一軍団の定員については第二八章註(3)を見よ。「補助軍のコホルス隊」はイタリア各地その他の同盟市、同盟国からの援軍のこと。

(2)　二人の王たち、すなわちユグルタとマウレタニア王ボックス。

第八八章

(1)　属州アフリカの住民を指すか。

(2)　ユグルタとその軍勢に武器を放り出して逃げることを余儀なくさせた、との意。

第八九章

(1)　現在のチュニジアのガフサ。旧・中石器時代のいわゆるカプサ文化の中心地でもある。

(2)　フェニキアのメルカルト神か、あるいはアフリカの未知の神のことをこう呼んでいるのである。第一八章註(3)参照。

第九〇章

(1)　現在のヘンキル・ロルベウス(Henchir Lorbeus)。シッカ(現ル・ケフ)市の南東十八キロメートルの位置にある。

（2） 現在のウェド・エッ・デルブ（ウェド・エル・ハタブ）川ともされるが、定かではない。

第九一章

（1） ローマへの降伏（deditio）はすべて原則的に無条件降伏と考えられたことからすれば、マリウスの行為は法規違反とはいえないが、この文章が示すように降伏者を過酷に扱うべきではないとの一般的理解は存在した。

第九二章

（1） カプサ攻略のこと。

（2） 第一九章註（10）参照。カプサからムルッカ川（現ムルイア川）までは一二〇〇キロメートル程も離れているので、マリウスはこの間にヌミディア西部への大遠征をしたことになる。

第九三章

（1） 第三八章註（4）（5）参照。

（2） 第五階級（第八六章註（2）参照）の二つの百人隊に組織されていた部隊。

(3) 文意がやや不明確。四人の百人隊長と共に何人かの兵士も加わったのであろう。

第九四章

(1) 各兵士が楯を頭上に、互いに重なり合うようにかざして、部隊全体を防御する。

第九五章

(1) ルーキウス=コルネリウス=スッラ=フェリクス(前一三八年頃—前七九年)。後に元老院の後押しでマリウスと対立。いわゆる閥族派の巨頭としてマリウスおよびその一派との内戦に勝利し、前八一年以降、独裁官として新体制を築いたが、反対派市民を無慈悲に大量処刑したことでも有名。

(2) ルーキウス=コルネリウス=シーセンナ。歴史家。おそらくパトリキ出身で前七八年のプラエトル。同盟市戦争およびマリウス対スッラの内戦に重点を置いた十二巻以上からなる『歴史』を著したが、断片のみ伝わる。

(3) スッラ家が属するコルネリウス氏は代表的なパトリキ氏族。スッラは前二九〇年と前二七七年の執政官であったプブリウス=コルネリウス=ルフィヌスの五代目の子孫にあたるという。

(4) スッラが死期の迫った病気の妻メテッラを宗教的禁忌から離縁したことを指すか。彼は五度結婚し、放蕩でも知られた。
（5） 前八二年、スッラは小マリウス（マリウスの息子）とカルボーに勝利した後、ローマ市城外でマリウス派の最後の抵抗を破った。
（6） スッラが自称したフェリクス（幸運な者）という添え名を念頭に置いてこのように述べている。
（7） サルスティウス『カティリーナの陰謀』第一一章の記事を見よ。

第九六章

（1） メテッルスの評判を傷つけるべく策動したマリウスの振舞いとの対比か。

第九七章

（1） シガ市を中心とするヌミディア西部、すなわち現在のアルジェリア西部の旧マサエシュリー領付近を指すか。
（2） おそらく前一〇六年の秋。
（3） テクストが矛盾、混乱している。「老兵」と「新兵」の位置を入れ替える説や、「そのゆえに戦いを知っている者たちは」を後から加えられた註釈文として削る説、あるいは「新兵も」のあとに欠落部を想定する説（トイプナー版）、「新兵も」を削る説（オックスフォード版)等があるが、ここではトイプナー版(Kurfess)に従う。

第九八章

(1)　この戦いの戦場や二つの丘の位置は不明。

第九九章

(1)　歩哨の交替の際の。

(2)　原文は「コホルス」。

第一〇〇章

(1)　輜重隊《しちょうたい》に先導された歩兵三縦隊からなる長方形の隊列の四辺を、騎兵と軽装歩兵が囲んで進軍する。

第一〇一章

(1)　マウリー人の歩兵。

(2)　オロシウスによれば、おそらくこの戦いを指すと思われるマリウスとの間の二度目の会戦で、ユグルタとボックスの軍勢九万人が殺されたという。もちろんこの数字は誇張かもしれない。

第一〇二章

(1) 第九七章註(1)で述べた地方のことか。ただしユグルタとボックス、あるいはヌミディア王国とマウレタニア王国の間の領土問題の詳細な経過については諸説ある。

(2) 第八〇章参照。

第一〇三章

(1) マリウスのこと。厳密にいえば彼はこの時(前一〇六年から一〇五年にかけての冬)既に前執政官《プロ・コンスル》であるはずであるが、しばしばこのような呼び方がされる。第九七章註(2)参照。

(2) 厳密にはプロ・プラエトル格の前財務官。

第一〇四章

(1) トイプナー版(Kurfess)に従って'infecto'とするが、'confecto'(「達成し」)とする写本も複数あり、オックスフォード版(Reynolds)はこれを採用している。

(2) 「ウティカから」とする写本と「ウティカへ」とする写本に大別され、Kurfess は削除している。Reynolds は少数の写本に見られる'ab Tucca'(「トゥッカから」)を採用。トゥッカの位置等については、諸説ある。ウティカについては第六三章註(1)を参照。

(3) 後にスッラの手先となった、カティリーナの伯父でもある人物かもしれない。

(4) 第六二章のメテッルスが開いた会議の場合と同様の慣行。

(5) マリウスのこと。

(6) 前一〇五年の財務官の一人(就任は前一〇六年末)。

第一〇五章

(1) 地中海西部のバレアレス諸島(現スペイン領)の住民。

(2) イタリア半島中部の住民。

(3) ウェリテスと呼ばれる若年軽装兵のための武器。丸楯、革製の兜、軽い投げ槍、短めのスペイン剣からなる。

第一〇六章

(1) 不寝番を行なうべき夜間を四等分したうちの第一番目の時間帯。

第一〇七章

（1） 背中のこと。

第一〇八章

（1） アッピアノスによれば、アプサル。
（2） アッピアノスにはマグダルセスなる人物が登場する。
（3） マシニッサ（第五章註（4）参照）の子か孫、あるいは甥の一人と考えられている。
（4） おそらくユグルタを指すが、文意やや不分明。
（5） 「カルタゴ人の信義」すなわち不実のこと。

第一一一章

（1） ボックスはユグルタ戦争終結後、実際にヌミディア西部を与えられたらしい。

第一一二章

（1） カルプルニウス＝ベスティア（第二九章）およびアウルス＝アルビーヌス（第三八章）との講和を指すか。

第一一三章

（1）スッラのこと。

（2）後にスッラの息子ファウストゥス＝スッラが発行したデナリウス貨幣（前五六年頃）の裏面に、この場面、すなわち後ろ手に縛られてひざまずかされたユグルタと、スッラにオリーヴの枝を差し出すボックスの姿が描かれている（本書の表紙カバー参照）。

第一一四章

（1）前一〇五年十月のアラウシオ（現オランジュ）の戦いのこと。ここで「ガリア人」と呼ばれているのは厳密にはゲルマン系のキンブリー族、テウトネス族、アンブロネス族で、エルベ川付近から南下し、ローヌ河谷に入って、前一〇九年に迎え撃とうとしたローマ執政官マルクス＝ユーニウス＝シーラーヌスの軍を破り、前一〇五年、アラウシオで再度ローマ軍と対決した。クイントゥス＝セルウィリウス＝カエピオーは前一〇六年の執政官の一人で、著名なパトリキ出身の門閥貴族。グナエウス＝マンリウス（マッリウス）＝マクシムスは前一〇五年の執政官の一人。

（2）前三九〇（三八七、三八六とも）年のガリア（ケルト）人によるローマ市略奪以来、ローマ人にとって「ガリア人」との戦いは存亡にかかわるものと受けとめられていた。

（3）プルタルコス（「マリウス伝」第一一章）によれば、アラウシオの敗戦の直前にユグルタ捕縛の報がローマに届いたという。

(4) 前一〇四年一月一日、ユグルタは凱旋式で引き回された後、獄に投ぜられて死に至らしめられた。

カティリーナの陰謀

第一章

(1) サルスティウス『ユグルタ戦争』第一章にも同様の思想が見られる。

第二章

(1) アケメネス朝ペルシア帝国の祖。
(2) スパルタのこと。
(3) 故郷を離れ、異国の地をあてどなく行く、といったニュアンスである。

第三章

(1) 歴史叙述のこと。
(2) 前五〇年に元老院から追われたこと、前四六年以降アフリカ・ノウァ州の初代総督を務めたが、離任後に不当搾取の罪に問われたこと等を主な経歴上の不遇として想起しているのであろう。
(3) 政治的野心(ambitio)である。政務官に当選するための人気取り、集票活動のことも指す。

第四章

（1）耕作（実際には農場経営）も狩猟も肉体にかかわる仕事とみなされるので。

（2）年代記、編年史の形式ではなくモノグラフ的形式で、との意。

（3）この著作の題名が、『カティリーナの陰謀』とされることが多い（本書も、底本としたトイプナー版に従って、この題名を採用している）のはこの箇所の記述による。写本では『カティリーナ戦争（Bellum Catilinae）』等、「戦争」の語が冠されている例が多い。

第五章

（1）氏族名を加えて正式には、ルーキウス＝セルギウス＝カティリーナ。セルギウス氏族はアエネアスと共にトロイアから来たとの由緒を誇るパトリキ（ローマ古来の貴族）で、先祖に執政官《コンスル》経験者を持つ門閥貴族層《ノービリタス》の一員でもあったが、前三八〇年以降は執政官級の人物を出したことが知られておらず、廃れつつあった一族であるといえる。

（2）カティリーナがスッラの徒党として、内戦後の市民の追放・処刑に加わったことを指す。

（3）ルーキウス＝コルネリウス＝スッラは、民衆派のマリウスおよびその一派との内戦に勝利した前八二年以降、独裁官《ディクタトル》に就任し、ユグルタ戦争、同盟市戦争等で動揺していた元老院中心の支配体制を強権的に再建した。前七九年、自ら引退した後、病死。'dominatio' は「専制」とも訳し得る語で、スッラの独裁官時代に対するサルスティウスの否定的立場を示す。

(4)　原語の 'regnum' は字義どおりには王権。前六世紀末にエトルスキ王政を打倒し、共和政体を樹立して以来、ローマ人にとって王政の復活こそは常に最も警戒すべき事態であり、「王権をめざす」ことは国家(レース・プブリカすなわち republic)転覆の大罪であった。

第六章

(1)　多くのヴァージョンでは、地中海各地を放浪した後イタリアに来たアエネアスは、ローマ市そのものではなく、その祖にあたる都市(ラウィニウム)を先住民族(アボリギネス)と共に建設したことになっている。

(2)　この一節は大部分の写本にはないが、トイプナー版(Kurfess)に従って採用する。

(3)　サビーニー人、アエクィー人、ルトゥリー人、ウォルスキー人等。

(4)　王政はいずれも専制的であるとの共和政期のローマ人の常識とは違い、初期ローマの王政は法に基づいていたと主張している。

（5）元老院のこと。

（6）伝承上の第七代王タルクィニウス＝スペルブス（傲慢王）の時、暴政に耐えかねたローマ市民は決起して王一族を追放し、君主政を廃止して共和政を成立させた（いわゆる共和革命）。この事件は伝承上、前五一〇／五〇九年のこととされるが、ほぼ正確な年代である。

（7）後に執政官《コンスル》と呼ばれることになる公職。共和政開始当初はプラエトルと呼ばれた。サルスティウスは'imperator'という一般的な語を使うことで、アナクロニズムを避けたのであろう。

（8）執政官（当初はプラエトル）のような命令権（軍事指揮権を含む国家の最高権力）を伴う公職は、もし就任者が単独であれば無制限のものとなって暴走しかねないので、同一の権限を持った二人の執政官を選ぶ（同僚制）ことによって、互いに掣肘《せいちゅう》させる仕組みである。

第七章

（1）王政下では王の疑惑を招かぬように隠されがちであった各人の天賦《インゲニウム》の才能が共和政の自由の中で開花した、というような意か。

第八章

(1) トゥキュディデス等。

(2) 公職(政務官職)のどれかに就いていて。

第九章

(1) たとえば、前四三一年の独裁官アウルス＝ポストゥミウス＝トゥベルトゥスは命令に逆らって敵と戦った息子を処刑し、また前三四〇年の執政官ティトゥス＝マンリウス＝トルクァートゥスは命令に反して敵と一騎打ちした息子を処刑したという。

第一〇章

(1) 前二世紀初頭以来、マケドニア王フィリッポス五世、セレウコス朝シリアの王アンティオコス三世(大王)、マケドニア王ペルセウスが、相ついでローマに敗北し、アレクサンドロス大王領の後継国家であったこれらのヘレニズム諸王国が従属化されたことを指す。

(2) 前九―前八世紀以降、フェニキア人が地中海各地に建設した植民市のうち、現在のチュニジア北岸にあったカルタゴは、前六世紀頃から西地中海のフェニキア勢の頂点に立って一種の海上帝国を形成していたが、前二六四年以来、三次にわたってローマと戦い(ポエニ戦争)、前一四六年に滅亡した。住民は殺し尽くされ、都市は跡形もなく破壊された。

(3) カルタゴ滅亡をローマの運命の暗転の契機とするこのサルスティウスの見解は、第三次ポエニ戦争前に、主戦派の大カトーに反対して、カルタゴを温存すべしと説いたとされるスキピオ＝ナーシカの論とも重なる。スキピオ＝ナーシカは、強力な外敵の消滅によってローマが弛緩し、堕落する危険を指摘したという。

第一一章

（1） 第五章註（3）参照。前八八年、マリウス一派と抗争しつつ、東方のポントス王ミトリダテス六世との戦争（第一次ミトリダテス戦争）に赴いたスッラは、この間病死したマリウスに代わって彼の主敵となったキンナ（前八七―前八四年の執政官）が軍隊反乱で殺害されるや、急ぎイタリアにとって返し（前八三年）、マリウス派の残党を内戦の末破って（コッリーナ門の戦い）、以後、独裁官として強権をふるった（前八二―前七九年）。

（2） スッラによるいわゆる'proscriptio'（没収財産告示）。反対派市民を被没収者名簿に従って処刑し、財産を没収して競売にかけた。財産めあての密告によって数多くの無実の人々がリストに載せられ殺害された。カティリーナもスッラの徒党として殺害に加わり、マルクス＝マリウス＝グラティディアヌス（マリウスの甥。カティリーナの妻の兄弟ともいわれる）、クィントゥス＝カエキリウス（カティリーナの姉妹の夫ともいわれる）らを手にかけた。

（3） 第一次ミトリダテス戦争中のこと。アシアは狭くはローマ属州アシア（小アジアの西部、旧ペルガモン王国領)、より広くは小アジア(現在のトルコ)全体を指す。前八八年、執政官としてミトリダテス戦争を指揮すべく、スッラが委ねられた職務管轄《プロウィンキア》は、アシアであった。この指揮権をマリウス側に奪われたことから、この年、スッラはローマに進軍し、クーデター的に体制を固めた後、東方に出発した。彼の留守中、マリウスとキンナが政権を掌握し、再びスッラの指揮権を剥奪し、彼を公敵と宣言して、マリウス派の将軍を対ミトリダテス戦争に派遣したので、アシアに出征中のスッラはその法的根拠を失い、自軍の兵士を懐柔しつつ武力でローマの政権を覆す機会をうかがっていた。

(4) 金銀製の。

(5) ミトリダテス側についたアテナイを攻撃する際、スッラはアカデメイアとリュケイオンの森を伐り倒し、アテナイ占領の際には老若男女を問わず虐殺し、また軍資金とするためにギリシア各地の聖域(オリュンピアやデルポイ)の財宝を奪い去った。

第一二章

(1) 軍事指揮権を含む命令権。執政官、プラエトル等の高位政務官はインペリウムを保持する。

(2) 政務官職(公職)の権限から生み出されるより広い政治的権力。

(3) ローマ人は味方の国々を広く同盟国《ソキイ》と呼び、いわゆる属州の住民もソキイと呼ばれることがある。

第一三章

(1) たとえば、第三次ミトリダテス戦争で大勝し巨富を得たルークッルスは、引退後、ネアポリス(現ナポリ)近郊の海岸で丘を掘削して海水を引き、巨大な掘割や運河を造って邸の周囲に魚を泳がせ、海上にも家を建てたので、「トガ(ローマ市民の正装)を着たクセルクセス(ペルシア大王)」と呼ばれた。

(2) 同性愛における女性役への言及。

(3) 満腹でも、さらに美味を味わうため吐剤を用いる等。

第一四章

(1) 原語の'ganeo'(大食漢)の代わりに'aleator'(賭博師)とする校訂もあり、オックスフォード版(Reynolds)は、この部分全体を削除すべきとしているが、トイプナー版(Kurfess)に従う。

(2) 原語は'parricidae'. 文字どおりには「親殺し」であるが、殺人者一般も指し、また「祖国に対する反逆者」の意で使われることもある。

(3) カティリーナと若者たちの性的関係についてのキケロの主張(『カティリーナ弾劾』

二・八、二・二三)を念頭に置いたものか。

(4)　カティリーナを追及したキケロによる宣伝が原因だと示唆しているのであろう。

第一五章

(1)　ウェスタ女神(竈《かまど》と火を司る)の女神官であるウェスタの巫女は、ローマの永続の証しである聖火を守る六人の処女で、元老院議員の子女から選ばれたが、もし貞潔を汚した場合は生き埋めにされた。カティリーナは巫女の一人ファビア(キケロの妻テレンティアの異父姉妹)と関係したとして訴えられたが、カトゥルス(第三五章参照)の介入により無罪とされたという。

(2)　前七一年の執政官グナエウス＝アウフィディウス＝オレステスの娘か。カティリーナが愛人との間にもうけた実の娘と結婚したとする伝えもあり、その場合、この娘がアウレリア＝オレスティッラのことなのかどうかが問題となる。またカティリーナはアウレリアと結婚するために前の妻を殺したとも言われる(キケロ『カティリーナ弾劾』一・一四)。

(3)　キケロ『カティリーナ弾劾』一・一四(前註)では、「先妻を殺して新たな婚姻のために家を空にし」と記されている。

第一六章

(1) 遺言状の偽造による財産の横領。
(2) 偽証、偽造の罪で訴えられる裁判の危険。
(3) 無実の罪で人を陥れることの比喩。
(4) キケロによれば、彼が執政官の年(前六三年)には、上流、下流を問わず市民の借財問題が危機的状態にまで高まっていたという(『義務について』二・八四、『カティリーナ弾劾』二・一八—一九、二・二一)。
(5) 内戦でのスッラの勝利(前八二年末)後、東方帰りの彼の兵士たちは、マリウス派や同盟市戦争の敗者から没収された土地を割り当てられて入植したが、多くは浪費の末に没落し、財産を取り戻すため再び内乱状態になることを願ったという。彼らの入植地はかつてマリウス派の地盤であったエトルリア地方に集中していた。
(6) 前七四年から続く第三次ミトリダテス戦争やミトリダテスに呼応した東地中海の海賊との戦いで、主な軍団は東方に送られていた。次註参照。
(7) グナエウス＝ポンペイウス＝マグヌス(前一〇六—前四八年)は、父ポンペイウス＝ストラボーから受け継いだ私兵を率いて内戦でのスッラの勝利に貢献。各地でマリウス派の残党と戦った後、前七一年、イタリアに戻ってクラッススと共にイタリアの蜂起奴隷軍(いわゆるスパルタクスの反乱)を破り、前七〇年、執政官に就任(同僚はクラッスス)、最大の実力者となった。前六七年から海賊対策を名目として全地中海にわたる三年間の非常大権を委ねられ（ガビーニウス法による）、前六六年からは、ルークッルスを引き継いで第三次ミトリダテス戦争を指揮し、東方に遠征中であった。

（8）カティリーナは、前六四年七月に行なわれた前六三年の執政官選挙に立候補する。

第一七章

（1）ルーキウス＝ユリウス＝カエサル。前六四年の執政官。後の独裁官ガイウス＝ユリウス＝カエサルとは遠縁。彼の姉妹ユリアはこの時、カティリーナの一味プブリウス＝レントゥルス＝スーラの妻だったが、以前の夫との間に後の三頭政治家マルクス＝アントニウスを産んでいる。

（2）ガイウス＝マルキウス＝フィグルス。前六四年の執政官。

（3）前六四年。

（4）ローマ社会の最上層の身分。監察官《ケンソル》によってケンスス（戸口調査）の際に不適格とされない限り、原則的に終身制である元老院の議員。議員資格はスッラの改革により、財務官《クアエストル》以上の政務官職への当選によって得られた。

（5）プブリウス＝コルネリウス＝レントゥルス＝スーラ。コルネリウス氏族に属する貴族《パトリキウス》。祖父は筆頭元老院議員。前七四年にプラエトル、前七一年に執政官となったが、前七〇年の監察官によって他の六十三人と共に元老院から追放。前六三年に再びプラエトルに選ばれたが、この前六四年の時点では元老院議員ではなかった可能性もある。前註を見よ。

(6) プブリウス＝アウトゥロニウス＝パエトゥス。若い頃はキケロと共に学び、前七五年の財務官としても同僚の一人でもあった。前六六年にカルプルニウス法により選挙不正で有罪となって前六五年の執政官職を失い、元老院を追われ、将来にわたり政務官職への立候補資格を失った。第一八章を見よ。

(7) ルーキウス＝カッシウス＝ロンギヌス。前六六年のプラエトルとしてキケロの同僚。前六四年にはカティリーナやキケロと並んで前六三年の執政官選挙に出馬したが落選。

(8) ガイウス＝コルネリウス＝ケテーグス。コルネリウス氏族に属するパトリキウス。ローマ市での襲撃計画の中心人物の一人。第三二、四三章参照。

(9) プブリウス＝コルネリウス＝スッラとセルウィウス＝コルネリウス＝スッラ。彼らの父セルウィウス＝コルネリウス＝スッラは独裁官スッラの兄弟かもしれない。

(10) ルーキウス＝ワルグンテイウスはここでは元老院身分とされているが、キケロ(『カティリーナ弾劾』一・九)はガイウス＝コルネリウスと彼を「二人のローマ騎士」と呼んでいる(本書第二八章も見よ)。前六六年に選挙不正《アンビトゥス》で有罪となり、「第一次カティリーナの陰謀」(第一八章参照)にも加担したという。

（11）　クィントゥス＝アンニウス＝キーローのことか。キケロによれば、アッロブロゲス人たちを陰謀に誘った中心人物の一人（『カティリーナ弾劾』三・一四）。

（12）　マルクス＝ポルキウス＝ラエカは前六三年十一月六日夜の陰謀団の会合のために自宅を会場として提供した。第二七章参照。

（13）　ルーキウス＝カルプルニウス＝ベスティア。前六三年に翌前六二年の護民官に選ばれ、同年末、同僚と共に、執政官キケロを権力濫用（すなわちカティリーナの陰謀に対する厳しい処断）のゆえに批判する動きに加わったらしい。

（14）　クィントゥス＝クリウスもレントゥルス＝スーラ同様、前七〇年に元老院を追放された六十四人の一人。第二三章参照。

（15）　元老院身分に次ぐローマ社会の身分。本来は普通の市民のように歩兵としてではなく騎兵として従軍する上層市民全体を指したが、この時代までには、元老院議員以外のそうした上層市民（一定額以上の財産を持つ。帝政期には四十万セステルティウス以上）を指すようになっていた。

（16）　この箇所以外では知られない。第三九章に登場する元老院議員の息子フルウィウスとはおそらく別人。

（17）　ルーキウス＝スタティリウスはプブリウス＝ガビーニウス＝カピトーと共に陰謀の際、ローマ市内の十二の街区に放火する役目であった。第四三章参照。

(18) プブリウス＝ガビーニウス＝カピトー。アッロブロゲス人との交渉の中心人物の一人であり(第四〇章参照)、キケロは彼にキンベル(キンブリー族)とのあだ名を付している(『カティリーナ弾劾』三・六)。

(19) ガイウス＝コルネリウス。ワルグンテイウスと共に前六三年十一月七日にキケロの自宅襲撃を試みた一人。註(10)参照。

(20) 同盟市戦争(前九一―前八七年)後はポー川(古代のパドゥス川)以南の全イタリアの自由人はローマ市民権を付与されているが、その中でもコロニアはもとローマからの植民で設立された都市を、ムニキピウムは本来はローマにとっては外国であったが、部分的市民権を与えられてローマに協力する都市(自治市)となったという経歴のあるものを指す。

(21) マルクス＝リキニウス＝クラッスス(前一一五年頃―前五三年)。後にポンペイウス、カエサルと政治的同盟を結んで(いわゆる第一回三頭政治)、国政を牛耳った実力者。父と兄は前八七年のマリウスとキンナの政権下で殺され、彼自身は危うく難を逃れた後、スッラ陣営に参加。内戦終結後のスッラによるマリウス派の没収財産競売(第一一章註(2))で巨富を得、ローマ市内の家屋の大半を買い占め、最大の富豪となった。スパルタクス率いるイタリアの奴隷戦争(前七三―前七一年)の鎮圧にあたったが、ポンペイウスにその功を横取りされたと怒り、前七〇年にポンペイウスと共に執政官となった後も両者の不和は続いた。

（22）前六七年のガビーニウス法による非常大権（海賊掃討のための）とミトリダテス（ポントス王ミトリダテス六世とアルメニア王ティグラネス二世に対する）戦争の指揮権の付与による。第一六章註（7）参照。

第一八章

（1）いわゆる「第一次カティリーナの陰謀」であるが、以下に見るとおりカティリーナは必ずしも中心人物ではない。キケロ『カティリーナ弾劾』一・一五参照。

（2）前六六年。執政官ルーキウス＝ウォルカティウス＝トゥッルスがカティリーナの立候補を拒絶した。

（3）第一七章註（6）参照。

（4）この人物は前六三年の陰謀加担を疑われたが、キケロによって弁護され（『スッラ弁護』）、無罪となった（前六二年）プブリウス＝コルネリウス＝スッラで、第一七章の陰謀団のリストにあるプブリウス＝スッラ（第一七章註（9））とは別人。独裁官スッラの近縁者とも。

（5）前六五年就任予定の執政官選挙が前六六年夏に行なわれ、アウトゥロニウスとスッラは当選したが、選挙不正で有罪となり、罰金を課されるとともに元老院からの永久追放、政務官職への就任禁止の罰を受けた。

（6）カティリーナは前六八年のプラエトルに選ばれ、翌前六七年属州アフリカの総督《プロ・プラエトル》となったが、苛斂誅求《かれんちゅうきゅう》のゆえに離任前に属州から告発のための使節団がローマに到着。前六五年に不当搾取財返還訴訟で訴えられた。したがってこの本文の時点（前六六年内）ではまだ正式の被告ではなかったが、既に告訴が確実であったので執政官ルーキウス＝トゥッルスにより立候補を妨げられたのであろう。

（7）選挙民会は少なくとも‘trinum nundinum’（市の立つ日《ヌンディナエ》を含む八日間の三つ分、すなわち二四日）前に告示されなければならない。

（8）前六五年就任の執政官選挙への。おそらくアウトゥロニウスとスッラの当選が無効となったための、再選挙であろう。

（9）グナエウス＝カルプルニウス＝ピーソー。前六六年夏の選挙で前六五年の財務官に当選している。

（10）前六五年一月一日。カピトリウムはいわゆるローマの七丘の一つカピトリヌス丘。ここに最善最大のユッピテル神の大神殿（カピトリウム）があり、毎年、一月一日、任期の始まる両執政官が犠牲式を挙行する。

（11）ルーキウス＝アウレリウス＝コッタとルーキウス＝マンリウス＝トルクァートゥスは前六五年就任の執政官の再選挙の当選者。

（12）懲罰用の木製の桿《さお》何本かを斧とともに革紐で束ねた棒で、命令権《インペリウム》のシンボル。命令権を伴う高位政務官(執政官、プラエトル、非常の際の独裁官)はファスケスを持った決まった数(執政官の場合は各十二人)の先導吏《リクトル》を常に同行させた。ここでは「ファスケスを握る」で執政官職を奪うことを意味している。

(13)　イベリア半島のヒスパニア・キテリオル(近い方のヒスパニア)州とヒスパニア・ウルテリオル(向こうの方のヒスパニア)州。

(14)　前六五年二月五日。この陰謀計画の日付は、前六六年末、前六五年初等、史料によってまちまちである。

(15)　スエトニウス(『神君ユリウス伝』第九章)は、この計画にクラッススとカエサルが関わっており、合図する役はカエサルだったとの説を伝えている。

第一九章

(1)　ピーソーのこの職務管轄および職名は元老院決議によって定められたことが碑文から確認できる。ピーソーが外地で蜂起し、カエサルがローマでこれに呼応する政変計画の存在も伝えられている。スエトニウス『神君ユリウス伝』第九章参照。

(2)　原語は'boni'. 門閥貴族層《ノービリタス》(第五章註(1)参照)とも重なるが、より漠然とローマ社会の上流、元老院の中核となっていた人々を指す。'optimates'(「最良の人士たち」すなわち閥族派)と同義であるが、サルスティウスは当時のローマ社会の分裂を表すのに閥族派(オプティマテス)と民衆派(ポプラレス)という対概念を用いない。
(3) 第一六章註(7)を見よ。
(4) マリウス派の部将セルトリウスがヒスパニアを拠点としていたのを討伐するため、ポンペイウスは前七七年から前七一年までヒスパニアに赴いた経験がある。
(5) たとえば、前一五一—前一五〇年の属州ヒスパニア・ウルテリオル総督セルウィウス＝スルピキウス＝ガルバによるルシタニー人殲滅等。

第二〇章

(1) 第一七章の陰謀団のリストを見よ。ここから叙述は前六四年六月一日頃の秘密集会の件に戻る。
(2) 一国を四分割した国の王の意のギリシア語。小王たち。
(3) 原文の'vectigales esse'は、ウェクティガルと呼ばれる貢納を納める義務を負う、の意。この場合は王や小王たちがローマ元老院の少数有力者に便宜を図ってもらうため金銭を貢いでいることの比喩か。
(4) 原語は'stipendia'. 土地等にかかる定額税。貨幣で納められる。
(5) 選挙での敗北か。
(6) 第一三章註(1)参照。

(7)　ラール・ファミリアーリスはローマ人の中心的な信仰である家と竈の守護神。転じて家の守護神の宿る場所としての家の炉辺、家庭。

第二一章

(1)　ポンティフィケス、アウグレス等の主な四つの神官団の職。ローマにはオリエントにおけるような専門化された世襲の聖職者身分はなく、神官職も政務官職と同じような公職の一つであった。

(2)　カンパニア地方のヌケリア市出身のローマ騎士身分の人物。北アフリカのマウレタニア王国に商売のため滞在中。後のカエサルとポンペイウスの内戦の際、シッティウスはマウレタニアで強力な傭兵集団を率いており、彼のカエサル陣営への参加が、アフリカ戦役におけるカエサルの勝利(前四六年)の一因となった。マウレタニア王国(マウリー人の王国)は、王ボックス(一世)がユグルタをローマに引き渡して以来のローマの同盟国。

(3)　ガイウス＝アントニウス(＝ヒュブリダ)は著名な弁論家マルクス＝アントニウスの息子で、三頭政治家のマルクス＝アントニウスの叔父。前七〇年にレントゥルス＝スーラらと共に元老院から追放された一人。前六六年にプラエトルに当選して政界復帰。この前六四年にはカティリーナと共に前六三年の執政官選挙に立候補してキケロの当選を阻止しようとした。カティリーナは落選するが彼の方は当選。

第二二章
（1）プルタルコス『対比列伝』（以下略す）「キケロ伝」第一〇章参照。
（2）違約者への威嚇である。
（3）マルクス＝トゥッリウス＝キケロ（前一〇六―前四三年）。共和政時代を通じての最高の弁論家、文筆家。アルピヌムの騎士身分出身で、同市出身のマリウスの一家とも遠い姻戚関係にあった。マリウス同様、先祖に元老院議員を持たないのに執政官まで登りつめた「新人」の典型。以下、本書にあるとおり、前六三年の執政官としてカティリーナの陰謀摘発に尽力。彼が元老院で陰謀を暴露した『カティリーナ弾劾』の諸演説はこの事件の一級史料である。最後の共和政擁護者の一人としてカエサル暗殺後、アントニウスに反対（『フィリピカ』）。三頭政治（いわゆる「第二回」）成立により、財産被没収者名簿に載せられて殺害された（前四三年十二月）。
（4）執政官キケロが、陰謀加担者五人を民会裁判抜きに処刑した（第五五章）ことへの反感。結局キケロは前五八年に護民官クローディウスの法によって一時、追放の憂き目に遭った。

第二三章
（1）第一七章の陰謀団リストを見よ。
（2）前七〇年の監察官グナエウス＝コルネリウス＝レントゥルス＝クローディアヌスとル

ーキウス＝ゲッリウス＝プブリコラのこと。六十四人の元老院議員を追放した。第一七章註（5）等を見よ。

（3）フルウィアはここにあるようにキケロへの通報者であるが、詳細は不明。プルタルコス「キケロ伝」第一六章参照。

（4）門閥《ノービレス》、門閥貴族層《ノービリタス》とは先祖に高位政務官を持つ名門のこと。ノービリス（複数形はノービレス）は「著名人」の意。共和政末期のこの時代には、ノービリスと呼ばれるのは先祖に執政官がいる者にほぼ限られた。

（5）先祖に政務官がおらず、一族の中で初めて元老院議員になった者。第二三章註（3）参照。

第二四章

（1）前六三年の執政官として。ガイウス＝アントニウスについては第二一章を見よ。

（2）エトルリア北部の都市。現在のフィエゾレ。この付近にはスッラの退役兵の植民が多くなされ、反乱の拠点になりやすかった。

（3）ガイウス＝マンリウス。スッラの軍隊で百人隊長を務めた。キケロ『カティリーナ弾劾』一・七、二・二〇。

第二五章

（1）前七七年の執政官デキムス゠ユーニウス゠ブルートゥスの妻で、彼女の息子デキムス゠ユーニウス゠ブルートゥス゠アルビーヌスは後のカエサル暗殺者の一人（有名な暗殺者マルクス゠ユーニウス゠ブルートゥスとは別人）。センプローニアは改革者グラックス兄弟の家系も含まれる有力な一族センプローニウス氏族の出身。

第二六章

（1）前六三年に行なわれた前六二年の執政官選挙。

（2）キケロ『カティリーナ弾劾』一・一五参照。

（3）両執政官の管轄属州は選挙前にあらかじめ決定されており、どちらを担当するかは籤《くじ》で決める。キケロは自分に当たったより利益の多いマケドニアをアントニウスに譲り、自分の担当となったガリア・キサルピナ（アルプスの手前のガリア）も、ローマに留まるために辞退した。

（4）選挙民会は前六三年十月二十八日、マルスの野（ローマ市北西のカンプス・マルティウスと呼ばれる広場）で開かれ、カティリーナの襲撃を警戒したキケロはトガの下に鎧を着け、警護隊に囲まれて、執政官として民会を主催した。結局当選したのは、デキムス゠ユーニウス゠シーラーヌスとルーキウス゠リキニウス゠ムーレーナであった。プルタルコス「キケロ伝」第一四章参照。

第二七章

(1) カメリヌムはイタリア半島のウンブリア地方東部の都市。セプティミウスはこの地の有力者か。
(2) ウンブリア地方に隣接するアドリア海に面した地方。
(3) 不詳。独裁官ガイウス＝ユリウス＝カエサルとは別人。
(4) イタリア半島南東(「長靴」にたとえればかかとの方)の地方。
(5) Loeb版(Rolfe)は「執政官(すなわちキケロ)に」と訳している。
(6) ラエカについては第一七章を見よ。この深夜の集会はキケロによれば前六三年十一月六−七日とされている。

第二八章

(1) この二人の襲撃者については第一七章とその註(10)(19)を見よ。
(2) 前六三年十一月七日の明け方。キケロ『カティリーナ弾劾』一・九参照。

第二九章

(1) 前六三年十月二十一日。したがってサルスティウスの叙述は第二七、二八章で述べている十一月六―七日の深夜の集会とキケロ暗殺未遂事件から過去に後戻りしている。
(2) いわゆる元老院最終決議(senatus consultum ultimum)。キケロの最初のカティリーナ弾劾演説はこの決議から十八日後(十一月八日)に行なわれた。
(3) 原語は'coercere'。命令権を有する政務官が行使する懲戒権《コエルキティオー》による強制。
(4) このような権限を与える「元老院最終決議」が出た場合以外は、の意。
(5) この説明には異論もあり得るが、サルスティウスがこのように理解していること自体に彼の「民衆派(ポプラレス)」的見地の反映を見て取ることもできよう。

第三〇章

(1) この箇所でしか知られないが、名前からみてファエスラエのあるエトルリア地方の出身か。
(2) 前六三年十月二十七日。キケロ『カティリーナ弾劾』一・七参照。
(3) カンパニア地方の都市。前七三―前七一年のイタリアの奴隷戦争は、カプア市の剣闘士訓練所から脱走したスパルタクスを指導者とする剣闘士奴隷たちが核となって始まった。
(4) 前六八年の執政官。執政官相当官《プロ・コンスル》として前六七―前六六年、キリキアで戦い、凱旋式を挙行する許可を求めてローマ市域外で待機していた。彼の先祖は王政時代のアンクス＝マルキウス王とされるので、レックス(王)という添え名を持つ。

(5) 前六九年の執政官。執政官相当官として前六八―前六五年、クレタおよびアカイアでクレタ島の海賊と戦い、クレタをローマの属州としたので、クレティクスの添え名を得た。凱旋式を挙行する許可を求めてローマ市域外で待機していた。

(6) 戦勝将軍は兵士たちから「大将軍《インペラートル》」との歓呼を受け、これを一種の資格として、ローマ帰還時の凱旋式挙行を申請する。凱旋式を行なうためには当該将軍が命令権(インペリウム)と鳥占権(アウスピキウム)を保持していることが条件となるが、鳥占権は将軍がローマ市域を囲む聖なる境界線(ポメリウム)を越えて市内に入ると消滅するので、たとえ凱旋式の許可が出ても、式の当日までは市域の外で待たなければならない。また、将軍が政務官在職中でなく、執政官相当官のように政務官の「代理」である場合は、ローマ市域内に入ると命令権も自動消滅するため、式の当日に限り市域内でも命令権を認めるとの特別許可を民会決議(提案は元老院が行なう)で得なければならない。本文の両将軍は、おそらくポンペイウス寄りの元老院議員たちの反対により、許可が得られず、命令権の消滅を避けるためポメリウムの外(市壁の外)で待機していたのであろう。このような待機は時に数年に及ぶこともあった。

(7) 前六三年のプラエトル。

（8）前六三年のプラエトル。第五七章参照。前六六年には東方でポンペイウスの副官として戦っている。
（9）剣闘士奴隷が反乱に加わることを防ぐための措置。註（3）を見よ。
（10）プラエトルより下位の政務官を広く指すことがあるが、ここでは'tresviri capitales'（「死罪担当」あるいは「夜間担当」の三人役。牢獄の管理と刑の執行等を担当する一種の警察）等を指すと思われる。

第三一章

（1）前七八年にスッラ体制に対して叛旗を翻《ひるがえ》したルーキウス＝アエミリウス＝レピドゥスの子のルーキウス＝アエミリウス＝レピドゥス＝パウルス。後の三頭政治家レピドゥスの兄弟。前五〇年の執政官。
（2）「暴力に関するプラウティウス法」。おそらく前七〇年前後に制定。不法な武器使用と武装した者による公共の場所の占拠等を禁じる。
（3）キケロによればこの時元老院が開催された場所は、パラティヌス丘下のユッピテル・スタトル神殿（『カティリーナ弾劾』二・一二）。
（4）カティリーナ弾劾の第一演説。第二八章のキケロ邸襲撃事件の翌々日、前六三年十一月八日。

(5) 前六〇年に公刊。

(6) キケロのこと。キケロがローマ市でなくアルピヌム市出身であることを皮肉っている。第二二章註(3)参照。「インクィリヌス」は他人の家に寄宿している人、の意。

(7) この言葉はキケロによれば、この少し前に、カティリーナを訴追しようとした小カトーに対して発せられたともいわれる(『ムーレーナ弁護』五一)。

第三二章

(1) 前六三年十一月八―九日の夜。

第三三章

(1) 借金から免れるために故郷から逃亡した、の意。

(2) 古くは負債を返せなかった者は拘束され、奴隷として売られた(十二表法)が、前三二六年のポエテリウス・パピリウス法により借金のゆえの拘束、債務奴隷化は禁止され、以後ローマ市民は破産しても身体の自由は守られることになったはずなのである。

(3) 市民間の係争を担当するプラエトル・ウルバヌス(「ローマ市担当プラエトル」、法務官)の債権者寄りの訴訟指揮に言及している。

(4) 前八六年のワレリウス法は一セステルティウス(「銀貨」)の借金を一アス(「銅貨」、セステルティウスの四分の一の価値)で返すことを認めた。

(5) 共和政初期のいわゆる身分闘争の際、平民がローマ市外に退去して貴族に圧力をかけたセケッシオー(分離)と呼ばれる闘争方式。前四九四年の聖山事件等。

第三四章

(1) 市民身分にかかわるような重罪(頭格罪)で、死刑宣告を受けそうな者は、判決直前に外国に亡命することによってローマ市民権を放棄し、死刑判決を免れることが認められていた。マッシリアは現在のマルセイユ。

(2) クィントゥス=ルタティウス=カトゥルス。前七八年の執政官で、「閥族派」の中心人物。父はキンナ政権の下で訴追されて死んだ。スッラ独裁下でカトゥルスの父の墓前で殺害した告発者マリウス=グラティディアヌス(第一一章註(2))をカトゥルスとカティリーナはこの時の間にはその頃から何らかの親交があったのであろう。カトゥルスはカエサルの国家奪取の危険を早くから見抜いていた。

第三五章

(1) カトゥルスはかつてカティリーナがウェスタの巫女ファビアとの密通の罪で訴えられた際、弁護したことがある。第一五章註(1)参照。

(2) 武装蜂起のこと。
(3) 執政官選挙落選に言及している。

第三六章

(1) アッレティウムはエトルリア北部の都市(現在のアレッツォ)。ガイウス＝フラミニウスについては不詳であるが、マンリウスと同様、この地方に入植したスッラの退役兵かもしれない。あるいは前六七年のアエディリス・クルリス(高級アエディリス)職についた人物か。
(2) 死刑に相当する重罪。
(3) 第三〇章の陰謀の通報についての元老院決議と本章にある元老院決議。

第三七章

(1) 字義どおりには「新奇なこと」。革命、変革の意。
(2) スッラは元老院議員の定数を三百名から六百名に倍増させた。
(3) 私的および公的贈与。パトローヌス(保護者)がクリエンス(庇護民)に施したり、政務官職を求める者が選挙民に対して行なったりする私的な贈与と、祭日の公的饗応やグラックス改革以来始まった国家による穀物分配のような公的贈与。

（4）マリウス派、キンナ派の人々や、その巻き添えになって財産被没収者とされた人々とその一族。第一一章註(1)(2)参照。「追放」(実際は処刑)された人々の子孫は財産を没収され、公職に就く資格も奪われた。

（5）いわゆる「閥族派(オプティマテス)」のこと。第一九章註(2)参照。

（6）ローマ社会の党派対立に言及している。『ユグルタ戦争』第四一章参照。

第三八章

（1）護民官《トリブーヌス・プレビス》は本来、共和政時代初期の貴族対平民の身分闘争の時期に平民側が創設した職で、執政官等の本来は貴族側が独占していた政務官職に対抗して平民を保護する役目であった。その職権の中には執政官等の職務行為に干渉してその遂行を妨げるいわゆる拒否権《ウエトー》(干渉権)が含まれた。護民官の主催する平民会の決議(plebiscitum)は前二八七年のホルテンシウス法により諸民会で制定される法と同じ国法とされた。グラックス兄弟以来のいわゆる「民衆派」は、護民官となってその職権を武器として改革諸法を成立させることが多かった。これに対し、独裁官となったスッラは前八一年、護民官の権限の大半を剝奪し、「民衆派」の動きを封じて、元老院の国制上の地位の回復に努めた。スッラの築いたこの体制は、前七〇年の両執政官ポンペイウスとクラッススが護民官職権、特に干渉権を復活させたことにより、崩壊する。

第三九章

（1）門閥貴族層のことであろう。
（2）平民寄りの護民官等、「少数者」以外の諸党派の人々を指すか。
（3）前註の人々（本文の「他の人々」）を指すかもしれない。
（4）ポンペイウスあるいはクラッススが漁夫の利を得ることを示唆しているらしい。
（5）不詳。第一七章の陰謀団の一人であるマルクス＝フルウィウス＝ノビリオルとはおそらく別人。
（6）家父長権による処刑。

第四〇章

（1）キケロによれば、この人物は解放奴隷であった（『カティリーナ弾劾』三・一四）。
（2）属州ガリア・トランサルピナ（アルプスの北側のガリア）のイゼール川とローヌ川の間に住むガリア人の部族。前二世紀後半にローマに征服された。
（3）部族全体としても、個々の成員もローマ人の金貸しからの借金漬けになっていた、の意。当時ガリアは、ウンブレーヌスのようなローマの事業家（ネゴーティアトーレス）の活動の舞台であり、属州総督も借金取り立てに協力して属州民を窮乏化させていた。アッロブロゲス族の使者たちはおそらくこうした窮状を元老院に訴えるため、ローマ市に滞在していたのであろう。キケロ『フォンテイウス弁護』一一参照(「ガリアではローマ市民の帳簿を通さずにはびた一文動かせない」)。

(4) ローマ市の中央広場。フォルム・ローマーヌム。民会議場《コミティウム》、元老院議場《クーリア》等も皆この周辺にある。

(5) 「彼らに助力を約束すると」と訳す例(Loeb 版等)もある。キケロによれば、使節たちはガリアで蜂起してカティリーナ軍に騎兵を提供するよう要請された(『カティリーナ弾劾』三・四、三・九)という。

第四一章

(1) 属州や同盟国の人々がローマの有力者の庇護下に入り、この保護者(パトローヌス)がローマでの彼らの代弁者となることがよくあった。このクィントゥス＝ファビウス＝サンガは、前一二一年にアッロブロゲス族を征服して、アッロブロギクスの添え名を得たクィントゥス＝ファビウス＝マクシムスの子孫の一人であろう。

第四二章

(1) ガリア・キテリオル(ガリア・キサルピナ)はアルプス以南、ルビコン川以北の地。ガリア・ウルテリオルはガリア・トランサルピナ(アルプス以北のガリア)と同じで、現在の南フランス(プロヴァンス地方)。両ガリアとも属州であるが、ガリア・キテリオルのガリア人(ボイイー族等)との戦いは共和政の古い段階から続いたのに対し、ガリア・ウルテリオルは前一二一年に属州化された新しい征服地。

(2)　イタリア半島の最南西端(「長靴」のつま先)の地方。

(3)　「向こうの方のガリア(ガリア・ウルテリオル)」の誤記か。ガリア・ウルテリオル(ガリア・トランサルピナ)州は前六五年のプラエトル、ルーキウス＝リキニウス＝ムーレーナがプロ・コンスルとして管轄していたが、彼は前六二年の執政官選挙(前六三年十月)に立候補するため、兄弟のガイウス＝ムーレーナを代理官《レーガートゥス》として残してローマに戻っていた。第二六章註(4)参照。

第四三章

(1)　写本は'Faesulanum'で一致しているが、'Aeflanum'と直すトイプナー版(Kurfess)の校訂に従う。アエフラヌムはローマ市近郊の小都市。カティリーナは既にファエスラエのマンリウスの陣へ出発しており(第三二章)、そこから大軍を率いてローマ市近郊に戻ってくる計画(第四四章)であった。「ファエスラエの地」とする場合は、カティリーナがまだエトルリアにいる間にローマ市内で挙兵してしまう計画だったことになる。

(2)　キケロ(『カティリーナ弾劾』三・一〇)とプルタルコス(「キケロ伝」第一八章)によれ

ば、この襲撃は十二月十九日のサトゥルナリア祭の夜に決行されることになっていた。

（3）家父長権下にある息子たち。

第四四章

（1）誓言書に封蠟をほどこして、印章指輪で印を押す。

（2）アッロブロゲス族の故郷。

（3）ブルッティウム地方のクロトンの人という以外は不詳。陰謀との関わりについては以下本文を見よ。

（4）キケロ『カティリーナ弾劾』三・一二に同じ手紙の写しがある。そちらの方が原本により忠実であるらしい。

（5）第五六章参照。逃亡奴隷たちがカティリーナ軍への合流を求めていたのである。スパルタクス指揮下の蜂起奴隷軍の本隊が制圧された（前七一年）後も、イタリア各地になお奴隷蜂起の気配があったらしい。第三〇章参照。

第四五章

（1）前六三年十二月二日から三日にかけての夜。

（2）前六三年のプラエトルの一人。メテッルス＝クレティクスの下でクレタで、ポンペイウスの下でアシアで、それぞれ副官として戦った経験がある。前六二年に属州アシアを総督として治めた後、不当搾取罪で訴えられたが、キケロによって弁護される（『フラックス弁護』）。

（3）前六三年のプラエトルの一人。おそらくクラッススの下でスパルタクス軍と戦った。カティリーナ事件の後、前六二年には属州ガリア・トランサルピナをガイウス＝ムーレーナから引き継ぎ、そこで起こったアッロブロゲス族の蜂起（前六二―前六一年）を制圧することになる。

（4）ローマ市の北にあるティベリス川にかかる橋。この橋を渡ってフラミニウス街道が北へ伸び、エトルリア地方に通じている。以下の待ち伏せについてはキケロ『カティリーナ弾劾』三・五参照。

第四六章

（1）第二二章註（4）参照。

（2）テッラキナはローマ市の南数十キロのところにあるラティウム地方の小都市。カエパリウスについてはキケロ（『カティリーナ弾劾』三・一四）の言及以外は不詳。

（3）カピトリヌス丘の麓にあった、貴族と平民の和解《コンコルディア》を記念して前三六七年に創建された神殿。前一二一年にガイウス＝グラックスら改革派を弾圧したルーキウス＝オピーミウス(『ユグルタ戦争』第一六章参照)によって再建された。

第四七章

(1) シビュラ(予言を行なう巫女)の書は三巻から成り、王政期の最後の王タルクィニウス＝スペルブスがクーマエの巫女から買ったもので、ローマにふりかかる様々なできごとを予言すると同時に神々をなだめる儀式の方法等を含んでいた。カピトリヌス丘のユッピテル神殿に保管されていたが、前八三年の火災(註(4)を見よ)で焼失。元老院はイタリア等各地の予言書を元にしてシビュラの書の復元に努めた。

(2) ローマの代表的なパトリキ(元々の貴族)の氏族。スッラ家もキンナ家も、またハンニバルを破った大スキピオのスキピオ家もコルネリウス氏族に属する。

(3) ルーキウス＝コルネリウス＝キンナ。前八七年、執政官となり、スッラが東方に出征した後、スッラの諸法を廃してマリウスら民衆派を呼び戻そうとしてローマ市から放逐され、同盟市戦争直後の情勢に乗じてイタリア勢を糾合しつつ、マリウスらと共にローマ市を武力で占拠、反対派に対し血の粛清を行なった。前八六年、マリウスと共に再び執政官に選ばれ、マリウスの病死後、前八五年、八四年にも執政官職を占め続けたが、スッラの東方からの帰還に備えてイタリアからエペイロスに派兵する準備中に軍隊反乱によって殺害された。第一一章註(1)(3)参照。

(4)　前八三年七月六日、カピトリヌス丘のユッピテル＝オプティムス＝マクシムス(最善最大のユッピテル神)の神殿(カピトリウム)は火災により焼失。スッラのイタリア帰還による混乱の最中のことであった。この神殿は王政期に建設が始まり、前五〇九年(共和政第一年)に奉献され、ローマの宗教的中心であった。前六九年にカトゥルスにより再建。第一八章註(10)参照。

(5)　エトルスキ起源の占い師たち(ハルスピケース)。落雷、天変地異、そして特に犠牲獣の内臓(肝臓)から前兆を読みとった。エトルスキの貴族たちからなり、変事が起きるとエトルリアから呼び出されて元老院に回答した。

(6)　第四四章註(1)参照。

(7)　身体の自由は奪われずに有力市民に預けられ、預かった者が彼らの出廷を保証する。

(8)　プブリウス＝コルネリウス＝レントゥルス＝スピンテル。後に前五七年の執政官として、追放中のキケロの復帰(第三一章註(4))に一役買った。アエディリスは按察官、造営官などと訳される政務官職の一つで市場の管理やローマ市内の治安維持等にあたる。

(9)　おそらく前六六年のプラエトル。前六三年の執政官職をキケロと争ったが落選。

(10)　後の独裁官ガイウス＝ユリウス＝カエサル(いわゆるジュリアス＝シーザー。前一〇〇―前四四年)。ユリウス氏族はパトリキに属する。カエサルの父の姉妹ユリアはマリウスの妻であり、彼自身もキンナの娘コルネリアと結婚するなど、マリウス派の人脈に連なっており、スッラには警戒された。
(11) 第一七章註(21)参照。前七〇年の執政官。
(12) この箇所以外では知られない。

第四八章

(1) 前六三年十二月四日。
(2) 不詳。
(3) 負債があったのであろう。
(4) 執政官であるキケロが元老院に。
(5) クラッススはポンペイウスやカエサルやキケロが引き受けるのをためらうような被告の弁護も気さくに引き受けた。プルタルコス「クラッスス伝」第三章参照。

第四九章

(1) ガイウス＝カルプルニウス＝ピーソー。前六七年の執政官。前六六―前六五年、ガリア・キサルピナ及びガリア・トランサルピナ両州の総督。以下の本文にあるとおり、この総督在任中の行為について告発された。前六七年、ポンペイウスに大権を付与するガビーニウス法(第一六章註(7)参照)に対し、執政官として強く反対したことで知られる。カトゥルスもこの法への反対演説を行なった(プルタルコス「ポンペイウス伝」第二五章)。

(2) 多くの写本では'neque precibus neque gratia neque pretio'(懇請によって、恩恵によって、代価によって……(強いたが、成功しなかった))となっており、オックスフォード版(Reynolds)等はこれを採用している。ここではトイプナー版に従う。

(3) ガリア・キサルピナ(アルプスの手前のガリア)州の中のポー川(古代のパドゥス川)以北の住民。この属州の住民のうちポー川以南の人々は同盟市戦争後(前八九年以降)完全なローマ市民権を与えられたが、ポー川以北の人々(トランスパダニー人)はより限定されたラテン権相当の権利しかなかった。

(4) ポンティフェクス・マクシムス職。ポンティフィケスと呼ばれるローマの主要神官団の長。

(5) カトゥルスは前七八年に執政官、前六五年に監察官《ケンソル》を務めており、五十代後半以上の年齢である。

(6) カエサルは、金を払うから立候補を思いとどまるようにとのカトゥルスの頼みを断り、もっと金を借りてでも選挙戦で戦うと答え、カトゥルス及びもう一人の候補イサウリクスを破った。プルタルコス「カエサル伝」第七章参照。カエサルはこの時三十七歳。

(7) 前六五年のアエディリス・クルリス(高級アエディリス)職在任中に剣闘士三二〇組の試合を提供したことなどを指すか。

（8）この時、元老院の議場となっていた。

（9）この事件はカエサルが第五一章にある演説を行なった後、議場を出る際（すなわち十二月五日）に起こったともされる。スエトニウス『神君ユリウス伝』第一四章、プルタルコス「カエサル伝」第八章参照。

第五〇章

（1）街の暴徒を組織して反対派を脅したプブリウス＝クローディウス（前五八年の護民官）のような民衆扇動家を指す。職人等の様々な街区ごとに作られた'collegium'と呼ばれる団体がこうした騒擾に関与することがあり、前六四年にコッレギウムの多くは禁止された。

（2）前六三年十二月五日。

（3）ムーレーナと共に前六二年の執政官に選出されていた。第二六章註（4）を見よ。シーラーヌスの妻は小カトーの異父姉妹でカエサルの愛人だったセルウィリア。

（4）元老院での発言は高位の政務官から順になされ、次期執政官が既に選出されている場合は彼が最初に発言した。二人目からの発言者は多くの場合、最初の発言者の意見への賛否のみを表明した。

（5）第四七章に挙げられているレントゥルス、ケテーグス、スタティリウス、ガビーニウス、カエパリウスの五人。

(6)　サルスティウスにおいては初出。キケロ(『カティリーナ弾劾』三・一四)によれば、スッラによってファエスラエに入植させられた者の一人という。

(7)　ティベリウス＝クラウディウス＝ネロ。前六七年にポンペイウスの副官の一人として出征。前六三年以前にプラエトル。元老院での発言順は各政務官の次期就任予定者の方が現職、前職より先となるので、次期プラエトル(前六二年就任)に当選していたカエサルの発言(第五一章)の後でネロが発言したのであろう。註(4)を見よ。

(8)　字義どおりには、「ティベリウス＝ネロの意見の方に歩み寄る」。元老院では発言中の議員の近くへ歩み寄ることで賛意を表明できた。採決も、議場の両端に賛成の者と反対の者が分かれて(discedere)集まり、議長(主宰する政務官)がどちらが多数か判断した。

第五一章

(1)　アンティゴノス朝マケドニア王国はフィリッポス五世が第二次マケドニア戦争でローマに敗れた後、その同盟国となったが、フィリッポスの息子ペルセウス(ペルセス)は前一七九年の即位以降、往年のマケドニアの栄光をとり戻すべくギリシア世界に勢力を拡大し、ローマと対立して第三次マケドニア戦争(前一七一―前一六八年)となった。ペルセウスはピュドナの戦い(前一六八年)で敗れた後、捕えられ、マケドニアは四分割されて完全に従属化し、前一四六年に属州とされた。

（2） ロドスはエーゲ海の小アジアに近い島。ヘレニズム時代に地中海貿易の中心として繁栄した。ローマの東方進出にあたり、第二次マケドニア戦争、シリア（対アンティオコス三世）戦争でローマに協力した見返りに小アジアのカリア及びリュキア地方を与えられた（前一八八年のアパメアの和約）が、第三次マケドニア戦争では親ペルセウス的であり、ペルセウスと講和するようローマに迫った。

（3） 大カトー（第五二章に登場する小カトーの曽祖父）がロドス人を弁護した。しかし実際にはロドスはカリアとリュキアを奪われ、またローマがデーロス島を自由港と宣言したため、貿易の中心としての地位を失って衰退した。

（4） 第五〇章にあるキケロがとった措置。

（5） 前一九八年か前一九五年に成立したポルキウス法は政務官の先導吏《リクトル》によるローマ市民の笞打ち刑を禁止し、また前一九五年のもう一つのポルキウス法は死刑等の重罰判決に関して市民が民会に上訴する権利（プロウォカーティオー）を市域外にいるローマ市民にも認めたとされる。ちなみに前の方のポルキウス法の提案者は大カトーである。

（6） これらの法の制定年代、提案者等は不明。第三四章註（1）参照。

（7） 前四〇四年、ペロポンネソス戦争でアテナイに勝利したスパルタ（ラケダイモン）軍の監視下で、アテナイに作られた三十人から成る寡頭派政権、いわゆる「三十人僭主」に言及している。この政権下の八カ月間に一五〇〇人ものアテナイ市民、メトイコイ（在留外国人)らが殺害された。

(8)　ルーキウス＝ユーニウス＝ブルートゥス＝ダマシップス。マリウス派の前八二年のプラエトル・ウルバヌス(ローマ市担当プラエトル)。執政官小マリウス(マリウスの息子)に協力して大神祇官のクィントゥス＝ムーキウス＝スカエウォラ(著名な法律家)ら、主要な元老院議員をスッラ派とみなして処刑した。コッリーナ門の戦いでのスッラの勝利の後、殺害された。

(9)　サムニテス(サムニウム)人はイタリア半島のアペニン山中に住んでいたオスク語系の種族。好戦的なことで知られる。ローマは三次にわたるサムニウム戦争の結果、イタリア半島の征服に至った。従来の槍と丸楯の代わりに、投げ槍と長方形の楯がサムニテス人に倣って採用された。

(10)　トゥスキー人はエトルスキ(エトルリア)人の別名。現在のトスカナ地方を中心とするエトルリア(イタリア半島中北部)で栄えた先進的民族。ローマの王政期のタルクィニウス王朝はエトルリア起源とされる。命令権《インペリウム》のシンボルである束桿《ファスケス》や先導吏《リクトル》、高位政務官が着用する赤紫の縁取りのあるトガ(toga praetexta)、執政官、プラエトル、高級アエディリスにのみ許された象牙製の椅子(sella curulis)等がエトルリアから導入された。これらは本来はローマのエトルスキ王権の標章である。

第五二章

（1） マルクス＝ポルキウス＝カトー（前九五―前四六年）は同名の大カトー（前一九五年の執政官。監察官としてローマ政界を牛耳った）の曽孫。小カトーあるいはウティカのカトーと呼ばれる。前六五年か六四年の財務官。この時はまだ若く、次期護民官でしかなかったので発言順は遅かった。ストア派の哲学者。共和政国制を守り抜こうとして第一回三頭政治や特にカエサルの動きと闘い続け、プラエトル（前五四年）止まりであったにもかかわらず、「閥族派」の精神的主柱であった。カエサルのルビコン渡河以降の内戦において、ファルサロスでの敗北後のポンペイウス派の残党および元老院側（すなわち共和国軍）の陣営をアフリカで結集し、タプススの戦い（前四六年）の後、カエサルへの恭順を拒んでウティカで自殺した。カトーの娘ポルキアはカエサルを暗殺したブルートゥスの妻。

（2） 小カトーは財務官の時、国庫からの公金横領を厳格に取り締まった。また、スッラの独裁官時代に被追放者殺しの報酬としてスッラから公金を受け取った者たちを呼び出して払い戻させ、彼らが殺人罪に問われるようにした（プルタルコス「小カトー伝」第一七章）。

（3） 大神祇官に当選したばかりのカエサルの「非宗教性」を皮肉っている。

（4） カエサル自身が陰謀の一味であると示唆している。

（5） 元老院等の公生活において。

（6） 『ユグルタ戦争』第一一四章参照。

(7) カティリーナ軍のローマへの接近に言及している。

(8) 強烈な皮肉。

(9) ティトゥス＝マンリウス＝トルクァートゥスの誤り。ティトゥス＝マンリウスは若い頃、ガリア人の大男を決闘で討ち取ってその首輪(トルクィス)を奪ったのでトルクァートゥスの添え名を得た。後に執政官だった前三四〇年、ラテン人との戦争において、命令に逆らって敵と一騎撃ちした息子を処刑した。サルスティウスはこれらの史実を混同しているのであろう。

(10) 前六三年の現職のプラエトルであり、執政官経験者(前七一年)でもある。

(11) ケテーグスが「第一次陰謀」(第一八章参照)にも関与していたことを示唆したものか。

(12) 頭格罪の現行犯の場合、民会上訴権《プロウォカーティオー》は認められなかった。第五一章註(5)参照。

(13) この時の小カトーの演説はキケロが議場に配置していた速記者によって記録され、彼の演説のうち唯一、後世まで保存されたとプルタルコスが述べている(「小カトー伝」第二三章)が、その本文自体は現存しない。サルスティウスが書き記しているこの第五二章の演説はむろん、本当になされた演説のそのままではなく、サルスティウスなりの脚色がほどこされていると見るべきであろう。その点は、第五一章のカエサルの演説も同様である。

第五四章

（1）カエサルはパトリキ（ローマ本来の貴族）の氏族ユリウス氏の出身。カトーは高名な大カトーの曽孫でノービリス（門閥貴族）。カエサルは前一〇〇年、カトーは前九五年生まれ。ともにキケロによってその雄弁を讃えられている（『ブルートゥス』一一八、二五二参照）。
（2）敗北した敵に対するカエサルの寛恕(clementia)を想起させようとしている。
（3）ガリア征服戦争のような。

第五五章

（1）字義どおりには「カトーの意見の方に分かれた」。
（2）死罪（頭格罪）担当三人役(tresviri capitales)。
（3）十二ローマ・フィート。約三メートル五十五センチメートル。
（4）フォルム・ローマーヌムの北端、カピトリヌス丘の麓に現存する。王政期に遡るとされるが現存のものの建設年代は前三―前二世紀。
（5）前六三年十二月五日の夜。

第五六章

（1）一軍団は十大隊で構成される。

（2）一軍団の規定の人員は六千人。

第五七章

（1）現在のピストイア。エトルリア北部の都市で、ファエスラエの北、アペニン山脈の麓にある。

（2）写本は'expeditos'（軽装備の者たちを）となっており、この場合はカティリーナ軍を指すことになる（オックスフォード版）が、'expeditus'（軽装備で）とする直しを採用しているトイプナー版（Kurfess）に従う。

第五八章

（1）ファエスラエ付近から北上中のアントニウス軍。

（2）アペニン山脈北東端のおそらくボノニア（現在のボローニャ）市付近に布陣していたメテッルス＝ケレル軍。

（3）武器を持つその手に、の意。

第五九章

（1）字義どおりには「軍旗（signa）」。

（2）退役後に再召集された老兵。多くは百人隊長格。

（3）'calonibus'（従卒たち）とする版（Loeb 版等）もあるが、'colonis'（多くの写本の読み）とするトイプナー版、オックスフォード版に従う。

（4）前二世紀のユグルタ戦争及びキンブリー・テウトネス戦争の際に、マリウスが軍制改革（『ユグルタ戦争』第八六章参照）と同時に採用したのが、この鷲の軍団章である。カティリーナが、マリウスの軍団章を旗印にしていたという事実は、彼をスッラ独裁時代の闇を引きずっている人物として描き出すサルスティウスの叙述の方向とは反対に、カティリーナの陰謀の「マリウス派的」要素をも示唆するかのようである。キケロ『カティリーナ弾劾』一・二四、二・一三参照。

（5）ゲルマン系のキンブリー族、テウトネス族が南下してイタリア半島に侵入しかけたのをマリウスが中心となって食い止めた戦争。キンブリー族は前一〇二年にアクアエ・セクスティアエ（現在の南仏のエクサン・プロヴァンス）でマリウスに敗れ、テウトネス（チュートン）族は前一〇一年にウェルケッラエ（北イタリアの都市）付近でマリウスとクィントゥス＝ルタティウス＝カトゥルス（本書のカトゥルスの父、文人としても知られる。第三四章註（2）参照）に敗れた。

（6）マルクス＝ペトレイウスはカティリーナ軍鎮圧で功を挙げた後、ポンペイウスの副官《レーガートゥス》として前五五年以降、ヒスパニアの両属州に赴いた。カエサルのイタリア侵入（前四九年)後の内戦ではポンペイウス及び元老院側の部将として最後まで闘い、前四六年、アフリカのタプススでの元老院側の敗北後、ヌミディア王ユバ(一世)と刺しちがえて死んだ。第五二章註(1)参照。

(7)　原語は'tumultus'.「騒乱」状態であると宣言された場合は、通常軍務を免除されることになっている者たちも召集される。

第六〇章

(1)　前哨戦を行なうのが役目のフェレンタリイと呼ばれる軽装歩兵隊。投げ槍を投じた後、戦列の後ろに引き下がる。

(2)　司令官付きの精鋭の警護隊。騎兵と歩兵からなり、古参兵や司令官自身の友人、見習い中の若い貴族等により構成される。

(3)　カティリーナ軍の左翼の指揮官。第五九章参照。

ガリア
ロダヌス(ローヌ)川
アルプス山脈
ガリア・キサルピナ
パドゥス(ポー)川
アラウシオ
マッシリア
(マルセイユ)
リグリア
イリュリクム
ダヌウィウス(ドナウ)川
イタリア
コルシカ
ローマ
トラキア
サルディニア
ネアポリス
(ナポリ)
カンパニア
マケドニア
テッサリア
ギリシア
アシア
中
海
アムプサガ川
ウティカ
シキリア
レーギウム
アテナイ
キルタ
スパルタ
バグラダス川
レプティス・ミノル
タプスス
テラ島
小シュルティス湾
(ガベス)
クレタ島
レプティス・マグナ
キュレネ
カタバトゥモス
大シュルティス湾
(シルト)
リビュア大陸
(アフリカ)
エジプト

地図 1　ユグルタ戦争時代(前 2 世紀末)の地中海周辺と北アフリカ

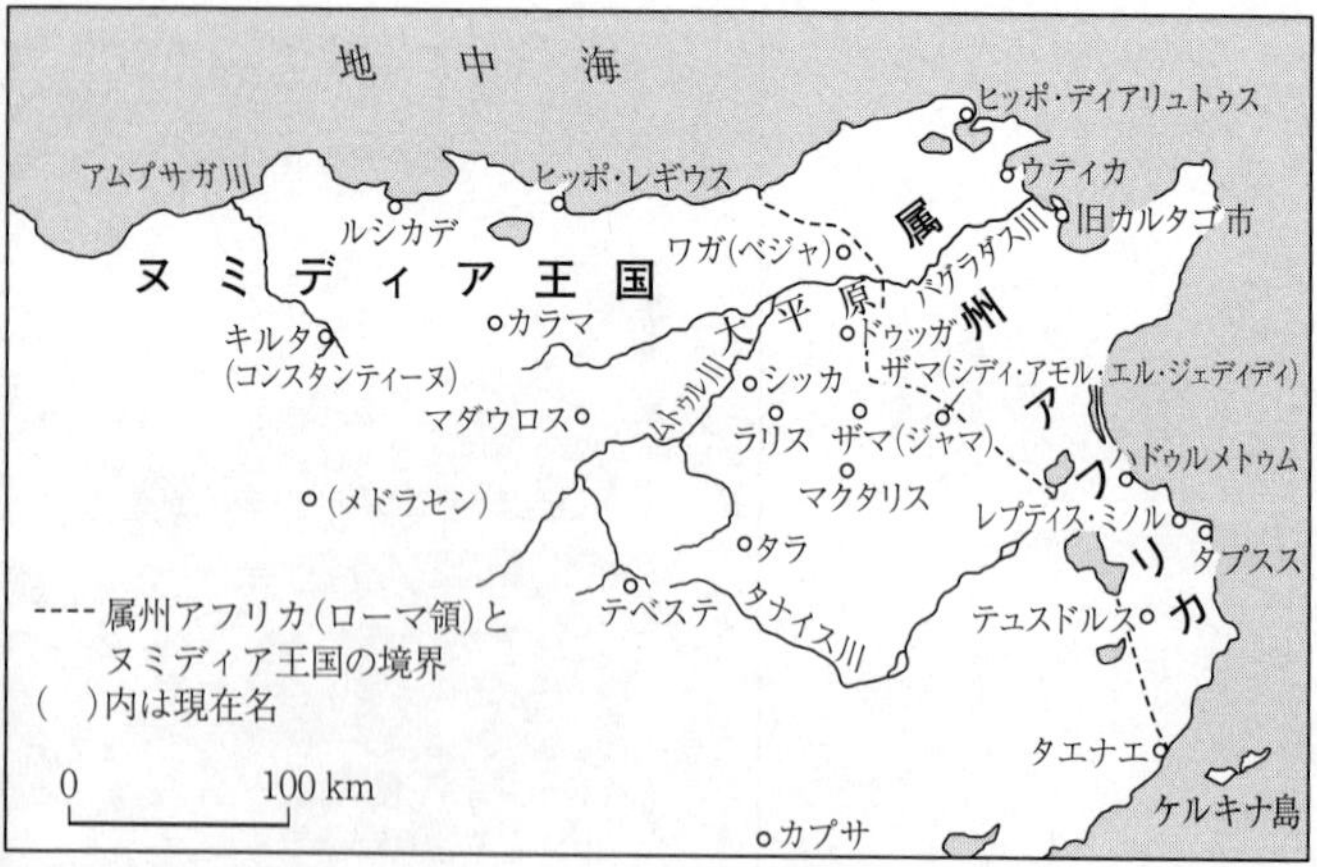

地図２　ユグルタ戦争時代のヌミディア要図
(Gsell, *HAAN*, VII の地図に依る)

地図３　カティリーナの陰謀事件(前63年)の頃のイタリア半島

訳者解説

ここに訳出したのは、ローマ共和政末期の異才の歴史家、ガイウス＝サルスティウス＝クリスプス（前八六年頃―前三五年頃。以下サルスティウスと記す）が著した歴史書のうち完全な形で現存する二篇、『ユグルタ戦争』と『カティリーナの陰謀』である。彼の畢生の大作であったはずの『歴史』は惜しくも散逸し、わずかな断片が伝わるのみであるが、古代ローマ世界における彼の歴史家としての名声は赫々《かくかく》たるもので、帝政期の歴史家タキトゥスをして「ローマの歴史についての最も華々しい書き手」と評せしめたほどであった。

生没年から推し測られるように、サルスティウスの生きた時代は古代ローマの諸時代の中で最も激しい、劇的な転換期にあたる。彼が生まれた頃はマリウス対スッラの内戦のさなかであり、その没年はカエサル暗殺後の三頭官による恐怖政治――いわゆる「第二回」三頭政治――の時期に重なる。その数年後にはアクティウムの海戦(前三一年)を経て、カエサルの養子オクタウィアヌスの単独支配が始まり、ここに共和政は完全に息の根を止められ、帝政が姿を現すのである。

この政治的激動はサルスティウス自身の生涯とも無関係たり得なかった。若くして元老院の一員となった彼は、護民官職等に就いた後、一時元老院追放の憂き目にも遭い、前四九年以降の内戦では、カエサルの陣営に加わってアフリカ戦役におけるカエサルの勝利(前四六年)を見届けた。その後は、この戦役の結果滅亡したヌミディア王国の旧領に設けられた属州アフリカ・ノウァ(新アフリカ)州の初代総督を務めている。このように前半生を共和政の最後の世代の公人として過ごした後、政界を引退し、人生の残りの十年間ほどを歴史の叙述に捧げた。

彼の作品はいずれも彼自身、あるいはその親の世代が見聞きした共和政末期の歴史に焦点を合わせている。散逸した『歴史』は、前七九年のスッラの死以降の歴史を年代記的に最現代まで辿ろうとしたものであったらしいし、また、現存する二篇のモノグラフについて見ても、『ユグルタ戦争』は、マリウス台頭の契機ともなった前二世紀末のヌミディア王ユグルタとローマの間の戦争を、『カティリーナの陰謀』は、前六三年に要人襲撃によってローマの政権奪取を試みたカティリーナ一味の陰謀の顚末をそれぞれ主題としているのである。この点で、サルスティウスは、自ら体験したペロポンネソス戦争の歴史を叙述したギリシアのトゥキュディデスの系譜に連なる、古代の「現代史家」たちの一人であったといえる。

その叙述の文体は硬質で切れ味鋭く、状況を一気に眼前に現出させるような独特の迫力を持ち、共和政末期から帝政初期にかけてのいわゆるラテン文学の黄金時代の文筆家の中でも際立っている。キケロの機知と流麗さとは異なるが、サルスティウスもまた古典期のラテン語散文の範としてルネサンス期以来、繰り返し読まれ、西欧文化一般の重要な構成要素となってきたのであり、その影響は歴史学の分野だけにとどまらない。一種の文学作品として読み継がれてきたのが、『ユグルタ戦争』と『カティリーナの陰謀』なのであり、予備知識なしに文字を追って行っても著者の言わんとするところはおおよそ伝わってくる。しかしながら、この歴史家と彼が選んだテーマについて以下に若干の説明をつけ加えることは、古代ローマ史の中でのこれらの事件の意味や、サルスティウスが歴史家としてとった立場がどのようなものであるかを理解する上で助けとなるかもしれない。

一　歴史家サルスティウスの形成

サルスティウスの故郷は、ローマ市から北東に百キロほど離れた所にあったアミテルヌムという小市である。この都市は中世のうちに見捨てられて無人となり、現在はラクイラ市が最寄りの町となっている。古代のアミテルヌムはサビーニー人の故地であった。ローマ人もその一部であるラテン人の住むラティウム地方と接してはいるが、ラテン人とは区別されるイタリアの古種族の一つである。伝説上のローマの建設者ロムルスが、その一党の妻とするためにサビーニー人の女たちを略奪したという伝承は有名であろう。

サルスティウスの一族はこのアミテルヌム市の名門ではあったらしく、ローマ市から見れば、地方の名士《ノービリス》という位置づけになる。しかしローマ中央の政界に登場したのはおそらく歴史家サルスティウスの代が初めてであり、その点で、同じく地方の小市アルピヌム出身で一代で執政官まで登りつめた「新人《ホモ・ノウス》」の典型である弁論家のキケロとも似通った出自であった。前一世紀初めの同盟市戦争の結果、全イタリアにローマ市民権が普及したこの時代は、このようにローマ市に比較的近い地方都市の名望家層が都市国家ローマの政務官職に立候補し、元老院入りを果たすという動き――それ自体はより以前から見られた現象ではあるが――のブームの時期にあたっていた。キケロもサルスティウスも、この動きの先端で旧来のローマの支配層との間にいくらかの緊張を引き起こしつつ独自の活動分野と、それと同時に独自のラテン語の文体を獲得していった、時代の流行児であった。

「若かりし頃、……多くの人と同様、熱情によって政治へと運んでゆかれ」た、と『カティリーナの陰謀』の中で述懐しているサルスティウスであるが、その初期の経歴については不明の点が多い。ただ、アミテルヌム市は、イタリア各地がローマから離反した前九一―前八七年の同盟市戦争に関与していたらしいし、また前八〇年代にマリウス派がスッラとの闘争においてイタリア都市を糾合した時にもそちら方についたらしいので、スッラの勝利と独裁官就任(前八二年)によって打撃を受けた可能性はある。前八六年頃に生まれたサルスティウスが幼少期に、故郷を巻き込む戦乱や、その結果として、たとえ一時的にせよ生家の没落を体験した蓋然性は決して低くないといえる。『カティリーナの陰謀』に見られるスッラの退役兵たち・追随者たちへの厳しい評価は、故郷でのサルスティウスの一族のスッラ時代における境遇なり政治的立場なりを何らか垣間見せているかもしれない。

サルスティウスの政界入りは前五五年頃と考えられる。当時、ローマ社会の有産層――いわゆる騎士身分――の青年にとっては、何年か高級将校として軍団勤務を体験した後に、三十歳位で最下級の政務官である財務官職《クアエストル》をはじめとして二、三の公職に当選、就任すれば、ほぼ自動的に元老院議員となる道が開けた。サルスティウスもおそらくこのコースを歩んだと思われるが、彼が実際に史料上に登場するのは前五二年の護民官の一人としてである。この年は当時最大の実力者であったポンペイウスの政界席巻を背景に、ローマ市民衆を扇動するクローディウスの徒党と、元老院・閥族派《オプティマテス》の側の徒党を率いるミローとの数年来の街頭での衝突が、年初早々ミローの徒党によるクローディウス殺害という形で決着した流血の年であった。ミローは訴追され、長年クローディウスとの確執に悩まされてきたキケロ――前六三年の執政官として行なったカティリーナ一味の処刑の正当性をめぐって彼はクローディウスの立法によって一時亡命を余儀なくされた――はクローディウス一派の威嚇の中、ただ一人ミローの弁護に立ったが、十人の護民官のうち三人は激しくミローとキケロを攻撃した。その一人がサルスティウスであったとされている(アスコニウスによるキケロ『ミロー弁護』への註釈、四四)。結局ミローは有罪となる。その二年後の前五〇年、サルスティウスは監察官アッピウス＝クラウディウス＝プルケルによって他の何人かと共に元老院から放逐された。要は護民官だった時の反閥族派的な行動が問題とされたのであろう。

翌前四九年、カエサルがガリアからルビコン川を越えてイタリアに侵入した時、サルスティウスの姿はこのクーデター軍の陣中にあった。彼が早くからの積極的なカエサル支持者であったのか、それとも右に述べたような政界での逆境の結果、内戦勃発の頃に立場を決めたのかは論の分かれるところだが、近年の研究はどちらかといえば後者の見方に傾いているようである。以後、カエサル軍の一員として共和国軍すなわちポンペイウスおよび元老院側の軍と戦ったが、サルスティウスの軍人としての活躍は目立ったものではない。開戦当初、アドリア海沿岸のイリュリクムで軍団を指揮したが不首尾に終わり、次に反乱した味方の軍隊をなだめるためカンパニアに赴いたが成功せず、ようやく前四六年のアフリカでの戦役の際、プラエトルとしてケルキナ島へ糧抹奪取のために渡り、今度は成功して、カエサルの勝利にいくばくかの貢献をした。しかし、内戦の最終局面であるアフリカ戦役に参加し、ポンペイウス派および元老院側のタプススの戦いでの敗北や、元老院側の指導者小カトーのウティカでの最期を間近に見聞きしたことは、後に歴史家となる彼の同時代史目撃としてやはり重要であったろう。

このアフリカ戦役の際、北アフリカにあった古くからのローマの同盟国ヌミディア王国の王ユバ一世はポンペイウス派と元老院側につき、敗北後死んだ。カエサルはヌミディア王国を廃絶して属州とし、このアフリカ・ノウァ州の総督にサルスティウスを抜擢した。しかしこれがサルスティウスの政治的経歴の最後となった。離任後ローマに戻った彼は総督としての搾取を理由に訴追され(カッシウス＝ディオ『ローマ史』四三・九・二)、カエサルの介入によってかろうじて断罪を免かれる(前四五年頃)。前四四年三月十五日のカエサル暗殺は、それが主因ではなかったかもしれないにせよ、サルスティウスの政界引退の決心を後押ししたであろう。このようにして彼は不本意なものであったその政治生活に見切りをつけ、前四〇年代の後半以降、歴史家としての仕事にとりかかるのである。

ローマ共和政の没落を描いた歴史家――これが歴史家サルスティウスに対する最も一般的な、最大公約数的な評価である。共和政を打倒して単独支配をめざしたのがユリウス＝カエサルであり、サルスティウスはカエサル派であったのだから共和政の堕落・腐敗を強調するのは当然とみなされそうであるが、事はそう単純ではない。政治家としてのサルスティウスがカエサル独裁をどう見ていたのかは不明としても、歴史家サルスティウスの筆は明らかに共和政の没落を嘆いているのであり、共和政末期の社会の堕落を描いているからといって共和政を何か別の政体と取り換えることなど全く念頭にないように思われる。その点で彼は、帝政期の「共和主義者」である歴史家タキトゥスの評価に耐え得る、共和政の伝統に立脚した歴史家であった。それではサルスティウスは「共和政の没落」を記述することによって一体、何を言いたかったのであろうか。歴史事象の中のどのような事柄を剔抉《てっけつ》したかったのであろうか。以下『ユグルタ戦争』と『カティリーナの陰謀』の主題を追い、その叙述の特徴を明らかにすることによって、この問題を考える糸口としたい。

二　サルスティウスの作品

（一）

まず、サルスティウスが歴史を叙述し始めるにあたって最初に選んだ、モノグラフという形式と、二篇のモノグラフに共通する特徴に触れておこう。

ローマ人による歴史叙述は、前三世紀末のファビウス＝ピクトル――彼はラテン語ではなくギリシア語で叙述した――に始まるとされるが、多くは都市ローマの建設から説きおこす編年体のものであり、年代記《アンナーレス》の形式をとるのが伝統的かつ一般的であった。これは共和政初期からの大神祇官《ポンティフェクス・マクシムス》の公的記録である大年代記《アンナーレス・マクシミー》に倣ったものだといわれ、サルスティウスより一世代後の有名なリウィウスも年代記的な構成を採用している。しかしサルスティウスは最初の二作においてこの伝統を捨てた。「ローマ人民の事績を、記憶にとどめるに値すると思われるものを個別に取り上げて記述」する（『カティリーナの陰謀』第四章）というのが、彼が歴史家として立つことを表明した際の方針であり、この宣言の後になぜそのテーマを選んだかについての説明がなされる。過去の全体ではなく、特定の局面を切り取って焦点化し、解明する、「事件史」とでも呼び得る手法が、他の著名なローマ人歴史家、リウィウスやタキトゥスからサルスティウスを区別する特徴といえるのである。

これにはむろん、前例がある。ポエニ戦争史を書いたポリュビオスに代表されるギリシア・ヘレニズムの歴史学であり、またヘレニズムの影響下でモノグラフ形式の歴史叙述をローマに導入したコエリウス＝アンティパテルらのローマ史叙述である。三次にわたる戦争でローマが西地中海の覇者カルタゴを滅亡させたポエニ戦争(前二六四―前一四六年)は、地中海世界の様相を一変させた。第二次ポエニ戦争後の前二世紀の数十年間に共和政ローマの支配権《インペリウム》は地中海全域に及び、ローマ帝国と呼び得る段階を迎える。そのことは連綿と続く過去からの切断と、前例なき時代としての「現代史」への関心を呼び起こした。同時代、あるいはごく近い過去に起こった比類のない事件を主題として、その原因と結果を分析するという、一種近代的ともいえる歴史意識の発生がここに見られる。

このようなタイプの歴史叙述の淵源を古代地中海世界の史学史の中で求めれば、当然トゥキュディデスに行き着く。そして実際、ロナルド・サイムの研究(『サルスティウス』一九六四年)によって明らかにされているように、サルスティウスにはトゥキュディデスのペロポンネソス戦争史の叙述からの強い影響が見られる。サルスティウスの文体の重々しく「アルカイック」(古拙)な特徴も、直接には『起源論』を書いた大カトーのラテン語の影響と見られるにしても、叙述内容から来る文体上の要請としては、トゥキュディデスがギリシア語で行なっていることをラテン語で実現するために生み出された必然的な表現と考えることによって、よりよく説明できるのである。

しかしながら、サルスティウスはやはりローマのトゥキュディデスではない。前五世紀のアテナイ人トゥキュディデスは、その戦争によってアテナイ海上帝国が崩壊に至ったペロポンネソス戦争の全過程を叙述しきろうとしたのに対し、前一世紀のローマ人サルスティウスは彼自身がほぼ目撃し終えていたはずのローマの共和政体の崩壊の全過程を追ったのではないらしい。散逸した遺作『歴史』がいつ頃までを叙述する構想だったのかについては議論があるが、少なくともその叙述の始まりは、ルーキウス＝コルネリウス＝シーセンナによる同時代史がそこで終わっているスッラの勝利(前八二年)あるいはスッラの死(前七九年)の後からであり、サルスティウスはシーセンナの『歴史』を書き継ぐ形で前七八年を起点としたことが判っている。つまり彼の『歴史』と二篇のモノグラフを足しても共和政末期の全体をカヴァーするには足りないが、かといってサルスティウスに全体を見る目が欠けていたわけではない。それどころか彼は、現在一般に共有されている共和政末期についての歴史像——すなわちポエニ戦争後、ローマ社会の退廃が始まり、グラックス兄弟による改革とそれに対する門閥貴族層・元老院側の反動から党派的争いが発生してローマ市民団全体の分裂と破局に至るという歴史像——を非常に明確に示した歴史家であった。にもかかわらず、彼が優先させたのは、共和政末期の党派抗争の始まりから終わりまでの全体史的叙述ではなく、もっと自己完結的な文字どおりの事件、その時はいったん解決し、後になってその事件の、別の大事件との関連や、予兆的な意味が再認識されるようなシンボリックな事件の叙述の方であった。トゥキュディデスやポリュビオスや、また第二次ポエニ戦争史を書いたとされるコエリウス＝アンティパテルとも違う、サルスティウスの独自性がここに見られる。

それではそのサルスティウスのモノグラフのテーマ、彼が「記憶にとどめるに値する」として選び出したものはそれぞれどのような事件であったのだろうか。

（二）

二篇のモノグラフのうちどちらが先に書かれたのかについては議論があるが、主題とされている出来事の年代は『ユグルタ戦争』が前二世紀末、『カティリーナの陰謀』がサルスティウス自身の青年期にあたる前一世紀前半であるので、ここでは時系列に従って（本書での順序もこれによる）まず『ユグルタ戦争』について述べよう。

ユグルタ戦争とは前一一一年から前一〇五年にかけて起こった共和政ローマとヌミディア王ユグルタの間の戦争である。ヌミディア王国とはカルタゴの後背地にあった北アフリカ先住民――現在のベルベル(アマジグ)系の人々の祖先といわれる――の国家で、ローマがハンニバル相手に苦戦した第二次ポエニ戦争(前二一八―前二〇一年)の時、その王マシニッサがローマに協力して勝利に寄与して以来、ローマの代表的な友好国とみなされていた。マシニッサがカルタゴに領土紛争をしかけたことが第三次ポエニ戦争(前一四九―前一四六年)のきっかけとなり、ローマによるカルタゴ殲滅につながったことは有名である。そのマシニッサの孫の世代が本篇に登場する王たちで、アドヘルバル、ヒエムプサル兄弟は先王ミキプサ(マシニッサの子)の実子、ユグルタはミキプサの兄弟王だったが早世したマスタナバルの庶子である。ユグルタ戦争は手短にいえば、このヌミディア王家の従兄弟間に生じた王位継承戦争に、ローマがアドヘルバル側(彼は早々にユグルタに打倒されてしまうのだが)に立って介入したことによって起こった戦争で、戦場は一貫してヌミディア領内、すなわち現在のチュニジア、アルジェリアの北部一帯であった。最初の数年はユグルタ側の一種のゲリラ戦と、ローマの側の、門閥貴族《ノービレス》出身の将軍たちの無能ないし腐敗によってローマ軍は苦戦を強いられたが、結局ユグルタはローマのメテッルス、ついでマリウスに敗れ、味方と頼んだ隣国マウレタニアの王によってスッラ(後の独裁官)に引き渡されて、戦いはローマの勝利に終わる。

この戦争で興味深いのは戦闘に入ってからの経緯もさることながら、むしろ開戦までのいきさつ、ローマがヌミディア問題に介入していく過程である。サルスティウスによれば、若き日にヌマンティア(イベリア半島の都市)攻囲戦にヌミディアからの援軍を率いて参加したユグルタは、司令官小スキピオに気に入られ、また戦友であるローマの門閥貴族らとも親交を結び(第八章)、その結果王ミキプサも甥ユグルタを無視できなくなって彼を養子とし、実子アドベルバルらと並ぶ王位継承者とした。実際ミキプサの死(前一一八年)後、ユグルタは従兄弟たちと共に王位に就くが、すぐに王国の運営をめぐって三王の間の紛争が始まり(第一一章)、ユグルタはヒエムプサルを殺し(第一二章)、アドヘルバルとの戦闘にも勝利する(第一三章)。ローマに逃れたアドヘルバルはユグルタを討つよう元老院で演説するが、この時はローマはオピーミウス(これはグラックス改革を弾圧した人物)を団長とする使節団を派遣し、王国をユグルタとアドヘルバルの間で分割することで解決をはかった(第一六章)。――サルスティウスはこの分割自体、ユグルタによるオピーミウス買収の結果、ユグルタに有利なものとなったと主張するのだが――。数年後(前一一二年)、両王間の戦争が再発し(第二〇章)、今度はアドヘルバルは首都キルタ(現コンスタンティーヌ市)において包囲される。この包囲戦においてキルタ防衛の中心となったのはヌミディア兵ではなく、ヌミディアを舞台に活動していたイタリア人事業家たち(ネゴーティアトーレス)であった。ローマから派遣されたスカウルス(筆頭元老院議員で当時最大の有力者)らの使節は包囲を中止するようユグルタに迫り(第二五章)、アドヘルバルは開城してユグルタに降伏したが、ユグルタは彼を、武装していたイタリア人事業家たちもろとも殺害する(第二六章)。このキルタ陥落を契機として、ローマ人民の怒りを恐れた元老院は、ユグルタとの戦争に踏み切り(第二七章)、こうして以後六年にわたる激戦が開始されるのである。

サルスティウスが、この彼の時代から見て七十年ほど前の戦争を取り上げた理由は、一つにはそれが彼がその王権の滅亡――ユバ一世の死――をカエサルの部将として目撃し、その旧領を総督として治めたヌミディア王国の大事件であったからであろうということは容易に想像できる。先に述べたようにアフリカ・ノウァ州総督は彼が達し得た政治的経歴の頂点であり、また最後でもあった。実際『ユグルタ戦争』の中には総督時代に収集したらしい史料に基づく記述、たとえばアフリカの民族誌についての一節(第一八章)も含まれている。

しかしサルスティウスがこの戦争に着目した理由はおそらくそのような個人的感慨だ

けではない。現在巷間に流布しているローマ史のごく常識的な文脈の中でもユグルタ戦争は共和政末期の政治的・社会的変動の起点の一つとなる要素――すなわちマリウスの軍制改革（第八六章）――を生み出した事件として特筆されている。従来の武装自弁の市民軍の原則を捨てて「無産市民」を兵士として登録したこの改革が、職業的軍隊の成立と、将軍による軍の私兵化をもたらし、マリウス自身に始まる「軍閥」的な政治家たち（スッラ、ポンペイウス、そしてカエサル）の台頭による共和政崩壊を招いた、とはよくなされる立論である。ユグルタ戦争をローマ政治史上の重大な画期とみなす点で、このような理解はサルスティウスが『ユグルタ戦争』で提示した歴史理解の流れを汲むものといえるが、ただサルスティウスの捉え方はより幅広い。第五章の冒頭で彼はユグルタ戦争を主題と定めた理由として、第一にそれが激戦であり勝敗の行方が見定め難かったこと、第二に「この時初めて、門閥貴族層の傲慢に対する抵抗が行なわれたから」であることを挙げている。そしてこれを発端とする「市民間の争い」は「戦争とイタリアの荒廃」で終わった、と続けられる。つまりここではユグルタ戦争は単に軍制史上の一エピソードというにとどまらず、むしろこの戦争をめぐる政治的闘争それ自体が、「閥族派」と「民衆派」の血みどろの抗争に明け暮れた共和政末期の政治過程全体を紡ぎ出すものとして捉えられているのである。

第三一章の護民官メンミウス（対ユグルタ開戦の主唱者）の演説は、門閥層への抵抗を呼びかける「民衆派」（サルスティウスはこの用語を使わないが）の論理を描き出したものとして『ユグルタ戦争』のライトモチーフの一つを示したともいえる一節である。「民衆派」の、そしてサルスティウス自身も地の文で認めている主張に従えば、ユグルタはローマの門閥貴族層《ノービリタス》の間に幅広い知己を持ち、彼らを通じての贈賄によって、従兄弟アドヘルバルとの間の争いについての元老院の裁定を自分に有利にねじ曲げ続けてきたのであり、アドヘルバル殺害後、先述のようについにローマがユグルタに宣戦した後ですら、門閥出身の将軍カルプルニウス＝ベスティア（前一一一年の執政官）は買収されて不正にユグルタと和睦（ユグルタの形式的降伏を認めるという形で）してしまった（第二九章）と信じられた。したがってユグルタとの戦いは、その実、ローマ国内におけるこれら腐敗した親ユグルタ的門閥貴族層を打倒する政治闘争と表裏一体であり、グラックス兄弟による改革が圧殺された（第四二章）後、沈黙を強いられてきたローマの人民（民会）が自由を取り戻すための好機と考えられたのである。一時的休戦の後、ローマを去る際のユグルタの有名な捨てゼリフ、「売り物の都よ、買い手が見つかればたちどころに滅びるであろう」(第三五章)も、このような文脈の中での「敵」のうそぶきとして位置づけられている。

実際、ユグルタ戦争の泥沼化は、平民層の怒りと先祖に高位政務官を持たない「新人」マリウスの執政官当選(第七三章)という結果を生み、門閥貴族層による政界支配は一時的に崩れ去り、この「民衆派」の新星マリウスによって、ヌミディアの戦場でユグルタとその同盟者マウリー人の王ボックスの軍は大敗する(第一〇一章)。こうしてこの戦争はユグルタ捕縛(第一一三章)という大団円を迎えるのである。

ただこの結末は単純な「ハッピーエンド」ではない。また「民衆派」の勝利を謳い上げたものでもない。後半のローマ側の主要な登場人物のうち、門閥出身の執政官メテッルスは有能で総じて立派な司令官として描かれるのに対し、マリウスの方はメテッルスを政治的に陥れることで執政官職をもぎ取る野心家として描かれ、彼が後に「野望によって転落」することが暗示される(第六三章)。またマリウスの部下として登場するスッラ(当時は財務官)は、きわめて有能ではあるが偽装の才に長けた(第九五章)、買収によって人心を収攬《しゅうらん》しようとする——ユグルタの「ローマ版」とでもいうべき——油断のならない人物で、結局本当にユグルタを捕えるのはこの、後の独裁官、「閥族派」の巨頭のしかけた詭計なのである。『ユグルタ戦争』はこのようにその後展開してゆくローマの内戦の主役たちの歴史の舞台への登場と、未来へのかすかな予感と緊張――前一〇四年一月のマリウスの凱旋で唐突に終わる本篇の末尾の一文を見よ――を示して終わっている。

以上、サルスティウスが意図したであろう叙述の線に従って述べたが、歴史としてのユグルタ戦争を、サルスティウスの叙述を手がかりとしつつ別の角度から見ることも可能である。事実、近現代史の展開の中で、ユグルタを、古代における「植民地主義（ローマによる）」に対する抵抗者として捉える見方も、特にチュニジアやアルジェリア、あるいはモロッコの歴史研究者の間で生まれた。これら、フランスの植民地支配からの独立を果たした北アフリカ諸国の人々から見れば、ユグルタの行動を、ヌミディア王国をローマによる事実上の支配から脱却させようとする、いわば解放運動史上に位置づけ得るか否か――ユグルタは民族独立の英雄なのか、それとも自己の野望のゆえにヌミディアに戦禍をもたらした暴君にすぎないのか――という点が問題となるわけである。そしてこのような視角はあながち見当はずれでもない。

ヌミディア王国のようなローマの「友好国」「同盟国」とローマとの関係は、研究史上、対外クリエンテーラ(庇護関係)と呼ばれる。共和政時代のローマは、支配対象の地域を属州として直接支配するよりも、それらの地域の王らをクリエンテス(庇護民)的な立場に置き、自らはパトロンとして支配するのがむしろ普通であった。ローマの介入を促すアドヘルバルの演説(第一四章)は、このような対外クリエンテーラにからめ取られている事実上の従属国の王の「論理」――実際はサルスティウスがアドヘルバルの口を借りて語っている、ローマのクリエンテーラ的支配の論理――を如実に示している。それによれば、ヌミディア王が持つのは王国の「管理権」だけで、支配権《インペリウム》はローマにあるのであり、それゆえ、アドヘルバルを攻撃しているユグルタは、ローマのヌミディアへの恩恵を損ない、そのインペリウムそのものに挑戦しているということになる。逆に、サルスティウスがユグルタに語らせている「ローマ人は不正であり、底知れない貪欲さの持ち主であり、万人の共通の敵である」(第八一章)という主張は、ローマの支配に対する挑戦者の典型的な言い分としてローマ人の側が意識していたものではあろうが、描かれたユグルタではなく歴史上のユグルタの――あるいはユグルタが代表する当時のヌミディア社会の勢力の――真の主張をなにがしかは反映していると見ることもできるかもしれない。

この二つの立場、ローマに対してとり得る二つの態度の間で揺れるのが、ユグルタの同盟者で姻戚でもあるマウリー人(マウレタニア)の王ボックスであり、彼はユグルタにつくかスッラ(ローマ)につくか最後まで迷い続ける。ついにボックスがスッラにユグルタを引き渡す選択をした瞬間(第一一三章)は、ヌミディアとマウレタニアのアフリカの王同士の連帯が断ち切られ、ローマの北アフリカ支配が真に確立される瞬間、いうなれば古代における「アフリカニズム」の敗北の瞬間である。

このようにサルスティウスの叙述には、彼自身が推していると見える主張の線とは別の、「敵」側の主張の線の復元へといざなうような多重的な言説が響き合っている。一種演劇的ともいえる叙述空間の中で、読者はどう読むかの選択を迫られ続け、サスペンスを味わい続けることになる。

(三)

もう一つのモノグラフ、『カティリーナの陰謀』の題材となっている陰謀事件は先述のようにサルスティウスが二十代の若者だった前六〇年代にローマ市自体を舞台として起こった。その概略は次のようなものである。

事件の中心人物ルーキウス＝セルギウス＝カティリーナはスッラなどと似た生い立ちで、没落したパトリキ（ローマ本来の貴族）の家の出の野望家であった。前六四年六月頃から彼は政権獲得のために多くの門閥貴族を含む同志を組織し、前六三年就任の執政官選挙に出馬したが、キケロに敗れた。翌年に再度執政官選挙に立候補したカティリーナは、またもや落選すると、おそらくそれ以前から計画していた武力による政権奪取の陰謀を決行しようとする。すなわちエトルリア等のイタリア各地での武装蜂起を準備するとともに、ローマ市内でも執政官キケロらへの襲撃、市内各所への放火等を企てたが、密告によって陰謀はキケロの知るところとなり、元老院は両執政官（キケロおよびガイウス＝アントニウス）に陰謀阻止のための非常権（元老院最終決議）を付与するに至る（前六三年十月二十一日）。キケロ暗殺計画は失敗し、危うく難を逃れたキケロは元老院でカティリーナの眼前で有名な弾劾演説（カティリーナ弾劾の第一演説）を行ない、陰謀計画を暴露する（十一月八日）。カティリーナはローマを去り、既にエトルリアで蜂起していた陰謀団の一味マンリウスの陣へと向かう。他方ローマ市内に残った現職のプラエトルであるレントゥルス＝スーラらの陰謀団はガリア人の部族アッロブロゲス族を対ローマ蜂起に駆り立てようとして、逆にキケロにその証拠を握られて逮捕され、元老院での長い議論と採決の結果、レントゥルス、ケテーグスら五名が処刑される。そしてこの事件は結局、エトルリアのカティリーナ、マンリウスらの蜂起軍を、執政官アントニウスらが率いる討伐軍がアペニン山脈の麓のピストリア(現ピストイア)付近で激戦の末、粉砕し、カティリーナは戦場の露と消えるという形で結末を迎える(前六二年一月)。

カティリーナ事件そのものはこのように国家転覆未遂事件の摘発であり、善悪の対照はユグルタ戦争の場合より単純明快である。――ヌミディア国民の間で人気のあったユグルタが、ローマから見た場合はともかく、ヌミディア王としては正当に行動していたのかもしれないのに対し、カティリーナは、たとえ彼を支持するローマ社会の不満分子が多数いたにしても、やはり陰謀事件の首魁《しゅかい》という他はない――。しかし、この事件の叙述を通してサルスティウスがなし遂げようとしたことは何か、という点になると、これは実はかなりの難問である。事件の背後にはクラッスス、そしてカエサルの影もちらつき、サルスティウス自身の「党派性」――先に述べたように彼は少なくとも前四九年以降はカエサル派の一員として行動した経歴を持つ――の叙述への影響の有無も問われてくるからである。

また、サルスティウスが歴史家としてどのくらい正確か、という点も『カティリーナの陰謀』に関しては『ユグルタ戦争』の場合以上に問題とされる。その主な原因は、カティリーナ事件については事件を摘発し、処断した当の前六三年の執政官であるキケロの残した史料が、先述のカティリーナ弾劾演説（第一―第四演説）という形で現存していることにある。近代歴史学の実証主義を機械的にあてはめるとキケロの『カティリーナ弾劾』はこの事件の一次史料、サルスティウスの『カティリーナの陰謀』は事件から二十年ほど後に書かれた二次史料ということになり、事件それ自体への肉薄の度合いという点ではサルスティウスに勝ち目はないように見える。しかしこれらは一面的な見方である。

まず「党派性」の問題についていえば、確かにサルスティウスはカエサルを、そしてクラッススをもかばうようなスタンスをとっている（第四八、四九章）。（第四九章で彼は、カエサルがカティリーナの陰謀に関係していると主張する「閥族派」の重鎮カトゥルスらの動きについて、彼らはカエサルとの敵対関係のゆえに、偽ってカエサルの名をキケロに挙げさせようとして失敗したのだ、と断じている。また本当に元老院でカティリーナの黒幕として名を挙げられたクラッススに関しても、この証言はキケロの悪意ある工作だとするクラッスス自身の言葉を後にサルスティウスが自分の耳で聞いた言葉として紹介している(第四八章))。さらに第一八章にある、いわゆる第一次カティリーナの陰謀(前六六年末か前六五年初頭)に関する叙述にも、カエサル派的バイアスが働いている可能性はある。帝政期の伝記作家スエトニウスによれば、この事件の黒幕はクラッススとカエサルだとする著作が複数存在し、その一つは、サルスティウスの叙述ではカティリーナの役目だったとされている元老院議員襲撃の合図役が、実はカエサルの役目だったと主張していたらしい(タヌシウス＝ゲミヌスの『歴史』。ただし現存せず)。ここから判断すれば、サルスティウスは敢えてカエサル、クラッスス抜きの第一次陰謀叙述のヴァージョンをこの箇所に置くことによって、カエサルらの不在証明《アリバイ》を行なっているようにも見えるのである。

ただ以上から、サルスティウスを「偏向歴史家」とするのは行きすぎであろう。政治と歴史家の距離は、古代の共和政ローマの社会においては近代社会のアカデミズムの場合とは違ってごく近いのであり、サルスティウスの読者であったローマの支配層、元老院身分の人々にとっては彼がカエサル派で、また護民官時代にミローとクローディウスの争い――これ自体、キケロのカティリーナ一派処刑の正当性をめぐる政争が発端になっている――に関して反ミロー、反キケロの立場であったことは周知の事実であった。

歴史家サルスティウスが彼の同時代の事件について、政治家サルスティウスがとった立場とは全然別の立場をとったとしたら、それはそれで奇妙に映ったことであろう。

むしろ問われるべきは、こうしたバイアスを必然的に伴いつつ書かれている『カティリーナの陰謀』においてサルスティウスが読者に訴えているのは、果たして「カエサルの無実」だけなのか、という点である。全体を通読すれば判るように筆者の力点はそこにあるのではない。逆に印象的なのはこのカティリーナ事件の叙述を通して、カエサルがかばわれているだけではなく、共和政末内戦におけるカエサルの最大の敵であった小カトーが正義の人として前面に押し出され、賞揚されていることである(第五二―五四章)。『カティリーナの陰謀』が執筆された時期、小カトーは既にウティカで自刃して果てて(前四六年)何年かが経ち、カエサルもまた暗殺されて(前四四年)、ともにもうこの世の人ではなかった。しかし死せる小カトーを旗印にしていたカエサル暗殺者たち(ブルートゥス、カッシウスら)はオクタウィアヌス、アントニウス軍によってピリッピの戦いで倒され(前四二年)、時はいわゆる第二回三頭政治の時代であり旧カエサル派の天下であって、小カトーを讃えることには多少とも危険が伴った。カエサル自身が生前、小カトーが共和政の殉教者とされることを恐れて、激烈な『反カトー論』を執筆していたという事情も考えねばならない。この微妙な時期に、サルスティウスは「カエサル派」である自らの位置を最大限に利用し、カエサルのカティリーナ事件への関与を否定する論を展開しながら、同時に共和政末内戦の敗者として葬り去られるかに見えた小カトーの死後の名声を擁護し、ローマの歴史叙述の中に小カトーとその共和主義の居場所を確保したのだともいえる。そのサルスティウスが築いた地歩の上に、帝政期のタキトゥスの「共和主義」的歴史叙述も一つの拠り所を見出し得た。サルスティウスはそのような独特のやり方で衡平を保った歴史家であった。

「党派性」の問題と並んで指摘される、キケロと比較してのサルスティウスの歴史叙述の正確性の問題に関していえば、確かに事件当時、まだ政務官就任前の一青年であったサルスティウスには、事件を直接処理したキケロに匹敵するような細部にわたる記憶や正確性は期待できない。執筆時に諸史料にあたり、まだ存命中の関係者に取材を行なったと考えられるにしても限界がある。だが、事件当時に元老院で、進行中の陰謀事件を暴き元老院を動かすために行なわれたキケロのカティリーナ弾劾にもまた、歴史史料として見た場合には別の限界がある可能性も見逃すべきではない。たとえば弾劾者キケロにとってはカティリーナ一味は途方もない犯罪を企てた無法者集団として描き出されねばならず、他方陰謀事件発生の社会的必然性に触れることはできるだけ避けるべきであったろう。これに対し、歴史家サルスティウスにとっては、カティリーナのような怪物を生み出したローマ社会の闇に分け入り、陰謀家予備軍の発生の現場、事件を準備した歴史的諸条件を指差すことの方が課題であったように見える。

そしてそれは――サルスティウスの主張に従えば――スッラの独裁官時代に生み出された新体制、およびその体制が確立される過程におけるすさまじい流血と不正であった。カティリーナの経歴自体がスッラの手先としての流血から始まるのであり、陰謀加担者の中心となったのも東方遠征で略奪の味を知り、マリウス派への勝利で財を成した後、たちまち蕩尽してしまったスッラの退役兵たちであった(第一一、一六章)。エトルリアで最初に挙兵したマンリウスはそのようなスッラの旧兵士の典型である。本来マリウス派の地盤であったエトルリアには、スッラの勝利後、没収された土地の上に大量のスッラ軍退役兵が入植した末に没落して、内乱の再発を渇望し、また逆にこの入植過程で土地財産を奪われた「平民たち」(旧住民)も不正への憤りから革命を望んでいた(第二八章)。このようにサルスティウスはカティリーナの陰謀における、首都ローマの「堕落した無法者」以外の地方的基盤をある程度詳しく描き出し、借金ゆえに窮乏化した彼らの主張をもマンリウスの言葉という形で示す(第三三章)ことによって、事件の奥行きを伝えることに成功している。『ユグルタ戦争』が生み出すサスペンスが帝国とその庇護国家をめぐるいわばコロニアルな文脈の問題に関するものであったのに対し、『カティリーナの陰謀』はローマ自身の社会の内奥に潜む階層的緊張と衝突、それが政治の表面に露呈したものとしての「党派」のサスペンスに満ちている。

以上のようにサルスティウスの二篇のモノグラフは、それぞれ独立した事件を扱った小篇ではあっても相互に有機的なつながりがあり、共和政末期のローマ社会の危機についての構造的な把握を可能にするものである。サルスティウスより少し前に地中海世界の包括的な同時代史を表したストア派の巨人ポセイドニオスの叙述(断片のみ伝わる)が、おそらく「閥族派」的、すなわち元老院側擁護の傾向を有したと考えられるのに対し、ポセイドニオスの影響も大いに受けつつ書いたと思われるサルスティウスは、より「民衆派」的な――すなわち衆愚のよりは寡頭政の悪を、そして前一世紀初頭の内戦に関してマリウス派よりもスッラ派の悪をより強調する――傾向を示した。しかしそれは曲筆なのではなく、内戦の根源についての彼の理解、ポエニ戦争勝利後の退廃の中でローマ社会が門閥貴族層と無化されたそれ以外の大衆的市民へと分裂し、それによって国家《レース・プブリカ》が真っ二つに分断されたとする理解（『ユグルタ戦争』第四一章）に基づくものであった。『ユグルタ戦争』と『カティリーナの陰謀』は、この引き裂かれていくローマ共和政の悲劇の、特徴的な二つの場面を切り取ることによって、事態の全貌を照らし出そうとしたものに他ならない。

三　サルスティウスと現在

サルスティウスの名声は古代を通じて続いた。先に述べたように、タキトゥスはサルスティウスの強い影響の下に、帝政期の元老院議員たちの暴君への抵抗を記述し得たし、同じ帝政期の警句詩人マルティアーリスにとっても、サルスティウスは「ローマ第一の歴史家」であった。修辞学者クィンティリアーヌスは、リウィウスは少年の教育にはより良いが、サルスティウスの方がより偉大な歴史家であると率直に述べている。

その一方で、サルスティウスとキケロを対立的に描き出す興味本位の文書も、おそらく帝政期に現れた。キケロ著と称される『サルスティウス論難』と題されたこの小冊子は、サルスティウスの若い頃の素行やその文体をけなしており、もう一つのサルスティウス著と称される『キケロ論難』(こちらは共和政末期の作ともいわれる)と対になっているように見えるが、どちらも修辞学校の学生による模作らしい。サルスティウスの歴史家としての輝かしさと、謎の多い前半生との対照、またカティリーナ事件についてのキケロの叙述とサルスティウスの叙述の競合が、このような作品を生み出す原因であったと思われる。ルネサンス期以降、サルスティウスは古典中の古典として読まれ、そこに流れる古代民主政の息吹きは近代市民社会へと向かう啓蒙期の政治思想にも影響を与え続けたが、十九世紀における実証主義的歴史学の成立とともに彼についての評価は一変する。先に挙げた古代におけるクィンティリアーヌスの評価とは逆に、年代記的な詳細な記述に富んだリウィウスの史料的価値を高く評価する一方で、自己の価値判断を明確に示すサルスティウスを歴史史料としては敬遠する傾向が生まれてくるのである。『サルスティウス論難』『キケロ論難』の二つの小冊子は、このような文脈で、サルスティウスの「党派性」を証明する格好の材料として持ち出され、サルスティウスについての否定的見解の論拠とされていった。この傾向は一九六〇年代にロナルド・サイムによるサルスティウスの再評価——同時に二つの『論難』がおそらく後世の模作であることの検証――がなされるまで繰り返されたのである。

十九世紀に、サルスティウスの真価を再発見したのは、歴史家ではなくむしろ文学者であった。フランスの詩人アルチュール・ランボーの最初の作品の一つ「ジュギュルタ」(一八六九年)は、詩人がまだ高等中学校在学中に、サルスティウスの『ユグルタ戦争』に想を得て書かれたラテン語詩であり、そこではユグルタの霊がアルジェリアの一人の子供の上に現れて、フランスの侵略に対する抵抗を呼びかける。最終連で意外などんでん返しがあるとはいえ、十九世紀中葉のフランスによるアルジェリア植民地化と、そのアルジェリアの地にあった古代のヌミディア王国に対するローマの侵攻という『ユグルタ戦争』が描く事態とを重ね合わせ、アルジェリア解放闘争の指導者でついには虜囚の身となったアブデル・カーディルの幼少期をモデルとしたと思われる子供の前に、古代の抵抗者ユグルタを立たせる構図は衝撃的である。ローマによる祖国ヌミディア奪取の奸策を見抜き、ローマに立ち向かうべくある時は贈賄によって敵をあざ笑い、ある時は単身ローマに乗り込んでその額に平手打ちをくわせたと述懐する「ジュギュルタ」の言葉は、サルスティウスのユグルタの傲岸であると同時に不屈な像とよく一致している。ローマ人サルスティウスがローマ共和政を腐敗させる不吉な敵としてのユグルタ像を提出しつつ、この「敵」を作り出したのがローマ自身の退廃――ヌマンティア戦争の陣中におけるローマの門閥貴族の青年たちによるユグルタへのそそのかしと誘惑――であったとした(『ユグルタ戦争』第八章)時に、既にランボーのようなポストコロニアルな読みの可能性は準備されていたともいえる。少年ランボーのイマジネーションは実はサルスティウス自身の叙述の中に埋め込まれていた、ローマの知識人による支配《インペリウム》とそれが必然的に生み出す反対物についての認識の、二千年にも近い時を隔てての発芽とも思えるのである。

「現代史家」であったサルスティウスはこのように私たち自身の現代を突然に意識させる。共和政の没落を眼前で進行する危機として嘆きつつも凝視し、危機の構造を捉えようとした彼の歴史叙述は、その当事者性(「政治性」)を帯びた分析のゆえに読者を各々の社会的現実へと否応なく直面させるのだといえるかもしれない。それは古代ギリシア・ローマの直接民主政的な政治空間とそれが生み出す自由と批判精神が帝政成立によって最終的に失われる直前の最後の発露ともいうべきものであり、古典古代から「現在」へと手渡され続ける稀有なテクストなのである。

本書の翻訳にあたってはトイプナー版の校訂本(Kurfess, 1957)を底本とし、オックスフォード版(Reynolds, 1991)を随時参照し、両者の読みが大きく異なる場合には訳註で説明を加えた。訳註は『ユグルタ戦争』についてはG. M. Paulを、『カティリーナの陰謀』についてはJ. T. Ramseyを主に参考とし、またE. Koestermannにも教えられるところが多かった。また「解説」の執筆にあたっては、R. Symeの著作に多くを負っている。これらも含め、主要な参考文献は左記のとおりである。

Broughton, T. R. S., *The Magistrates of the Roman Republic*, 2 vols., New York, 1951–60.
Ernout, A., *Salluste: Catilina, Jugurtha, Fragments des Histoires*, Paris (Les Belles Lettres), 1980 (1 ère éd., 1941).〔Budé 版〕
Gsell, S., *Histoire ancienne de l'Afrique du Nord*, I–VIII, Paris, 1921–1928, rep. Osnabrück, 1972.
Koestermann, E., *C. Sallustius Crispus: Bellum Iugurthinum*, Heidelberg, 1971.
Kurfess, A., *C. Sallusti Crispi Catilina, Iugurtha, Fragmenta Ampliora*, Leipzig (Bibliotheca Teubneriana), 1957 (3. Aufl.).〔Teubner 版〕

Paul, G. M., *A Historical Commentary on Sallust's Bellum Jugurthinum*, Liverpool, 1984.

Ramsey, J. T., *Sallust's Bellum Catilinae*, Atlanta, Georgia (American Philological Association), 1984.

Reynolds, L. D., C. *Sallusti Crispi Catilina, Iugurtha, Historiarum Fragmenta Selecta, Appendix Sallustiana*, Oxford (Oxford Classical Texts), 1991.〔Oxford 版〕

Rolfe, J. C., *Sallust*, Cambridge, Massachusetts/London (Loeb Classical Library), 1971 (1st ed. 1921).〔Loeb 版〕

Sydenham, E. A., *The Coinage of the Roman Republic*, London (Spink & Son, Ltd.), 1952.

Syme, R., *Sallust*, Berkeley/Los Angels / London, 1964.

粟津則雄訳『ランボオ全詩』思潮社、一九八八年

吉村忠典「サルルスティウス小論」『史学雑誌』第五九編第六号（一九五〇年六月号）

また、『カティリーナの陰謀』の邦語訳として最近、次のものが出版されており、教

えられるところが多かった。

ガイウス＝サッルスティウス＝クリスプス著、合阪學、鷲田睦朗翻訳・註解『カティリーナの陰謀』大阪大学出版会、二〇〇八年

　本書の翻訳を思い立ったのは学生時代の一九七〇年代で、本格的に着手したのは一九八〇年代後半からである。この訳業を勧めて下さり、この間を通じて様々な助言をして下さった恩師である故吉村忠典先生に心から感謝したい。先生御自身が戦後間もない頃、翻訳されたサルスティウスの二篇のモノグラフの手書きのノート（これがおそらくラテン語原典からのサルスティウスの本邦初訳である）をもう三十年以上お借りしている。本書の翻訳の責任はもちろんすべて私にあるが、このノートからの励ましと示唆なしには、この訳業を拙いながらも完成することは到底不可能であった。

　本書を刊行するにあたっては岩波文庫編集部の三代にわたる編集担当者、平田賢一氏、石川憲子氏、清水愛理氏（現編集担当）に大変お世話になった。遅々として進まぬ作業に辛抱強くつき合い、適切な助言や励ましをいただいた御寛恕に謝意を表したい。また糀・中受舎《こうじしゃ》の冨井みね子氏には、何度にもわたって私の手稿の入力をお願いした。正確

で丁寧な仕事に心から感謝している。

最後に、長年の間、この翻訳を見守り続け、完成を楽しみにしてくれていた母――世界史教育に携わった経験を持ち、歴史や文学に対する私の関心を育んでくれたのも母であった――の思い出に本書を捧げたい。

二〇一九年五月

栗田伸子

ユグルタ戦争《せんそう》　カティリーナの陰謀《いんぼう》
サルスティウス著

2019年7月17日　第1刷発行

訳　者　栗田伸子《くりたのぶこ》

発行者　岡本　厚

発行所　株式会社　岩波書店
〒101-8002　東京都千代田区一ツ橋2-5-5

案内　03-5210-4000　営業部　03-5210-4111
文庫編集部　03-5210-4051
https://www.iwanami.co.jp/

印刷・理想社　カバー・精興社　製本・中永製本

ISBN 978-4-00-334991-5　　Printed in Japan

読書子に寄す

——岩波文庫発刊に際して——

岩波茂雄

真理は万人によって求められることを自ら欲し、芸術は万人によって愛されることを自ら望む。かつては民を愚昧ならしめるために学芸が最も狭き堂宇に閉鎖されたことがあった。今や知識と美とを特権階級の独占より奪い返すことはつねに進取的なる民衆の切実なる要求である。岩波文庫はこの要求に応じそれに励まされて生まれた。それは生命ある不朽の書を少数者の書斎と研究室とより解放して街頭にくまなく立たしめ民衆に伍せしめるであろう。近時大量生産予約出版の流行を見る。その広告宣伝の狂態はしばらくおくも、後代にのこすと誇称する全集がその編集に万全の用意をなしたるか。千古の典籍の翻訳企図に敬虔の態度を欠かざりしか。さらに分売を許さず読者を繋縛して数十冊を強うるがごとき、はたしてその揚言する学芸解放のゆえんなりや。吾人は天下の名士の声に和してこれを推挙するに躊躇するものである。このときにあたって、岩波書店は自己の責務のいよいよ重大なるを思い、従来の方針の徹底を期するため、すでに十数年以前より志して来た計画を慎重審議この際断然実行することにした。吾人は範をかのレクラム文庫にとり、古今東西にわたって文芸・哲学・社会科学・自然科学等種類のいかんを問わず、いやしくも万人の必読すべき真に古典的価値ある書をきわめて簡易なる形式において逐次刊行し、あらゆる人間に須要なる生活向上の資料、生活批判の原理を提供せんと欲する。この文庫は予約出版の方法を排したるがゆえに、読者は自己の欲する時に自己の欲する書物を各個に自由に選択することができる。携帯に便にして価格の低きを最主とするがゆえに、外観を顧みざるも内容に至っては厳選最も力を尽くし、従来の岩波出版物の特色をますます発揮せしめようとする。この計画たるや世間の一時の投機的なるものと異なり、永遠の事業として吾人は微力を傾倒し、あらゆる犠牲を忍んで今後永久に継続発展せしめ、もって文庫の使命を遺憾なく果たさしめることを期する。芸術を愛し知識を求むる士の自ら進んでこの挙に参加し、希望と忠言とを寄せられることは吾人の熱望するところである。その性質上経済的には最も困難多きこの事業にあえて当たらんとする吾人の志を諒として、その達成のため世の読書子とのうるわしき共同を期待する。

昭和二年七月

《歴史・地理》〔青〕

新訂 魏志倭人伝・後漢書倭伝・宋書倭国伝・隋書倭国伝 —中国正史日本伝1　石原道博編訳
ヘロドトス 歴史 全三冊　松平千秋訳
トゥーキュディデース 戦史 全三冊　久保正彰訳
ガリア戦記　カエサル　近山金次訳
タキトゥス ゲルマーニア　泉井久之助訳註
タキトゥス 年代記 全二冊 —ティベリウス帝からネロ帝へ　国原吉之助訳
歴史とは何ぞや　ベルンハイム　坂口昂・小野鉄二訳
歴史における個人の役割　プレハーノフ　木原正雄訳
古代への情熱 —シュリーマン自伝　シュリーマン　村田数之亮訳
アーネスト・サトウ 一外交官の見た明治維新 全二冊　坂田精一訳
ベルツの日記 全二冊　トク・ベルツ編　菅沼竜太郎訳
武家の女性　山川菊栄
インディアスの破壊についての簡潔な報告　ラス・カサス　染田秀藤訳
ラス・カサス インディアス史 全七冊　長南実訳　石原保徳編
コロンブス航海誌　林屋永吉訳
コロンブス 全航海の報告　林屋永吉訳

洞窟絵画から連載漫画へ —人間コミュニケーションの万華鏡　ホグベン　寿岳文章・林達夫・平田寛・南博訳
戊辰物語　東京日日新聞社会部編
大森貝塚 —付 関連史料　E・S・モース　近藤義郎・佐原真編訳
魔女 全二冊　ミシュレ　篠田浩一郎訳
中世的世界の形成　石母田正
日本の古代国家　石母田正
フランス二月革命の日々 —トクヴィル回想録　トクヴィル　喜安朗訳
朝鮮・琉球航海記 —一八一六年アマースト使節団とともに　ベイジル・ホール　春名徹訳
ローマ皇帝伝 全二冊　スエトニウス　国原吉之助訳
回想の明治維新 —一ロシア人革命家の手記　メーチニコフ　渡辺雅司訳
インカの反乱 —被征服者の声　ティトゥ・クシ・ユパンギ述　染田秀藤訳
三国史記倭人伝 他六篇 —朝鮮正史日本伝1　佐伯有清編訳
さまよえる湖 全二冊　ヘディン　福田宏年訳
ヨーロッパ文化と日本文化　ルイス・フロイス　岡田章雄訳注
十八世紀ヨーロッパ監獄事情　ジョン・ハワード　川北稔・森本真美訳
東京に暮す —一九二八〜一九三六　キャサリン・サンソム　大久保美春訳
ミカド —日本の内なる力　W・E・グリフィス　亀井俊介訳

増補 幕末百話　篠田鉱造
明治百話 全二冊　篠田鉱造
幕末明治 女百話 全二冊　篠田鉱造
トゥバ紀行　メンヒェン＝ヘルフェン　田中克彦訳
一七八九年 —フランス革命序論　G・ルフェーヴル　高橋幸八郎・柴田三千雄・遅塚忠躬訳
ツアンポー峡谷の謎　F・キングドン-ウォード　金子民雄訳
クック 太平洋探検 全六冊　増田義郎訳
シエサ・デ・レオン インカ帝国地誌　増田義郎訳
インカ皇統記 全四冊　インカ・ガルシラーソ・デ・ラ・ベーガ　牛島信明訳
ローマ建国史 全三冊(既刊上巻)　リーウィウス　鈴木一州訳
フランス・プロテスタントの反乱 —カミザール戦争の記録　カヴァリエ　二宮フサ訳
ニコライの日記 全三冊 —ロシア人宣教師が生きた明治日本　中村健之介編訳
パリ・コミューン 全二冊　H・ルフェーヴル　河野健二・柴田朝子・西川長夫訳
徳川制度 全三冊・補遺　加藤貴校注
第二のデモクラテス —戦争の正当原因についての対話　セプールベダ　染田秀藤訳
チベット仏教王伝 —ソンツェン・ガンポ物語　ソナム・ギェルツェン　今枝由郎監訳

《哲学・教育・宗教》〔青〕

ソクラテスの弁明・クリトン　プラトン　久保勉訳
ゴルギアス　プラトン　加来彰俊訳
饗宴　プラトン　久保勉訳
テアイテトス　プラトン　田中美知太郎訳
パイドロス　プラトン　藤沢令夫訳
メノン　プラトン　藤沢令夫訳
国家　全二冊　プラトン　藤沢令夫訳
プロタゴラス　―ソフィストたち　プラトン　藤沢令夫訳
法律　全二冊　プラトン　森進一・池田美恵・加来彰俊訳
パイドン　―魂の不死について　プラトン　岩田靖夫訳
クセノフォーン　ソークラテースの思い出　佐々木理訳
アナバシス　―敵中横断六〇〇〇キロ　クセノポン　松平千秋訳
アリストテレス　ニコマコス倫理学　全二冊　高田三郎訳
アリストテレス　形而上学　全二冊　出隆訳
アリストテレス　弁論術　戸塚七郎訳
アリストテレース　詩学　ホラーティウス　詩論　松本仁助・岡道男訳

物の本質について　ルクレーティウス　樋口勝彦訳
エピクロス　―教説と手紙　出隆・岩崎允胤訳
生の短さについて　他二篇　セネカ　大西英文訳
怒りについて　他二篇　セネカ　兼利琢也訳
マルクス・アウレーリウス　自省録　神谷美恵子訳
老年について　キケロー　中務哲郎訳
友情について　キケロー　中務哲郎訳
エラスムス＝トマス・モア往復書簡　沓掛良彦・高田康成訳
方法序説　デカルト　谷川多佳子訳
哲学原理　デカルト　桂寿一訳
情念論　デカルト　谷川多佳子訳
パンセ　全三冊　パスカル　塩川徹也訳
知性改善論　スピノザ　畠中尚志訳
スピノザ　エチカ（倫理学）　全二冊　畠中尚志訳
聖トマス　形而上学叙説　―有と本質とに就いて　高桑純夫訳
君主の統治について　―謹んでキプロス王に捧げる　トマス・アクィナス　柴田平三郎訳
エミール　全三冊　ルソー　今野一雄訳

孤独な散歩者の夢想　ルソー　今野一雄訳
人間不平等起原論　ルソー　本田喜代治・平岡昇訳
ルソー　社会契約論　桑原武夫・前川貞次郎訳
政治経済論　ルソー　河野健二訳
演劇について　ダランベールへの手紙　ルソー　今野一雄訳
言語起源論　旋律と音楽的模倣について　ルソー　増田真訳
ラモーの甥　ディドロ　本田喜代治・平岡昇訳
道徳形而上学原論　カント　篠田英雄訳
啓蒙とは何か　他四篇　カント　篠田英雄訳
純粋理性批判　全三冊　カント　篠田英雄訳
カント　実践理性批判　波多野精一・宮本和吉・篠田英雄訳
判断力批判　全二冊　カント　篠田英雄訳
永遠平和のために　カント　宇都宮芳明訳
プロレゴメナ　カント　篠田英雄訳
人間の使命　フィヒテ　宮崎洋三訳
学者の使命・学者の本質　フィヒテ　宮崎洋三訳
ヘーゲル　政治論文集　全二冊　金子武蔵訳

歴史哲学講義 全二冊　ヘーゲル　長谷川宏訳
ブルーノ　シェリング　服部英次郎・井上庄七訳
自殺について 他四篇　ショウペンハウエル　斎藤信治訳
読書について 他二篇　ショウペンハウエル　斎藤忍随訳
知性について 他四篇　ショーペンハウエル　細谷貞雄訳
将来の哲学の根本命題 他二篇　フォイエルバッハ　松村一人・和田楽訳
不安の概念　キェルケゴール　斎藤信治訳
死に至る病　キェルケゴール　斎藤信治訳
シュヴェーグラー西洋哲学史 全二冊　谷川徹三・松村一人訳
体験と創作 全二冊　ディルタイ　柴田治三郎・小牧健夫訳
眠られぬ夜のために 全二冊　ヒルティ　草間平作・大和邦太郎訳
幸福論 全三冊　ヒルティ　草間平作・大和邦太郎訳
悲劇の誕生　ニーチェ　秋山英夫訳
ツァラトゥストラはこう言った 全二冊　ニーチェ　氷上英廣訳
道徳の系譜　ニーチェ　木場深定訳
善悪の彼岸　ニーチェ　木場深定訳
この人を見よ　ニーチェ　手塚富雄訳

プラグマティズム　W・ジェイムズ　桝田啓三郎訳
宗教的経験の諸相 全二冊　W・ジェイムズ　桝田啓三郎訳
純粋現象学及現象学的哲学考案 全二冊　フッセル　池上鎌三訳
デカルト的省察　フッサール　浜渦辰二訳
社会学の根本問題 個人と社会　ジンメル　清水幾太郎訳
笑い　ベルクソン　林達夫訳
物質と記憶　ベルクソン　熊野純彦訳
時間と自由　ベルクソン　中村文郎訳
数理哲学序説　ラッセル　平野智治訳
ラッセル教育論　安藤貞雄訳
ラッセル幸福論　安藤貞雄訳
ラッセル結婚論　安藤貞雄訳
存在と時間 全四冊　ハイデガー　熊野純彦訳
学校と社会　デューイ　宮原誠一訳
民主主義と教育 全二冊　デューイ　松野安男訳
歴史と自然科学・道徳の原理に就て・聖 『プレルーディエン』より　ヴィンデルバント　篠田英雄訳
我と汝・対話　マルティン・ブーバー　植田重雄訳

アラン幸福論　神谷幹夫訳
四季をめぐる51のプロポ　アラン　神谷幹夫編訳
アラン定義集　神谷幹夫訳
文法の原理 全三冊　イェスペルセン　安藤貞雄訳
日本の弓術　オイゲン・ヘリゲル述　柴田治三郎訳
ギリシア哲学者列伝 全三冊　ディオゲネス・ラエルティオス　加来彰俊訳
天才・悪　ブレンターノ　篠田英雄訳
比較言語学入門　高津春繁
人間の頭脳活動の本質 他一篇　ディーツゲン　小松摂郎訳
ソクラテス以前以後　F・M・コーンフォード　山田道夫訳
連続性の哲学　パース　伊藤邦武編訳
論理哲学論考　ウィトゲンシュタイン　野矢茂樹訳
自由と社会的抑圧　シモーヌ・ヴェイユ　冨原眞弓訳
根をもつこと 全二冊　シモーヌ・ヴェイユ　冨原眞弓訳
重力と恩寵　シモーヌ・ヴェイユ　冨原眞弓訳
全体性と無限 全二冊　レヴィナス　熊野純彦訳
啓蒙の弁証法 —哲学的断想—　M・ホルクハイマー　T・W・アドルノ　徳永恂訳

共同存在の現象学　レーヴィット　熊野純彦訳

ヘーゲルからニーチェへ　十九世紀思想における革命的断絶　全二冊　レーヴィット　三島憲一訳

種の論理　田辺元哲学選Ｉ　藤田正勝編

懺悔道としての哲学　田辺元哲学選Ⅱ　藤田正勝編

哲学の根本問題・数理の歴史主義展開　田辺元哲学選Ⅲ　藤田正勝編

統辞構造論　付『言語理論の論理構造』序論　チョムスキー　福井直樹・辻子美保子訳

統辞理論の諸相　方法論序説　チョムスキー　福井直樹・辻子美保子訳

言語変化という問題　—共時態、通時態、歴史　E・コセリウ　田中克彦訳

快楽について　ロレンツォ・ヴァッラ　近藤恒一訳

古代懐疑主義入門　判断保留の十の方式　J・アナス　J・バーンズ　金山弥平訳

ヨーロッパの言語　アントワーヌ・メイエ　西山教行訳

ニーチェ　みずからの時代と闘う者　ルドルフ・シュタイナー　高橋巖訳

人間精神進歩史　全二冊　コンドルセ　渡辺誠訳

隠者の夕暮・シュタンツだより　ペスタロッチー　長田新訳

フレーベル自伝　長田新訳

旧約聖書　創世記　関根正雄訳

旧約聖書　出エジプト記　関根正雄訳

旧約聖書　ヨブ記　関根正雄訳

旧約聖書　詩篇　関根正雄訳

新約聖書　福音書　塚本虎二訳

文語訳　新約聖書　詩篇付

文語訳　旧約聖書　全四冊

キリストにならいて　トマス・ア・ケンピス　大沢章・呉茂一訳

聖アウグスティヌス　告白　全二冊　服部英次郎訳

新訳　キリスト者の自由・聖書への序言　マルティン・ルター　石原謙訳

聖なるもの　オットー　久松英二訳

シュヴァイツェル　イエスの生涯　メシアと受難の秘密　シュヴァイツェル　波木居齊二訳

キリスト教と世界宗教　シュヴァイツェル　鈴木俊郎訳

コーラン　全三冊　井筒俊彦訳

エックハルト説教集　田島照久編訳

ある巡礼者の物語　—イグナチオ・デ・ロヨラ自叙伝　イグナチオ・デ・ロヨラ　門脇佳吉訳・注解

後期資本主義における正統化の問題　ハーバーマス　山田正行・金慧訳

《東洋文学》〔赤〕

- 杜甫詩選　黒川洋一編
- 李白詩選　松浦友久編訳
- 蘇東坡詩選　小川環樹・山本和義選訳
- 陶淵明全集　全二冊　松枝茂夫・和田武司訳注
- 唐詩選　全三冊　前野直彬注解
- 玉台新詠集　全三冊　鈴木虎雄訳解
- 完訳 三国志　全八冊　小川環樹・金田純一郎訳
- 金瓶梅　全十冊　小野忍・千田九一訳
- 完訳 水滸伝　全十冊　吉川幸次郎・清水茂訳
- 西遊記　全十冊　中野美代子訳
- 菜根譚　洪自誠・今井宇三郎訳注
- 浮生六記 ―浮生夢のごとし　沈復・松枝茂夫訳
- 阿Q正伝・狂人日記 他十二篇（吶喊）　魯迅・竹内好訳
- 寒い夜　巴金・立間祥介訳
- 駱駝祥子 ―らくだのシアンツ　老舎・立間祥介訳
- 新編 中国名詩選　全三冊　川合康三編訳
- 聊斎志異　全二冊　蒲松齢・立間祥介編訳
- 李商隠詩選　川合康三選訳
- 白楽天詩選　全二冊　川合康三訳注
- 文選　全六冊（既刊一冊）　川合康三・富永一登・釜谷武志・和田英信・浅見洋二・緑川英樹訳注
- タゴール詩集（ギーターンジャリ）　タゴール・渡辺照宏訳
- マハーバーラタ ナラ王物語 ―ダマヤンティー姫の数奇な生涯　鎧淳訳
- バガヴァッド・ギーター　上村勝彦訳
- 朝鮮民謡選　金素雲訳編
- 朝鮮短篇小説選　全二冊　大村益夫・長璋吉・三枝壽勝編訳
- 尹東柱詩集 空と風と星と詩　金時鐘編訳
- アイヌ神謡集　知里幸惠編訳
- アイヌ民譚集 付 えぞおばけ列伝　知里真志保編訳
- サキャ格言集　今枝由郎訳

《ギリシア・ラテン文学》〔赤〕

- ホメロス イリアス　全二冊　松平千秋訳
- ホメロス オデュッセイア　全二冊　松平千秋訳
- イソップ寓話集　中務哲郎訳
- ソポクレス オイディプス王　藤沢令夫訳
- ヒッポリュトス ―パイドラーの恋　エウリーピデース・松平千秋訳
- バッカイ ―バッコスに憑かれた女たち　エウリーピデース・逸身喜一郎訳
- ヘシオドス 神統記　廣川洋一訳
- アリストパネース 蜂　高津春繁訳
- アポロドーロス ギリシア神話　高津春繁訳
- 黄金の驢馬　アープレーイユス・呉茂一・国原吉之助訳
- アベラールとエロイーズ 愛の往復書簡　沓掛良彦・横山安由美訳
- オウィディウス 変身物語　全二冊　中村善也訳
- ギリシア奇談集　アイリアノス・松平千秋・中務哲郎訳
- ギリシア・ローマ神話 付 インド・北欧神話　ブルフィンチ・野上弥生子訳
- ギリシア・ローマ名言集　柳沼重剛編
- ローマ諷刺詩集　ペルシウス・ユウェナーリス・国原吉之助訳
- 内乱 ―パルサリア　全二冊　ルーカーヌス・大西英文訳

《南北ヨーロッパ他文学》〔赤〕

ダンテ 神曲 全三冊　山川丙三郎訳
ダンテ 新生　山川丙三郎訳
抜目のない未亡人　ゴルドーニ　平川祐弘訳
珈琲店・恋人たち　ゴルドーニ　平川祐弘訳
夢のなかの夢　タブッキ　和田忠彦訳
ルネッサンス巷談集　フランコ・サケッティ　杉浦明平訳
カルヴィーノ イタリア民話集 全二冊　河島英昭編訳
むずかしい愛　カルヴィーノ　和田忠彦訳
パロマー　カルヴィーノ　和田忠彦訳
カルヴィーノ アメリカ講義 ―新たな千年紀のための六つのメモ　米川良夫・和田忠彦訳
まっぷたつの子爵　カルヴィーノ　河島英昭訳
愛神の戯れ ―牧歌劇『アミンタ』　トルクァート・タッソ　鷲平京子訳
タッソ エルサレム解放　A・ジュリアーニ編　鷲平京子訳
わが秘密　ペトラルカ　近藤恒一訳
ペトラルカ 無知について　近藤恒一訳
無関心な人びと 全二冊　モラーヴィア　河島英昭訳

流刑　パヴェーゼ　河島英昭訳
祭の夜　パヴェーゼ　河島英昭訳
月と篝火　パヴェーゼ　河島英昭訳
シチリアでの会話　ヴィットリーニ　鷲平京子訳
ウンベルト・エーコ 小説の森散策　和田忠彦訳
バウドリーノ 全二冊　ウンベルト・エーコ　堤康徳訳
タタール人の砂漠　ブッツァーティ　脇功訳
七人の使者・神を見た犬 他十三篇　ブッツァーティ　脇功訳
ラサリーリョ・デ・トルメスの生涯　会田由訳
ドン・キホーテ 前篇 全三冊　セルバンテス　牛島信明訳
ドン・キホーテ 後篇 全三冊　セルバンテス　牛島信明訳
セルバンテス短篇集　牛島信明編訳
人の世は夢・サラメアの村長　カルデロン　高橋正武訳
恐ろしき媒　ホセ・エチェガライ　永田寛定訳
作り上げた利害　ベナベンテ　永田寛定訳
エスピノーサ スペイン民話集　三原幸久編訳
エル・シードの歌　長南実訳

娘たちの空返事 他一篇　モラティン　佐竹謙一訳
プラテーロとわたし　J・R・ヒメーネス　長南実訳
オルメードの騎士　ロペ・デ・ベガ　長南実訳
父の死に寄せる詩　ホルヘ・マンリーケ　佐竹謙一訳
サラマンカの学生 他六篇　エスプロンセーダ　佐竹謙一訳
セビーリャの色事師と石の招客 他一篇　ティルソ・デ・モリーナ　佐竹謙一訳
ティラン・ロ・ブラン 全四冊　J・マルトゥレイ M・J・ダ・ガルバ　田澤耕訳
完訳 アンデルセン童話集 全七冊　大畑末吉訳
即興詩人 全二冊　アンデルセン　大畑末吉訳
絵のない絵本　アンデルセン　大畑末吉訳
ヴィクトリア　クヌート・ハムスン　冨原眞弓訳
フィンランド叙事詩 カレワラ 全二冊　リョンロット編　小泉保訳
イプセン 人形の家　原千代海訳
イプセン ヘッダ・ガーブレル　原千代海訳
ポルトガリヤの皇帝さん　ラーゲルレーヴ　イシガオサム訳
アミエルの日記 全四冊　河野与一訳
スイスのロビンソン 全二冊　ウィース　宇多五郎訳

岩波文庫の最新刊

デ・アミーチス作／和田忠彦訳

クオーレ

少年マルコが母親を捜してイタリアから遠くアンデスの麓の町まで旅する「母をたずねて三千里」の原作を収録。親子の愛や家族の絆、博愛の精神を描く古典的名作の新訳。〔赤N七〇四-一〕 本体一一四〇円

サルスティウス著／栗田伸子訳

ユグルタ戦争 カティリーナの陰謀

古代ローマを震撼させた、北アフリカ王との戦争と、国家転覆未遂事件の記録。サルスティウスの端正なラテン語は、ローマ共和政の崩壊過程を克明に伝える。〔青四九九-一〕 本体一〇七〇円

柳井滋・室伏信助・大朝雄二・鈴木日出男・藤井貞和・今西祐一郎校注

源氏物語（六）

柏木―幻

年もわが世もけふや尽きぬる――。薫誕生、柏木・紫上の死、そして源氏は？「柏木」から「幻」までの六帖を、精緻な原文と注解で読む、千年の物語。（全九冊）〔黄一五-一五〕 本体一二〇〇円

バリントン・ムーア著／宮崎隆次、森山茂徳、高橋直樹訳

独裁と民主政治の社会的起源（下）

―近代世界形成過程における領主と農民―

各国が民主主義・ファシズム・共産主義に分かれた理由を、社会経済構造の差から説明した比較歴史分析の名著。下巻では日本とインドを分析する。（解説＝小川有美）（全二冊）〔白二三〇-二〕 本体一四四〇円

……今月の重版再開……

鈴木信太郎訳

ヴァレリー詩集

〔赤五六〇-一〕 本体一〇二〇円

キケロー著／大西英文訳

弁論家について（上）（下）

〔青六一一-四〕〔青六一一-五〕 本体各一〇一〇円

ガルシーア・ロルカ作／牛島信明訳

三大悲劇集 血の婚礼 他二篇

〔赤七三〇-一〕 本体九二〇円

定価は表示価格に消費税が加算されます　2019.7